기업환경의
변화와
경영혁신

기업환경의
변화와
경영혁신

양창삼 지음

한국학술정보㈜

머리말

　기업환경이 급속도로 변하고 있다. 덴마크 미래학자 롤프 옌센(Jensen)은 "앞으로 5~10년이 지나면 이윤만 추구하는 기업은 문제가 될 것이다"라고 했다. 지금 이것은 현실이 되고 있다. 1 : 99 사회라는 말은 기업이나 금융자본에 대한 저항이 얼마나 치열할 것인가를 보여준다. 정부도 동반성장을 내세우고, 보편적 복지는 선거의 주요 이슈가 되었다. 이것은 기업이 앞으로 변화하는 자본주의 세계에서 방향을 새롭게 설정하지 않을 경우 살아남을 수 없다는 것을 보여준다. 그만큼 기업은 위기에 있다.

　경제평론가 아나톨 칼레츠키(A. Kaletsky)는 자본주의 4.0시대가 도래했다고 말하고, 시장과 사회를 함께 살리는 공생경제시대의 필요성을 제시했다. 시장은 사회를 보호하고, 사회는 시장을 보호해 양쪽의 공생을 추구해야 한다는 것이다. 이것은 기업이 소외계층을 적극적으로 배려하고, 사회를 살맛 나는 세계로 만드는 데 일조해야 한다는 것을 의미한다. 최근 다보스 포럼에서 자본주의에 대한 반성이 일어나고, 우리 사회에서도 사회적 기업에 대한 관심이 늘어가는 것도 이러한 추세를 반영한다.

　기업은 이 외에도 기술혁신과 경영혁신으로 자체의 경쟁력을 키워가지 않으면 안 되는 상황에 있다. 특히 IT기술의 획기적인 변화와 SNS의 확산은 변화의 속도를 더욱 재촉하고 있다. 고객의 욕구도 늘 바뀌고 있다. 기업 내부와 외부의 압력이 점점 커지고 있는 것이다. 경영자가 모든 것을 할 수 있는 초능력자가 아니다. 그렇기 때문에 한정된 자원을 가지고 피나는 싸움을 해야 한다. 창의성을 키우고, 조직을 혁신하며, 늘 변화의 선두에 서야 할 이유가 있다. 잘못된 의사결정은 기업을 순식간에 쓰러뜨릴 수 있기 때문에 의사결정자로서 책임도 크다.

　이 책은 이러한 경영환경을 점검하고, 이에 합당한 대안을 찾도록 하는 데 도움을 주고자 마련된 것이다. 이 책은 총 12장으로 구성되어 있다. 자본주의가 현재 어떤 상태에 있는가 하는 것에서부터 기술과 환경의 변화, 이에 따른 경영의 새로운 흐름, 변화와 혁신, 창의성, 리더십, 기업의 사회적 책임과 기업윤리까지 경영에서 중요한 사항들을 다루고 있다. 이 한 권의 책으로 변화하는 기업환경과 경영혁신에 대해 모든 것을 짚어나갈 수는 없다. 하지만 변화하는 시대에 보다 바람직한 방향을 설정하고, 보다 적극적인 자세로 이를 추진해나가는 데 조금이라도 도움이 된다면 더할 나위 없이 기쁘겠다. 경영환경은 우리가 상상하는 이상의 속도로 변하고 있다. 짐 콜린스가 말한 것처럼 좋은 기업을 넘어 위대한 기업이 되기 위해 끊임없이 노력해야 한다. 아무리 위대한 기업도 현실에 안주하는 순간 날개가 꺾이고 추락할 수 있다. 기업이 더욱 용기를 가지고 이 풍랑을 헤쳐 나갈 때 격려의 손길이 이어질 것이다. 기업이 보다 따뜻해지고, 사람을 생각하는 경영을 할 때 우리 사회도 밝아질 것이다. 기업이든 경영이든 모두 사람을 위해 존재한다는 사실을 잊어서는 안 된다.

2012년 봄

양창삼

차 례

머리말 / 4

≫ part 01. 21세기, 어디로 가고 있나? / 11
　01. 자본주의 3.0에서 자본주의 4.0으로 / 13
　02. IT 산업 패러다임의 변화와 소셜네트워크 서비스 / 22
　03. 창조경제시대 / 31
　04. 인구오너스 현상 / 35

≫ part 02. 기술변화와 경영환경의 변화 / 39
　01. IT산업의 변화와 경영환경의 변화 / 41
　02. 기술의 융합 / 49

≫ part 03. 경영의 새로운 움직임들 / 53
　01. 경영의 DNA는 변화에 있다 / 55
　02. 흔들림 없는 비전경영 / 63
　03. 핵심가치와 핵심목적으로 기업 살리기 / 68
　04. 경영의 생태계와 새로운 기술 판의 등장 / 74
　05. 경쟁자를 압도하는 아웃스마트 전략 / 77
　06. 복잡계 속에도 살아 있는 자기 조직화 법칙 / 79
　07. 끊임없는 학습과 지식경영 / 82
　08. 공생경영, 콜래보노믹스, 그리고 하이패키징 / 86
　09. 온라인 집단과 교류하라 / 90
　10. 감성이 경쟁력이다 / 93
　11. 사람이 중심이다 / 96
　12. 창의로 집단지성을 자극하라 / 98

≫ **part 04. 조직혁신 / 101**
　　01. 조직이여, 변화를 추구하라 / 103
　　02. 권위적 조직에서 학습조직으로 / 105
　　03. 장군과 군인모델에서 의원과 시민모델로 / 107
　　04. 자기 창조형 조직으로 / 111
　　05. 고신뢰 조직으로 / 115
　　06. 기업의 조직혁신 모습들 / 116
　　07. 조직혁신에 있어서 핵심역량 문제 / 120
　　08. 성공한 기업이 갖는 자기파괴 습관 / 124
　　09. 중시해야 할 조직 실패학 / 127

≫ **part 05. 의사결정 / 131**
　　01. 의사결정에 미래가 달려 있다 / 133
　　02. 지도자의 결단력 / 135
　　03. 『점핑』이 제시하는 세 과정 / 137
　　04. 나쁜 전략에서 좋은 전략으로 / 142
　　05. 의사결정 모형과 의사결정을 위한 법칙 / 144
　　06. 잘못된 의사결정에 빠지는 5가지 유형 / 150
　　07. 효과적인 의사결정을 위한 팁 / 153

≫ **part 06. 변화와 혁신 / 167**
　　01. 혁신의 DNA가 있는 조직과 없는 조직 / 169
　　02. 드러커의 위대한 혁신 / 171
　　03. 존속적 혁신과 파괴적 혁신 / 174
　　04. 혁신을 위해 조직이 갖춰야 할 요소들 / 177
　　05. 혁신을 추진하는 방법들 / 182

06. 관리혁신 / 184

07. 기술혁신 / 192

08. 디자인 중심 혁신 / 197

≫ **part 07. 인적 자원관리와 물적 자원관리 / 199**
01. 인적 자원관리의 새로운 흐름들 / 201

02. 물적 자원관리의 새로운 흐름들 / 214

≫ **part 08. 창조성과 창조경영 / 223**
01. 창조적인 인물이 줄어드는 이유 / 225

02. 창조성 개념과 창조경영 / 227

03. 두뇌와 창조성 / 234

04. 창조성을 높이기 위한 방법들 / 241

05. 창의적 리더의 공통점 / 260

06. 창조경영의 원칙 / 263

07. 창조적 기업의 사례들 / 272

≫ **part 09. 리더십과 팔로어십 / 283**
01. 리더십과 그 유형들 / 285

02. 커뮤니케이션과 리더십 / 305

03. 팔로어십 / 313

≫ **part 10. 고객관리와 마케팅 / 325**
01. 마케팅 활동의 역사와 변화 / 327

02. 고객 중심의 마케팅 활동 / 331

03. 마케팅의 신기법들 / 339

≫ part 11. 기업윤리와 기업의 사회적 책임 / 345
   01. 경영자를 위한 히포크라테스 선서 / 347
   02. 커지는 도덕경영의 필요성 / 350
   03. 기업의 사회적 책임과 ISO 26000 / 352
   04. 늘어가는 워킹푸어 / 354
   05. 사회마케팅 솔루션과 사회적 기업 / 356
   06. 사회책임 투자와 임팩트 투자 / 361
   07. 공유가치 창출과 나눔 / 364
   08. 녹색성장과 환경문제 / 370

≫ part 12. 기업문화 / 379
   01. 변화를 추구하는 기업문화 / 381
   02. 창의성을 높이는 기업문화 / 383
   03. 열린 기업문화 / 384
   04. 협동과 배려의 균형 있는 기업문화 / 386
   05. 소통하는 기업문화 / 388
   06. 즐겁게 일하는 기업문화 / 390
   07. 이웃을 생각하는 기업문화 / 393

참고문헌 / 395

part 01

21세기, 어디로 가고 있나?

01. 자본주의 3.0에서 자본주의 4.0으로
02. IT산업 패러다임의 변화와 소셜네트워크 서비스
03. 창조경제시대
04. 인구오너스 현상

01

자본주의 3.0에서
자본주의 4.0으로

경영은 기업 자체로만 존재하지 않는다. 사회의 흐름과 깊은 관계를 맺으며 성장하고 성숙한다. 최근 자본주의에 대한 반성이 일고 있다. 이것은 그동안 심각한 경쟁구도 속에서 소외된 사람들이 많아졌기 때문이다. 경쟁이 나쁜 것은 아니다. 하지만 그 결과가 전체 사회 관계에 악영향을 줄 수 있는 쪽으로 흘러가고 있다면 궤도를 수정할 필요가 있다.

1) 반월가시위와 티파티운동

미국에서 두 개의 시민운동이 전개되었다. 하나는 '월가를 점령하라(OWS, Occupy Wall Street)'는 진보적 시민운동이고, 다른 하나는 티파티(TP, Tea Party)라는 보수적 시민운동이다. 금융자본주의를 공격하는 반월가시위의 구호는 '1 : 99'다. 탐욕스러운 1%의 금융 자본가들이 99%의 희생을 강요하고 있다는 것이다. 그러므로 1%를 퇴출시켜 세계자본주의의 위기를 구하자고 한다. 반월가시위는 금융자본에 대한 공격으로 끝나지 않고 99%의 시민이 주권자가 되어 사회경제시스템을 근본적으로 개혁하자는 주장도 내걸고 있다. 이 운동은 '워싱턴 DC를 점령하라' 등 다양한 형식으로 나타났다. 이 시민운동은 자본주의의 폐해를 일깨우며 변화를 추구하고 있다.

티파티 운동은 조세저항운동인 보스턴 티 사건의 영어 이름에서 따온 것으로, 이 운동의 구호는 '이미 충분히 세금을 냈다(Taxed Enough Already)'다. 그래서 그 첫 글자를 따 TEA다. 티파티는 오바마 행정부의 의료보험 개혁정책에 반발해 등장했다. 이 운동의 대표적 인물인 세라 페일린은 오바마의 전 국민 의료보험, 사회보장제도, 복지프로그램 등을 강하게 비판하였다. 티파티 운동가들은 큰 정부가 개인의 자유를 침해한다며 작은 정부를 내세운다. 그들은 정부의 제약들이 작아지기를 바란다. 복지라는 명목으로 중산층이나 부자들에게 세금을 부과하는 것은 강탈이요, 예속화라 말한다. 이 운동은 변화가 얼마나 어려운가를 보여준다. 티파티운동과 대립되는 것은 사실 정치개혁을 주장하는 '무브온(MoveOn)'이다.

이 운동의 결과가 어떻게 나타날지 아무도 모른다. 단기적으로는 선거에 영향을 줄 것이고, 장기적으로는 사회개혁을 추진할 수 있다. 미국도 결코 쉽지 않다. 한국도 예외가 아니다. 유럽도, 중동도 연일 힘들다고 아우성이다. 오늘도 지구가 쉽게 잠들지 못하고 있다.

2) 맨큐 경제학에 대한 도전

『맨큐의 경제학』은 하버드대뿐 아니라 국내의 많은 대학들이 택하고 있는 경제학 교과서다. 경제학하면 새뮤엘슨이었는데 거시경제학자 맨큐(N. G. Mankiw)가 뜬 것이다.

그런데 하버드대 학생들이 맨큐의 경제학 입문 강좌 '경제학 10'을 거부했다 해서 주목을 받았다. 강의가 시작되자마자 학생 70여 명이 일어나 강의실을 빠져나가는가 하면 인터넷에 수업거부의 이유를 밝혔다. 맨큐 교수의 강의내용이 탐욕스러운 금융자본의 행태를 정당화시키고 경제 불균형을 영구화시키고 있다는 것이다. 신자유주의의 전성기인 1990년대 말 출간된 이 책은 주류 경제학의 바이블로 통할 만큼 그 지위가 확고했다. 그런데 지금 그 위상이 흔들리고 있다. 이유는 신자유주의에 대한 저항 때문이다.

신자유주의 경제이론은 자원의 최적배분을 위해서는 민간부문 또는 시장의 역할이 가장 중요하며, 정부의 시장개입은 비효율성을 초래한다는 것을 강조한다. 이 이론은 1970년대 이후 밀턴 프리드먼을 비롯한 시카고대학 교수들이 주도적으로 발전시킨 이론이다. 이른바 시카고학파다. 신자유주의의 키워드는 시장중심, 경쟁, 정부개입철폐, 성장중심이다. 하버드의 맨큐도 시장만능주의와 작은 정부론에 기초한 이론을 제시함으로써 신자유주의 선봉에 섰다. 그러나 신자유주의는 빈부격차, 경쟁에서 뒤진 약자 문제, 이기적 금융자본주의라는 문제점을 드러냈다. 하버드대학생들은 맨큐의 편향성에 불만을 표시한 뒤 경제학을 보다 넓고 비판적으로 이해할 수 있도록 교육하라 했다. 다른 경제학 모델의 장단점을 비판적 시각에서 볼 수 있도록 하라는 것이다. 그리고 그들은 미국의 경제적 불평등 문제를 직시하기 위해 월가 점령운동 일환으로 보스턴 시위에 참가한다고 했다.

신자유주의는 정부개입을 촉구한 케인즈의 수정자본주의에 대한 반대에서 출발했다. 1930년 대공황 이후 정부개입은 하나의 답이었다. 뉴딜정책이 그 보기다. 기여도 했다. 그러나 상거래가 활발해지고 시장이 자본중심으로 움직이면서 정부개입을 줄여야 한다는 움직임이 강했다. 작은 정부론이 나온 것도 이 때문이다. 이젠 신자유주의의 문제점도 알게 되었다. 그렇다고 경제가 글로벌한 상황에서 정부통제를 강화하는 수정자본주의로 돌아갈 수도 없다. 문제는 대안이다. 지금까지 약자를 배려하는 공생과 협력의 WEconomy, 따뜻한 자본주의 4.0, 사회적 기업 확대 등 여러 안들이 제시되고 있다. 지금 이웃을 생각하는 새로운 자본주의가 뜨고 있다.

3) 자본주의 4.0

자본주의 4.0은 경제평론가 아나톨 칼레츠키(A. Kaletsky)가 쓴 『자본주의 4.0』에서 나온 말이다. 이것은 자본주의의 진화과정을 컴퓨터 소프트웨어 버전처럼 진화단계에 따라 숫자로 이름을 붙일 때 네 번째에 해당하는 뜻이다. 그에 따르면 자본주의는 현재 4단계의 진화과정을 거치고 있다. 그는 최근의 경제위기로 현 버전의 자본주의는 유통기한이 끝났다 지적하고 자본주의를 '자본주의 4.0'으로 업그레이드하라 한다(칼레츠키, 2011).

자본주의 1.0은 20세기 초 자유방임주의의 고전자본주의 시대를 가리킨다. 자유방임적 자본주의는 18세기 미국의 독립과 나폴레옹 전쟁으로 시작되었다. 이 시기에 막스 베버는 자본주의 정신으로 절제와 공동체성을 강조했다. 프로테스탄티즘이라는 기독교적 가치가 자본주의의 안정적인 성장을 이끌 것이며, 인간의 욕망이 적절한 선에서 통제돼 서로의 부(富)를 증대시킬 것이라는 주장이다. 하지만 금융

자본과 주주자본의 발달, 산업자본의 공고화가 진행되면서 처음에 부를 얼마나 가지고 있느냐에 따라 얼마나 빨리, 그리고 얼마나 쉽게 가족과 가문의 부를 축적할 수 있는지가 결정됐다. 더 이상 개인의 노력만으로는 부를 축적하기 어렵다는 인식, 부모의 자산과 주변 전문가 네트워크가 돈을 벌 수 있는 결정요인이라는 인식이 재빨리 확산됐다. 고전자본주의는 1930년대 대공황을 유발시켰다.

자본주의 2.0은 1930년대 대공황 이후 케인즈가 내세운 수정자본주의를 가리킨다. 수정자본주의는 자본주의의 여러 모순을 국가의 개입 등에 의하여 완화함으로써 자본주의 사회의 발전과 영속을 도모하려는 것을 말한다. 1929년 세계공황 이후 미국 루스벨트에 의해 채택된 뉴딜이 대표적이다. 그 이론의 근거로 케인스학파의 경제이론, 영국 사회보장제도에 의한 '요람에서 무덤까지'의 복지국가정책 등이 있다. 수정자본주의는 정부의 개입을 통해 문제를 해결하려 했지만 1970년대 스태그플레이션을 겪으면서 정부개입을 거부하고 시장지상주의를 주창한 자유시장자본주의에 주도권을 넘겨줬다.

자본주의 3.0은 1970년대 말 스태그플레이션을 겪으면서 정부개입을 최소화하고 시장의 자율을 강조한 신자유주의, 곧 자유시장자본주의에 바탕을 두고 있다. 자본주의 3.0으로 사상 최대의 풍요를 가져왔다. 자본주의 3.0은 능력주의와 성과주의라는 생산적인 조직운영 원리를 만들어냈지만 과도한 탐욕으로 인해 '행복하지 못한 직장생활'과 '불안한 노후'를 대다수 가정의 고민거리로 안겨주었다. 정부는 이 과정에서 무능력했다. 역대 대통령들과 국회의원들, 지방자치단체장들이 다양한 공약을 내놓고 경기부양책을 사용했지만 단기처방에 급급한 나머지 자본주의의 새로운 가치와 자정능력을 지닌 생태계를 만들지 못했다. 모든 계층이 자본을 만들어낼 기회에 쉽게 접근할 수 있어야 하지만 중산층 이하 가정들은 주요정보로부터 소외됐다. 신자유주의는 심각한 빈익빈 부익부의 그늘을 짙게 드리우면서 탐욕과 과다를 다스리고 사회적 책임을 다하는 따뜻한 자본주의 4.0을 구하게 됐다.

자본주의 4.0은 극한경쟁의 자본주의 3.0을 대체하는 따뜻한 자본주의를 말한다. 다 같이 행복한 성장을 추구하는 이 시대에는 고용 없는 성장, 비정규직 증가 등을 자연스러운 현상으로 받아들이거나 일해도 먹고 살 수 없는 신빈곤층의 증가를 방치해서는 안 된다. 경제의 뿌리인 빈곤층이 일을 통해서 빈곤에서 탈출할 수 있도록 지속 가능한 사회를 만든다.

자본주의 4.0은 적응형 혼합경제를 통해 공생하도록 한다. 조지프 스티글리츠의 주장처럼 사회는 시장을, 시장은 사회를 보호해야 한다는 입장에서 출발해 양쪽의 공생 추구하는 것이다. 자본주의 4.0은 유능하고 적극적인 정부가 있어야만 시장경제가 존재할 수 있다는 사실을 인정하고, 시장과 정부는 모두 불안하며 오류를 저지르기 쉽다는 것을 이해하는 데서 시작한다. 칼레츠키가 제시한 자본주의 4.0 정책 리스트에는 좌파와 우파가 자기 전유물이라고 부르는 항목이 한데 뒤섞여 있다. 정부의 규모는 줄어들지만 시장에 대한 책임과 역할은 커지고, 은행에 대한 규제는 강화된다. 의료 서비스는 정부와 시장 양쪽 모두에서 확대되고, 고등교육은 시장 지향적으로 개편된다. 이런 정치와 경제 간의 균형조정은 국가별로 상황에 맞게 적용한다.

이를 실현하려면 존경받는 자본가와 전문가 집단을 발굴하고, 이들을 육성하기 위해 교육시스템과 시장지원체계를 바꾸는 것이 중요하다. 여기서 존경이란 자본축적의 목적이 자신의 가족이나 가문으로 제한된 게 아니라 빌 게이츠처럼 많은 사람들을 위한 환원과 나눔을 의미한다. 존경의 크기가 커질수록, 존경의 대상이 많아질수록, 특정 가문과 조직에 고여 있던 자본과 재능, 그리고 네트워크가 위에서 아래로, 중앙에서 지역으로, 큰 조직에서 작은 조직으로 순환돼 자본주의 생태계는 조금씩 질적으로 변화된다. 자본주의 4.0은 자본주의에도 존경이라는 숭고한 가치가 가능하다는 믿음에서 출발한다. 부자가 되고 싶다는 바람을 억제하기보다는 긍정적인 방향으로 이끌어 좀 더 많은 사람을 위한 성취와 나눔으로 교육의 목표를 바꾸고 사회풍토를 조성한다면 자본주의 4.0은 실현될 수 있다.

서상목에 따르면 한국자본주의 역시 4단계의 진화과정을 밟아왔다. 한국자본주의 1.0은 자유민주주의와 시장경제를 표방했으나 이를 구현하는 못했다. '빈곤으로부터의 탈출'을 목표로 했던 한국자본주의 2.0은 강한 정부와 시장경제를 기반으로 '한강의 기적'을 이루는 데 성공했다. 정치 민주화로 시작된 한국자본주의 3.0은 한국에서 처음으로 자유민주주의와 시장경제의 기반을 닦는 계기가 됐으며 IT 강국을 이루었다. 하지만 이 과정에서 양극화현상이 심화됐고 지금은 한국자본주의 4.0의 새 틀을 짜는 시대적 과제를 안고 있다(서상목, 2011).

서구자본주의와 마찬가지로 한국자본주의 역시 업그레이드될 때마다 전환기의 징후가 있었다. 1960년을 전후하여 1.0에서 2.0으로 갈 때에는 '못 살겠다, 갈아보자'라는 선거구호에서 보듯이 빈곤의 악순환을 벗어나고자 하는 욕구가 분출됐다. 1980년대 후반에 2.0에서 3.0으로 바뀔 때에는 민주화 시위와 노사분규의 시련을 겪었고, 3.0에서 4.0으로 변환되는 오늘날에는 복지 포퓰리즘 경쟁과 대기업 비판 등이 일어나고 있다. 최근 복지담론이 커지고 있다. 물론 이에 대한 찬반논쟁이 뜨겁지만 세계금융위기 이후 양극화라는 도전에 직면한 한국자본주의가 새 모습으로 거듭나기 위한 몸부림이라는 점에서 긍정적인 면도 없지 않다.

4) 2012 다보스포럼의 자본주의 반성

다보스포럼의 창설자 클라우스 슈밥은 "우리가 죄를 지었다"고 고백했다. 그는 낙오자를 껴안지 못한 자본주의를 반성하며 사회통합이 빠져 문제가 생겼다고 했다. 그리고 자유시장은 사회를 위해 봉사해야 한다고 주장했다. 자본주의의 리더들이 모인 이 포럼의 첫날 첫 주제는 자본주의 위기였다. 현재 자본주의는 고장 난 채 돌아가 서민만 피해를 보고 있다고 판단했다. 최대 위협은 성장의 정체이다. 한정된 일자리를 놓고 사회적 합의를 못 끌어내면 위기현상은 계속될 것이라 했다.

이에 대한 대안으로 중국식 국가자본주의(state capitalism)가 거론되었다. 앞으론 중국식이 서구자유방임형을 밀어낼 수도 있다. 하지만 중국식에도 한계가 있다. 인프라스트럭처에는 가능하지만 소비재에는 적용하기 어렵다는 것이다(The Economist, Jan. 21, 2012, 13쪽).

케네스 로고프(Rogoff) 하버드대 교수는 중국도 대안이 될 수 없다고 주장한다. 중국의 해안도시는 21세기 최첨단을 걷고 있지만 국민 3분의 2는 아직도 18세기의 삶을 살고 있고 초기자본주의를 경험하는 모습을 하고 있다는 것이다. 그렇다고 유럽식 자본주의도 대안이 되기 어렵다. 적은 근로시간, 긴 휴가, 그리고 균등한 분배가 지속 불가능한 것으로 보이기 때문이다. 로고프는 오히려 무너지는 화이트칼라에 주목해야 한다고 한다. 그냥 두면 자본주의가 폭발할 것으로 보기 때문이다. 전 세계적인 사회갈등 분출은 일자리에 있다. 일자리가 없는 것이 아니라 괜찮은 일자리가 없는 것이 문제다. 이를 위해 교육이 강화되어야 한다는 주장도 있다.

02

IT산업 패러다임의 변화와
소셜네트워크 서비스

IT산업의 발전으로 사회가 급속하게 변하고 있다. IT산업은 정보혁명을 가져왔다. 정보혁명이 권력을 이동시킨다. 엘리트에서 대중으로, 생산자에서 사용자로 그 무게가 옮겨졌다. 소셜네트워크가 강력한 힘을 발휘하고 있다. 전혀 만난 적 없는 사람이 힘이 되고 삶을 변화시킨다. 물론 악화시킬 수도 있다(크리스태키스 & 파울러, 2010). 제러미 리프킨(Jeremy Rifkin)은 네트워크 접속으로 감정을 전하는 시대가 온다 하였다. 세상이 변하고 있는 것이다.

1) 3W시대와 IT산업 패러다임의 변화

현대를 가리켜 3W시대라 한다. 3W는 기후(Weather), 여성(Women), 웹(Web)을 가리킨다. 기후는 지구환경이 매우 불안정한 상태에 있어 환경에 대한 인식이 높아져야 한다는 데 있다. 세계적인 사건사고의 상당부분은 기후와 연관되어 있다. 여성이 부각되는 것은 현대사회가 감성사회임을 드러낸다. 세계적인 컨설팅업체 카탈리스트는 여성 간부가 많은 편에 속하는 기업이 그렇지 않은 기업보다 수익률과 효율성이 더 높다고 말한다. 그만큼 감성이 요구되는 시장상황에 잘 대처할 수 있기 때문이다. 그러나 여기서 여성을 강조하는 것은 창조성에서 감성이 차지하는 비중이 아주 높기 때문이다. 여성은 감성의 또 다른 표현이다. 그러므로 남성, 여성을 떠나 감성이 풍부하고 창의성이 높을 경우 이 부분에서 높은 점수를 받을 수 있다. 웹은 우리 사회가 인터넷 등을 통해 각종 정보와 지식의 교류가 점점 높아짐을 말한다. 3W는 우리가 지금 어떤 분야에 더 관심을 가져야 하는가를 말해 준다.

인터넷은 조직의 집단지식을 높이기 위해 없어서는 안 될 도구가되었다. 인터넷은 지식교류의 장소이며, 그 지식은 시대를 이끄는 지식들이다. 그 지식이 조직에서 어떻게 창출되고 활용되느냐에 따라 기업의 미래가 달라진다.

지금 지식은 끊임없이 이동하고 만들어진다. 이를 위해 필요한 것이 생각의 섞임과 새로운 생각의 낳음이다. 지금은 모든 것을 교차 배양시켜 사람들의 지식을 높이는 시대다. 이렇게 탄생한 하이브리드(이종교배) 인간이야말로 이 시대를 이끌어갈 수 있는 인물로 각광을 받고 있다. 또 다른 분야들이 적극적으로 소통되어야 시너지 효과를 내며 확산된다.

맥닐리와 울버턴은 미래는 우리가 어떤 지식을 낳느냐에 달려 있다고 말한다. 인터넷은 사실 연구소의 산물이다. 지식교류를 위한 생각의 산물인 것이다. 그러나 문제는 그 인터넷이 얼마나 창조적으로 활용되는가에 따라 우리의 미래가 달라진다. 인터넷이 지식사회에 대한 연구소의 가장 강력한 과학기술적 공헌을 계속해서 구현할지, 아니면 온라인 커뮤니티를 완전히 새로운 지식기관의 기원으로 만들지 확인하는 일이 우리의 과제다(맥닐리 & 울버턴, 2009). 인터넷은 IT산업의 발전과 괘를 같이 하고 있다. IT의 패러다임이 어떻게 바뀌느냐에 따라 사회도 기업도 달라질 것이다.

IT 패러다임의 변화

연대	사회	성격
1990	자동화 사회	전산화, 유선전화, 정보축적
2000	정보화 사회	인터넷, 휴대전화, 정보확산
2005	지식 사회	기술융합, 차세대 통신망, 정보공유 및 지식창출
2010	지능화 사회	지능형 웹, 상황인지 서비스
2015	꿈의 사회	실감형 서비스(홀로그램)

유비쿼터스시대가 도래되면서 만물이 인터넷으로 접속하는 시대가 되었다. 미래에는 PC, 모바일, 전자제품 등의 정보기기뿐 아니라 차량, 가로등, 건물, 심지어 동식물까지도 인터넷에 접속하게 될 것이다. 다양한 사물에 초소형 센서와 통신 모듈이 부착되면 인터넷에 연결될 수 있기 때문이다. 물류만 달라지는 것이 아니라 생체연구도 혁신된다.

2) 마이크로소프트와 구글의 싸움

마이크로소프트와 구글의 싸움은 앞으로의 판도가 어떻게 될 것인가를 보여준다. 마이크로소프트는 PC파이다. 개인 컴퓨터에 운영체제 윈도를 세계 87%가 사용하고 있다. 과거 구글처럼 나섰던 썬, 네스케이프도 몰락했다. 마이크로소프트는 IT 황제다운 자금력과 물량으로 구글 힘 빼기에 나설 것이다. 그러나 네트워크파 구글도 만만치 않다. 인터넷에 연결 운영체제 크롬OS를 무료로 제공하고 나섰다. 돈 내고 부팅 오래 걸리는 윈도 같은 제품을 왜 써야 하는가 묻는다. 속셈은 마이크로소프트 사용자 빼내기다. IT에 새 질서를 만드는 데 관심이 크다.

MS와 구글의 대립

	MS	구글
CEO	스티브 발머	에릭 슈미트
창립연도	1975	1998
주 활동영역	PC	인터넷
PC용 운영체제	윈도	크롬OS
인터넷 브라우저	익스플로러	크롬
사무용 프로그램	MS 오피스	구글 독스
검색서비스	빙	구글
주 수익원	PC운영체제, 사무용 소프트웨어	온라인 검색광고
매출(2008년)	604억 달러	220억 달러

3) 소셜미디어와 소셜네트워크 서비스

TGIF는 더 이상 레스토랑 이름이 아니다. 트위터(Twitter), 구글(Google), 아이폰(iPhone), 페이스북(Facebook)을 합성한 단어이다. 이것은 각자 지향하는 바가 조금씩 차이가 있지만 소셜미디어로서 소셜네트워크 서비스(SNS)를 제공한다는 점에서 같다.

실리콘밸리의 벤처기업 트위터(twitter)가 세계를 달구고 있다. 미국 오바마 대통령이 대선 때 트위터를 활용해 인기몰이를 하더니 지금은 정치인부터 오프라 윈프리, 브리트니 스피어스 같은 연예인까지 유명인사 대부분 자신의 트위터 계정을 가지고 있다. 한국도 예외가 아니다. 새들의 지저귐을 뜻하는 트위터는 2006년 미국 벤처기업가인 에반 윌리엄스(Evan Williams)와 소프트웨어 개발자 잭 도시(Jack Dorsey) 등 네 명이 모여 개발한 단문 블로그 서비스다. 알파벳 140자 미만의 짧은 문장만 올리되 PC뿐 아니라 휴대폰에서도 글을 올리거나 받을 수 있다. 창업자 윌리엄스는 1999년 블로거닷컴을 만든 인물로 블로그의 아버지이기도 하다.

트위터에는 국내 싸이월드의 1촌과 유사한 등록 수신자(팔로어)가 있다. 팔로어는 자신이 지정한 사람의 글을 팔로잉(following), 즉 받아보는 사람이다. 트위터는 친구들끼리 자신의 소소한 이야기를 짧은 문장으로 주고받기도 하지만 다른 인터넷 신문화와 마찬가지로 마케팅에도 접목되고 있다. 델컴퓨터는 트위터를 이용해 매출을 올렸다. 아직은 미미한 액수이지만 델은 트위터를 마케팅 수단으로 활용할 수 있다는 점을 높게 평가하고 있다. 트위터 이용으로 성공한 사례로 Kogi가 있다. 재미교포 로이 최가 미국 LA지역에서 트럭을 이용해 테이크아웃 방식으로 판매하는 Kogi의 주 메뉴는 멕시코식 타코에 한국식 불고기를 접목한 퓨전음식이다. 경찰의 단속을 피해 영업을 하다 보니 이 문제를 해결하기 위해 트위터를 이용해 트럭의 위치를 알리는 서비스를 2008년 시작했다. 그러자 Kogi를 팔로하는 고객들이 트럭 도착 전에 미리 판매지점을 알아내 트럭을 기다릴 만큼 성공을 거두었다. 트위터 개시 3개월 만에 팔로어들이 3만 명을 넘었고, 그해 매출은 200만 달러를 넘었고, 2011년에는 1,000만 달러를 넘었다.

페이스북은 2004년 하버드대에 다니던 마크 주커버그 등 4명의 학생이 의기투합해 만든 서비스다. 빠른 성장과 함께 전 세계 80개 언어로 서비스하고 있다. 페이스북은 기본적으로 블로그나 미니 홈페이지와 비슷한 서비스다. 다만 가족, 친구, 직장동료 등 지인들과 교류하는 데 매우 편리하게 만들어진 것이 다르다. 페이스북에선 친구의 최신 글이나 활동 내역 같은 것을 확인할 수 있다. 페이스북은 자신이 회원으로 가입할 때 입력해둔 정보를 바탕으로 나와 관계가 있을 것으로 추정되는 사람들을 계속 추천해준다. 이 때문에 프라이버시 침해 논란도 있지만 잊고 지내던 친구까지 찾게 되는 이점도 있다. 페이스북에는 55만 개의 응용 프로그램도 등록되어 있어 친한 사람들끼리 함께 즐길 수 있다.

트위터는 다중과의 접촉창구라는 성격이 강한 반면, 페이스북은 지인들끼리의 교류에 적합하도록 만들어졌다. 트위터는 자신의 이야기를 들려주는 사람과 자신이 이야기를 듣는 사람이 다른 경우가 대부분이지만 페이스북은 이 둘이 동일하다. 이 대화상대도 자신이 원해서 선택한 사람들이다. 남에게 트위터로 공개하기 어려운 사적인 이야기를 지인들끼리 부담 없이 주고받을 수 있다.

소셜미디어는 거대한 집단지성과 휴먼파워가 살아 숨 쉬는 공간이다. 이 미디어를 통해서 아이디어를 교류하고 새로운 작품을 만들 수 있다. 마케팅 측면에서도 경영자는 소비자들이 어떤 소셜미디어에서 시간을 보내고 있고, 소비자에게 어떤 가치를 어떤 형태로 전달할 수 있을지 고민해야 한다.

타라 헌트는 소셜네트워크시대의 비즈니스는 SNS를 통해 구축된 관계, 명성, 평판 등 이른바 '사회관계자본(social capital)'에 의해 좌우된다고 말한다. 이를테면 수억 원짜리 TV 광고보다 트위터나 페이스북을 통한 저렴한 입소문이 더 효과적이란 얘기다. 그는 사회관계자본을 '우피(Whuffie)'라는 단어로 다시 정의했다. 우피를 측정할 수 있는 가장 쉬운 사례는 내 트위터의 팔로어 수다. 가령 한 사람은 팔로어가 100명, 다른 한 사람은 1만 명이라 할 경우 만약 광고회사가 이 중 한 사람을 섭외해 특정제품의 입소문을 내려고 한다면 누구를 선택할지는 명확해진다. 팔로어가 많은 사람이다. 그는 우피 자본을 많이 보유한 사람이다. 우피 자본을 효과적으로 축적하고, 또 잘 이용할 수 있는 방법도 많다. 하지만 우피가 아무리 풍부해도 이를 통해 팔아먹을 수 있는 가치 있는 콘텐츠가 없으면 무용지물이다. 기업이 콘텐츠개발에 주목할 필요가 여기에 있다(헌트, 2010).

콘텐츠에 주목한 기업은 애플이다. 이른바 스마트폰과 앱스토어다. 애플은 '앱스토어(App Store)'라는 독특한 비즈니스모델을 내세워 세계 온라인 콘텐츠시장을 장악하자 세계 각국을 대표하는 주요 통신업체들이 새로운 애플리케이션 스토어를 만들겠다며 반격에 나섰다. 콘텐츠시장에서 더 이상 밀릴 수 없다고 판단한 것이다. 애플리케이션(Application)은 스마트폰에서 사용하는 응용프로그램이다. 14만여 개의 애플리케이션을 바탕으로 돌풍을 일으킨 애플 아이폰의 성공 후 좋은 애플리케이션을 얼마나 많이 확보하느냐가 해당 스마트폰의 성공을 결정짓는 중요요소로 부각되고 있다.

앱스토어는 개발자들이 애플리케이션을 올리고 소비자들이 이를 사들이는 상거래가 이뤄지는 온라인상의 장터를 말한다. 원래는 애플 아이폰, 아이팟용 애플리케이션 장터만을 가리키는 말이었다. 그러나 구글, 삼성 등 스마트폰용 운영체제(OS)의 제조사와 이동통신사 둘이 잇달아 이런 장터를 선보이면서 현재는 모든 애플리케이션 장터를 칭하는 의미로 사용되고 있다. 전문가들은 애플 수익의 60% 이상이 앱스토어를 통한 콘텐츠 중개판매 수익일 것으로 분석하고 있다. 마이크로소프트도 애플에 대항하기 위해 스마트폰 운영체제 '윈도모바일 7'을 발표했다. 이것은 새로운 윈도폰은 사용자의 동작을 읽는 기술을 적용한 제품이다. 인터넷 문서를 볼 때 왼쪽으로 흔들면 이전 페이지로 돌아가고, 오른쪽으로 흔들면 다음 페이지가 열리는 식이다. 이것은 '안드로이드폰'이라는 이름으로 스마트폰 시장에서 영향력을 넓혀나간 구글의 사례를 벤치마킹하겠다는 의미로 해석된다.

4) SNS와 드래곤플라이 이펙트

SNS는 단지 즐기는 데만 소용되지 않는다. 세상을 변화시키는 데도 일조를 한다. 드래곤플라이 이펙트(dragonfly effect)는 마치 잠자리가 네 날개로 변화무쌍하게 비행하는 것처럼 SNS에서 작은 움직임으로 큰 변화를 낳는 것을 말한다. SNS에서의 나비효과다. 제니퍼 아커와 앤드 스미스는 잠자리가 네 날개를 마치 하나처럼 움직여 놀라온 속도와 힘으로 어느 방향으로도 움직이고 선회할 수 있는 유일한 곤충이라는 점에 착안해 작은 행동이 커다란 변화를 일으키는 것을 드래곤플라이 이펙트라 이름 지었다. 드래곤플라이 이펙트는 평범한 개인이나 소수집단이 소셜미디어를 활용해 자신이 원하는 방향으로 세상을 변화시키는 과정을 말한다.

그들은 소셜미디어를 통해 백혈병에 걸린 친구에서 골수 기증자를 찾아준 사람이나 페이스북을 통해 최대 규모의 저항운동을 조직한 사람 등의 사례를 통해 드래곤플라이 이펙트가 어떻게 작용하는가를 설명했다. 이것은 크게 4가지 단계를 거친다. 목표를 설정하는 '집중하기', 상대방의 관심을 유발하는 '관심 끌기', 관심을 행동으로 연결시키는 '참여시키기', 마지막으로 주변 사람들에게도 이 목표를 확산하도록 하는 '행동 유발하기'다.

그들은 단순히 소셜미디어의 강력한 힘을 보여주는 것만이 아니라 자신의 역량을 뛰어넘는 무언가를 성취하기 위한 도구로서 소셜미디어를 이야기하고 있다는 점에서 특이하다. "멀리 가려면 함께 가라"는 앨 고어의 말처럼 변화를 이뤄내기 위해 소셜미디어를 통한 조직적인 노력이 얼마나 중요한지를 강조하고 있다. 드래곤플라이 효과의 핵심은 작은 노력이 모여 하나가 되는 것, 네 개의 날개가 하나로 움직여서 당신이 더 속도를 내고 하늘로 날아오르는 것이다. 작은 행동들이 큰 변화를 만들어낼 수 있다. 그것들이 함께 움직여 당신의 능력을 최대화할 것이고, 당신은 당신이 택한 방향으로 멀리, 그리고 빠르게 갈 수 있을 것이다(아커 & 스미스, 2011). 문제는 우리가 함께 어떤 세상을 만들어내는가 하는 것이다.

03

창조경제시대

　창조경제(creative economy)란 독특한 시대적 환경 때문에 탄생했다. 이것은 선택과 집중을 통해 기존의 경쟁력 있는 사업을 더 효율적으로 만들어 시장을 방어하는 것이 아니라 새로운 경쟁우위와 고객가치를 남보다 먼저 창출해내는 창조와 혁신, 그리고 속도가 중시되는 경제다. 이 시대에는 기존의 강점을 방어하고 유지하려는 기업은 급속하게 몰락하고, 누구도 시도한 적이 없는 새로운 가치를 공격적으로 만들어내는 창조적 기업이 시대를 주도한다. GM, 코닥, 시어즈 등이 기울고 애플, 구글, 아이데오 등이 그 자리를 대신하는 것이 그 보기이다. 과거 기업은 근무시간을 최대한 효율적으로 활용하기 위해 쉴 틈 없이 과업을 수행했지만 새 시대의 기업은 내부공간도 놀이터나 카페처럼 만들어 상상의 날개를 펴게 한다. 직무구조도 단순반복 작업이 아니라 도전적이고 흥미 있는 일을 스스로, 창의적으로 하도록 설계해 일과 놀이가 하나 되게 한다.

1) 창조산업의 등장

　창조시대엔 창조산업(creative industry)이 각광을 받는다. 창조적 아이디어로 부가가치를 창출하는 산업이다. 전통적으로 창조산업은 광고, 방송, 출판 등을 지칭하지만 영국은 이를 확장해 문화적 창조성을 건설, 제조업, 미디어 등 각 분야에 접목시켜 새로운 부가가치를 창출하는 것을 목표로 하고 있다. 영국은 NESTA(National Endowment for Science, Technology and the Arts, 과학·기술·예술기금)을 두어 혁신을 모색하고 있다. "혁신으로 넘쳐흐르게 하라"는 영국의 혁신실험기관이다. 예술과 과학, 기업의 융합을 통한 사회 전반의 혁신을 일으키는 것이 목적이다. 복권기금이 출연한 6천억 원 규모의 재원을 바탕으로 150여 명의 인력들이 연구와 실행, 투자까지 한다. NESTA의 실험무대는 영국 전체 사회다. 사회 곳곳의 창조성과 혁신을 측정하고 아이디어를 실험한다. 디자이너를 정신병원에 보내 정신병 환자 전용게임을 개발하고, 도심 속의 텃밭이 이민자 정서에 어떤 영향을 주고 사회에 도움이 되는지도 실험한다. 영국은 물건(산업혁명)과 돈(금융산업)에 이어, 혁신과 아이디어를 팔아 자본주의의 정점에 서겠다는 각오로 창조혁명을 이끌고 있다. 런던은 뉴욕과 파리를 능가해 가장 창조적인 도시로 꼽히고 있다(조의준, 2009).

경제의 혁명적 변화 역사

혁명	산업혁명	정보혁명	창조혁명
시기	18세기 후반	20세기 후반	21세기 초
대표국가	영국	미국	영국(?)
주력산업	제조업, 철강	IT, 금융	디자인, 문화콘텐츠
현상	-대량생산, 대량소비	-대량정보 소유 및 공유	-혁신가치와 아이디어를 입힌
	-세계를 거대한 시장으로	-금융이 제조업을	상품 소비
	지배하는 토대 마련	지배하는 토대 마련	-문화와 각종 산업의 융합

2) 끊임없는 창조와 혁신정신

몽골의 명장 톤유쿠크의 비문에 이런 말이 쓰여 있다고 한다. "성을 쌓고 사는 자는 반드시 망할 것이며 끊임없이 이동하는 자만이 살아남을 것이다." 몽골의 야성을 드러내는 이 말이 현대인의 입에서 자주 오르내리는 것은 현대가 바로 이런 특성을 요구하고 있기 때문이다.

끊임없이 이동하는 자는 무엇을 의미할까? 그것은 물리적인 공간이동이 아니라 생각의 이동이다. 창조적인 생각이 서로 교류하고, 새로운 것들을 만들어내며, 우리가 사는 사회를 더 나은 사회로 만들고자 하는 갈망이 커야 한다. 이를 위해서는 창조적 인물들이 많아야 한다.

일본전산 사장 나가모리 시게노부는 말한다. "한 나라가 잘 되려면 온실 속에서 자란 사람이 아니라 흙탕물 마시며 고난을 이겨내는 창업자가 많아야 한다." 그의 말은 앞서가는 현대기업의 야성이 어디서 나오는가를 보여준다. 그 야성은 실패를 두려워하지 않고 미래를 창출하고자 하는 도전정신, 그리고 끊임없는 창조와 혁신정신에 있다. 경영은 바로 이런 인물을 키우고자 한다. 이런 정신을 기업활동에서 구현하는 것이 바로 기업가정신(entrepreneurship)이다. 슘페터에 따르면 이런 기업가는 현재에 만족하지 않고 실패의 위험을 무릅쓰는 사람, 미래에 도전하는 창조적 파괴를 통해 끊임없이 새로운 가치를 창조하는 혁신가이다. 기업가정신의 핵심은 도전과 혁신을 통해 존재하지 않던 새로운 경제적 가치를 만들어내는 가치창조(value creation)이다. 새로운 경제적 가치를 창조하려는 기업가정신이 충만한 사회는 역동적으로 성장한다. 창조적 파괴와 혁신을 통해 끊임없이 진화하고 발전한다.

이와 반대로 재력가는 이미 존재하던 경제적 가치를 자신의 소유로 만드는 가치획득(value capturing)에 초점을 맞춘다. 재력가는 자신의 부는 늘리나 이로 인해 사회 전체 부가 증가하지는 않는다. 축적한 부를 지키려는 재력가들이 지배하는 사회는 기존 이해관계와 권력구조를 유지하는 데 급급해 정체되기 쉽다. 신동엽은 기업가가 성공을 하면 창업기의 기업가정신을 유지하지 못하고 단순한 재력가로 전락하는 경우가 많다는 점에 주목하였다. 기업가정신을 부양하기 위한 적극적 조치와 정책들이 나와야 한다. 자신만 부자가 되는 재력가와 달리 기업가는 사회 전체에 풍요를 확산시키기 때문이다. 특히 신성장 동력 창출이나 미래지향적 혁신을 위한 투자는 모든 수단을 동원해 지원해야 한다. 창조적 혁신을 요구하는 창조경제에서는 기업가정신이 기업뿐 아니라 각 개인과 국가의 운명까지 좌우한다(신동엽, 2011).

인구오너스 현상

인구가 경제나 경영의 주요문제로 등장하고 있다. 몇 년 전만 해도 인구보너스(demographic bonus)로 인구가 사회문제가 되지 않았다. 인구보너스는 전체 인구에서 차지하는 생산연령 인구(15~64세) 비중이 증가, 노동력과 소비가 늘면서 경제성장을 이끄는 것을 말한다. 그러나 이와 반대되는 인구오너스(demographic onus) 현상이 발생하고 있다. 이것은 생산연령 인구 비중이 하락하면서 경제성장이 지체되는 것을 말한다. 한국은 2017년 인구오너스에 돌입한다. 불황의 악순환이 시작되는 생산연령 인구 감소가 임박하고, 출산율이 일본보다 더 낮아 10년 내 인구재앙이 우려되고 있다. 출산인구가 줄어들고 고령인구가 높아지고 있다. 이에 따라 생산연령 인구가 급속히 줄고 고령인구가 급증하는 현상, 곧 인구오너스(onus) 문제가 나타나기 시작했다. 생산과 분배를 위해서도 연령 면에서 인구의 균형과 조화가 필요하다. 출산대책이 강조되고 있는 것도 이 때문이다.

일본의 경우 마이너스 연금의 부담을 아직 태어나지도 않은 세대들에게 떠맡기고 있다. 분배할 자원이 없는데도 소득 재분배형 정치가 계속되고 있기 때문이다. 국채가 세수를 웃돌고, 그로 인한 부담은 모두 장래세대에게 떠넘겨져 거대한 세대 간 불평등을 낳고 있다. 후세에 부담을 떠넘긴 고령사회가 되고 있는 것이다. 인구오너스가 깊어질수록 나라는 경제침체에 빠지고 가난해질 수밖에 없다. 레거시 코스트(legacy cost), 곧 퇴직자들에게 제공되는 연금 및 건강보험의 혜택으로 고전하다가 파탄으로 치달은 GM의 경우를 잊어서는 안 된다.

이를 위해선 나이 든 인구, 지혜를 가진 인구가 좀 더 일할 수 있는 체제로 전환되어야 한다. 지금 우리나라는 50대만 되어도 퇴직 및 해직이라는 무거운 짐을 안고 있다. 그만큼 불안하다. 일거리에 비해 인구가 많다고 생각되기 때문이다. 그러나 인구오너스 현상이 나타나면 이러한 퇴직현상은 점점 자취를 감추고, 회사엔 나이 든 직원이 늘어갈 것이다. 피터 드러커는 미래사회에선 실버세대들의 취업 또는 고용연장이 늘어갈 것으로 보았다. 실버세대들이 모두 무조건 일해야 하는 것은 아니다. 아직도 일할 수 있는 여력이 있고, 창의적 지혜가 넘치는 인물들에게 일할 기회를 주지 않는 것은 제도적으로 문제가 있다.

<9988234의 꿈>

세포 죽이기 실험에서 젊은 세포는 금방 죽었다. 하지만 늙은 세포는 잘 안 죽었다. 왜 그럴까? 생존을 위해 더 잘 적응하려 하기 때문이다. 노화는 생존을 위한 싸움을 한다. 게다가 비관적 성향이 10% 높아지면 세포가 죽을 확률은 19% 더 높아졌다. 이것은 삶에 대한 끝없는 긍정과 사랑이 중요하다는 것을 보여준다. 나이가 들수록 긍정적 태도가 필요하다.
KBS 프로그램 <당신은 행복하게 늙는가>는 나이 듦에 대해 많은 생각을 하게 만들었다. 한국사람들은 9988234를 외친다. '99세까지 팔팔하게 살다가 2~3일 앓고, 한순간 깨끗하게 죽자'는 말이다. 일

본사람들은 'PPK!'라 한다. 이것은 '핀핀코로리'의 알파벳 첫 글자를 딴 것으로, 줄여서 '핀코로'라기도 한다. 우리말로 하면 '팔팔꼴까닥'이다. 이것은 일본의 나가노 현에서 나온 말이다. 농촌생활로 부상이 잦고 감염위험이 높으며, 짠 음식 때문에 심혈관질환이 높고, 농촌이라 의료시설이 부족한 현실에서 '팔팔하게 살다가 한순간에 죽자'는 뜻에서 이 말을 사용했다. 이곳이 세계적 장수마을로 손꼽히고 있다. 서양인들도 이 꿈을 꾼다. 그들은 이러한 노인의 꿈을 '직사각형의 삶(Rectangular Life)'으로 표시한다. 좌표에서 직사각형은 높은 삶의 질을 오래 유지하다 어느 한순간 죽는다는 것을 의미한다. 9988234, PPK, 직사각형의 삶 모두 삶을 향한 노인들의 꿈과 희망을 담고 있다.

그렇지만 현실에서 이 꿈이 실현되기는 어렵다. 오늘도 워싱턴의 한 노부부가 자살을 했다. 아내가 6년간 치매로 고생을 했다 한다. 이것은 남의 이야기가 아니다. 2010년 조사에 따르면 우리나라는 OECD 회원국들 가운데 노인자살률과 노인빈곤율에서 1위를 차지하고 있다. 그만큼 문제가 많다. 2030년에 가서 우리나라의 65세 이상 인구는 24.3%에 달할 것으로 예측되고 있다. 네 명 가운데 한 사람이 노인이라는 말이다. 당면한 문제가 그때 가서 해결된다는 보장은 없다. 어르신들을 더 따뜻하게 대해야겠다.

현재 노인문제에 관심을 가지고 적극적으로 대처하는 나라는 그리 많지 않다. 그래서 사람들은 나름대로 더 잘 늙어가는 법을 터득할 필요가 있다. 중요한 것은 각자의 삶의 태도다. 소로우(H. D. Thoreau)는 말한다. "열정을 다 써버린 이들만큼 늙은 사람은 없다." 삶에 대한 열정을 잃지 말라. 그래야 더 의미 있게 살 수 있다.

세계적 소프트웨어 개발회사 SAS 인스티튜트에는 정년이 없다. 60세가 넘은 직원들도 많다. 회사에서는 나이가 들어도 생산성이 떨어진다고 생각지 않는다. 말콤 글래드웰은 한 분야에 전문가가 되기 위해서는 그 분야에 1만 시간을 투자해야 한다고 한다. 기술지원 부서의 경우 평균 재직연수가 15년인데, 오래 근무한 직원일수록 더 많은 고객의 문제를 파악하고 있고, 해결책도 잘 알고 있다. 풍부한 경험을 통해 고객의 문제를 쉽게 이해할 수 있는 것이다. 이 회사는 이처럼 나이가 든 직원들의 지식과 경험과 지혜를 높이 사고 있다.

<은퇴냐 전환이냐>

은퇴를 한자로 보면 뒤로 물러나 은거하는 것이다. 하지만 사람들
은 타이어(tire)를 다시(re) 끼우는 것이라며 희망의 말을 건넨다. 원
래 은퇴는 고통스러운 것을 의미한다. 은퇴(retirement)는 고대 프랑
스어 'retirer'에서 나온 것이다. 접두사 're'는 뒤를, 동사 'tirer'는
'잡아 빼다', '뒤로 물러나다', '감내하다'를 뜻한다. 'tirer'의 원어는
순교자(martyr)를 뜻하는 고대 프랑스어 'martir'로까지 올라간다. 당
시 순교자들은 뼈를 잡아 빼는 정도로 심한 고문을 참아내야 했기
때문이다. Retirement라는 영어단어는 처음엔 병력의 후퇴를 가리키
는 말로 사용되었다가 지금은 은퇴라는 말로 더 자주 사용되고 있
다. USC 워렌 베니스 교수는 은퇴를 '전환(transitioning)'이라는 개념
으로 사용했다. A라는 위치에서 B로, 즉 현재와 다른 어디론가 옮
겨가는 것이다. 타이어를 갈아 끼우는 것이라는 생각과 맞닿아 있
다. 그에 따르면 사람의 진정한 힘은 옮겨갈 수 있는 능력에 있다.
피터 드러커는 초고령사회가 되면 개인은 여러 차례 은퇴를 할 것
이라 한다. 한 직종에서 20여 년 일하다가 은퇴하고, 다른 직종에서
20여 년 일하다 은퇴하는 식이다. 삶이 여러 번 전환되는 것이다.
콜린 파월은 ROTC를 하며 대학을 졸업한 뒤 소위로 임관되어 독
일 풀다(Fulda)지역으로 파견되었다. 30년이 흐른 뒤 독일 주둔 미
군사령관이 되었고, 국무장관 자리까지 올랐다. 그는 지금 저자, 연
사, 그리고 기업가로 활동하고 있다. 여러 번 자기 삶을 재구성하
고 재창조했다. 우리에게도 이런 자세가 필요하다.

21세기는 변하고 있다. 그 변화의 종착점은 멀어 보인다. 이것은 지
속적으로 변할 것임을 보여준다. 이 변화 속에서 경영자는 늘 미래를
생각하고, 기업이 나아야 할 방향을 설정할 필요가 있다.

part 02

기술변화와 경영환경의 변화

01. IT산업의 변화와 경영환경의 변화
02. 기술의 융합

01

IT산업의 변화와
경영환경의 변화

1) 언어중심주의에서 그림중심주의로의 이동

한두 살이 되었을까 말까 한 아기가 스마트기기를 가지고 논다. 그 기기엔 그림과 게임으로 가득 차 있다. 그림이 움직이지 않자 짜증을 부린다. 엄마가 그 기기를 치우려 하자 아기는 크게 울어댄다. 안 된다는 것이다.

초등학교 어린이에게 있어서 책은 이제 재미가 없다. 움직이는 그림도 없고 글만 있는 책은 주목을 받지 못한다. 터치만 하면 움직이는 그림들이 쉴 새 없이 쏟아져 나오는 스마트기기가 마냥 즐겁다. 이제 학생들은 책도 스마트기기로 받고 읽는다. 대학생들도 책을 사려 하지 않는다. 그 많던 사보도 전자파일로 바꾸어지고 있다. 스마트기기가 교과서뿐 아니라 교육도구로 자리 잡고 있다. 교회도 예외가 아니다. 종이성경 대신 스마트기기가 성경을 담고 있다. 설교내용도 전자노트에 직접 담는다. 성경을 들어보라면 스마트폰을 높이 드는 사람도 적지 않다. 확실히 세상은 변하고 있다. 학자들은 '언어중심주의(logo-centrism)'로부터 '그림중심주의(grapo-centrism)'로 넘어가고 있다고 말한다.

2) 클라우드 시대

그림중심시대를 주도하는 기술은 단연 IT다. 번역, 장애물 인식, 길찾기 등 원하는 정보 어디서든 손쉽게 인공지능으로 발전하고 있다. 이로 인해 노동방식, 생활습관도 변화시키고 있다. 인류가 서로 다른 장소에서도 공동창작 작업이 가능해진 것은 클라우드 덕분이다. 고블러(Gobler)와 같은 클라우드 음악 서비스를 이용하면 온라인에서 여러 사람과 함께 작곡하고 편곡도 할 수 있다. 정해진 항로에 따라 가는 산업화시대 모습과는 달리 마치 레고 장난감을 조립하는 것처럼 상황에 맞게 삶을 조립한다.

『소유의 종말』을 쓴 제레미 리프킨은 네트워크와 클라우드의 발달로 남과 협력하는 새로운 인간형이 주목을 받고 있으며, 이들은 목표를 이루기 위해 물불 가리지 않고 경쟁을 일삼았던 산업화시대의 부모, 조부모와는 종자부터 다르다고 주장했다.

현재 스마트와 클라우드 혁명시대를 이끄는 여러 컨퍼런스와 전시회가 열리고 있다. 여기에는 복합기와 문서관리 플랫폼을 결합해 언제 어디서나 문서를 열람할 수 있는 종이 없는 사무실, 모바일 화상회의나 협업 등 어디서든 근무가 가능한 업무환경을 제시하는 사무실 없는 기업, 원하는 제품정보를 입력하면 3D프린터로 물건모형을 찍어내는 1인 제조업 공장, DMB 기능이 없는 스마트폰도 케이블 방송 수백 개 채널을 시청할 수 있는 N스크린 미디어, 차 사고 났을 때

네트워크 접속해 원격시동을 받는 등 다양한 서비스를 받을 수 있는 사물 간(Machine to Machine) 지능통신, 실시간 물류 모니터링 및 제어 기술 등 미래형 네트워크 등이 소개되고 있다.

3) 클라우드 컴퓨팅

클라우드(cloud) 컴퓨팅은 소프트웨어나 데이터를 지금처럼 개별PC 나 서버에 저장하지 않고 데이터센터, 곧 중앙시스템에 저장시켜놓았 다가 필요할 때마다 인터넷 온라인으로 접속해 사용하는 기술이다. 서버와 같은 컴퓨터 장비, 각종 소프트웨어 프로그램, 문서파일, 동영 상 콘텐츠 등을 인터넷에 올려놓고 필요할 때마다 접속해 꺼내 쓰는 것이다. PC 대신 온라인에 소프트웨어와 데이터를 저장해두고 필요 할 때마다 접속해 사용하는 서비스다.

값비싼 전산장비를 사지 않고 클라우드 서비스를 제공하는 업체의 서버와 소프트웨어, 저장공간 등을 빌려 쓰고 사용한 만큼만 요금을 내는 사업모델이다. 클라우드라 하는 것은 복잡한 전산시스템이 구름 속에 있는 것처럼 잘 보이지 않는다는 뜻이다. 클라우드에는 하드웨 어(서버, 스토리지), 플랫폼, 애플리케이션 소프트웨어 등이 들어 있 다. 클라우드는 구름 속의 보이지 않는 두뇌와 같아 필요할 때마다 접속해 꺼내 쓸 수 있다. 앞으로는 PC에서 작업했던 문서는 물론이고 백과사전과 수백만 권의 도서, 수십 종의 세계지도도 모두 클라우드 에 저장된다. 복잡한 계산이 필요한 자동차 디자인, 단백질 DNA를 분석하는 작업도 이를 고속으로 처리하는 거대한 인공지능으로 진화 한다. PC에 저장하던 자료나 프로그램 등을 온라인 데이터 센터에 저장하는 것, PC, 노트북, 스마트폰 등으로 필요할 때마다 연결해 가져다 쓴다.

구글은 클라우드 분야의 대표주자다. 창업자 래리 페이지 구글 CEO는 거대한 인공지능을 만드는 것이 구글의 목표라 말한다. 그에 따르면 인간의 지능도 그렇게 복잡한 것이 아니어서 인공지능이 인간의 두뇌를 따라잡게 될 것이라 한다. 한국의 씽크프리(Thinkfree), 미국의 옵소스(Opsource), 대만의 유비투스(Ubitus)가 클라우드 컴퓨팅 개념을 활용한 비즈니스 모델을 선보이고 있다. 클라우드 시장에는 구글을 비롯해 IBM, 애플, HP 등 주요 IT기업들이 대거 참여하고 있다. 구글은 클라우드 컴퓨팅 기술을 활용한 신개념 노트북 PC, 크롬북을 출시했다. 크롬북은 기존 PC와 달리 각종 자료를 컴퓨터가 아닌 인터넷 서버에 저장해두고 필요할 때마다 사용한다. IBM은 클라우드 사업에서 계속 계약고를 높이고 있다. 자사가 보유하고 있는 하드웨어와 소프트웨어, 서비스 역량을 결합해 미래성장 동력으로 삼고 있다. 애플은 노스캐롤라이나에 클라우드 서비스용 대규모 데이터센터를 짓고 있다. 아마존닷컴은 기업체에 온라인 데이터 저장공산을 빌려주는 클라우드 드라이브란 유료 서비스를 하고 있다.

MS도 클라우드 사업에 집중하고 있다. 이 회사가 내놓은 오피스 365는 MS워드와 엑셀, 파워포인트는 물론 개인서류 등을 온라인에 접속해 사용하는 클라우드 서비스다. HP도 서버, 핵심소프트웨어 등을 개발해 대기업을 중심으로 영업을 확대하는 중이다. 델은 전 세계에 데이터센터 10곳을 짓고 있다. 앞으로 델 PC를 사용하는 사람은 PC에 데이터를 저장하지 않고 델의 서버를 이용할 수 있도록 한다.

삼성전자는 여러 전자기기에서 콘텐츠를 끊어짐 없이 감상할 수 있는 올쉐어 서비스를 하고 있다. 올쉐어는 네트워크를 통해 콘텐츠를 공유할 수 있게 한 것이다. LG도 저전력 반도체, 대용량 저장장치 등 클라우드 컴퓨팅에 맞는 제품들을 선보이고 있다. 클라우드 컴퓨팅을 도입한 포스코, 고성능 컴퓨터를 구입할 필요가 없어져 연 10억 원 이상 전산비용을 절감하고 있다.

시장조사기관 인터넷데이터센터(IDC)에 따르면 전 세계 디지털 정보량이 앞으로 2년마다 2배씩 늘어날 것으로 예측했다. 이런 상황에서 2015년에는 정보의 20%를 클라우드 서비스 회사들이 처리하게 될 것으로 보았다. 클라우드 서비스가 확산되면 사용자들은 더 이상 일일이 기기에 파일을 저장해 다니지 않아도 된다. 필요할 때마다 서버에 저장된 파일을 온라인에 접속해 불러와 사용하면 되기 때문이다. MP3플레이어나 스마트폰에 음악파일을 담아두고 다니지 않아도 자신이 원하는 음악을 서비스업체의 서버에 접속해 들을 수 있다. 출장을 갈 때도 무거운 노트북을 가지고 다니지 않아도 된다. 출장지에 있는 PC에 접속, 사내 데이터를 불러와 업무를 볼 수 있기 때문이다. 또 회사에 출근하지 않아도 사내 전산시스템에 접속해 모든 업무용 파일을 살펴볼 수 있어 스마트 워크도 생활화할 수 있다. 소프트웨어 등을 사는 비용도 줄일 수 있다. 지금까지는 MS의 PC운영체계 윈도와 사무용 프로그램 오피스를 사야했다. 하지만 MS가 내놓은 클라우드 컴퓨팅 형태의 오피스365 서비스를 이용하면 워드, 엑셀, 파워포인트 등을 온라인에서 이용할 수 있다.

클라우드 컴퓨팅 서비스를 이용하면 누구나 언제든지 창업할 수 있다는 특징이 있다. 과거 인터넷 기업 하나를 운영하기 위해서는 수억 원의 인터넷 데이터 센터 구축비용이 필요했다. 따라서 사업성이 아무리 좋아도 당장 목돈을 만들기 어려운 기업가의 아이디어는 사장되기 일쑤다. 그러나 클라우드 시대에는 서비스 제공업체들의 클라우드 서버를 쓴 만큼 비용을 지불하면 되기 때문에 거액을 투자할 필요가 없다. 클라우드 시대엔 기업이 변동비용 운영모델로 전환될 가능성이 높다. 변동비용 운영모델은 기존에 막대한 고정비 투자를 통해 유지해왔던 유형자산들을 단지 소규모 임차료만으로 소유하는 것을 의미한다. 클라우드 서비스가 일반화된 사회에서는 온라인 기업 하나를 설립하는 데 들어가는 비용이 거의 없다. 단지 빌려 쓴 만큼 돈을 지불하면 된다. 그러나 수익도 보안도 아직은 불안한 상태로 서버 해킹당하면 대규모 정보가 유출될 위험이 있다. 공짜 경쟁도 문제다.

4) 스마트 워크

소셜네트워크는 인류의 노동방식과 사회생활에 일대 변화를 몰고 올 전망이다. 사무실에 출근해 정해진 자리에 앉아 근무하는 것은 어느덧 낯선 풍경이 된다. 언제 어디서나 원하는 장소에서 일하는 스마트 워커(smart worker)족이 늘어가고 있다. 번듯한 사무실이 없어도 외국까지 진출하고, 발표 파일을 클라우드에 저장해두고 고객사를 만날 때마다 꺼내 영업한다.

미국의 리저스(Regus)는 독서실처럼 생긴 사무실을 빌려주는 사업으로 번성하고 있다. 폭증하는 스마트 워커 때문이다. 전 세계 89개국 500개 도시에 있는 1,100여 곳의 리저스 시설에는 하루 80만 명이 자유롭게 드나들며 일하고 있다. 리처드 던킨에 따르면 미래는 스마트폰이 가능케 한 언제, 어디서든 일하는 세상인 스마트 워크(smart work) 시대이다. 그에 따르면 산업에서 지식서비스로, 사무실에서 집으로, 집단에서 개인으로, 프로세스에서 프로젝트로, 정규 근무시간에서 자유 근무시간으로, 분리에서 통합으로 이동하는 시대다.

한국정부는 스마트 워크 활성화 추진전략을 발표했다. 2015년까지 전체 근로자의 30%를 출퇴근 시간과 일하는 장소가 자유로운 스마트 워커로 만든다는 내용도 담겨 있다. 스마트 워크는 단순한 일의 혁명이 아니다. 일 때문에 미뤄왔던 육아, 가사, 취미에도 관심을 기울이기 때문에 결국 생활의 혁명이다.

프랑스는 1993년 유연근로법이 도입되면서 출산율이 증가했다. 출산율을 높이고 싶다면 스마트 워크를 늘려야 한다. 영국 최대 통신사인 브리티시텔레콤(BT)은 스마트 워크를 도입하자 출산 후 직장 복귀율이 97% 달했다. 이 회사는 1993년 스마트 워크를 도입했고, 현재는 직원 중 87%가 재택근무, 유연근무 형태로 일하고 있다. 일과 육아를 병행할 수 있기에 일 때문에 출산이나 육아를 포기하거나, 아이 때문에 직장을 떠날 필요가 없다. 오전 9시 정각에 사무실에 접속만 하면 돼 출근시간은 컴퓨터 부팅시간인 30초밖에 걸리지 않는다. 아이들을 학교에 데려다주는 시간을 빼고도 시간이 남아 업무 생산성이 높다.

일하는 방식에 변화를 가져온 스마트 워크

	기존 방식	스마트 워크
현장업무	서류 위주, 탁상업무, 일처리 중복	현장에서 즉시 처리, 결제간소화
직장업무	칸막이식 업무, 의사결정 지연	원격 협업통한 실시간 문제해결, 신속한 의사결정
가정에서	육아장애, 고령자 취업제한	재택근무 등 근무형태 유연화, 취약계층 기회확대

5) 웹 2.0 경영

웹 2.0은 참여, 공유, 개방을 중시하는 새 인터넷 조류이다. 그러나 섣부른 웹 2.0 마케팅이 회사를 잡을 수 있다. 소비자를 참여시키고 기업의 가치를 공유하는 것이 중요하다. 소비자에게 가치우산(value umbrella)을 씌우라. 한 우산 속에 들어온 여러 사람이 비를 피한다는 가치를 공유하는 것처럼 기업과 소비자는 가치를 공유해야 한다. 그 가치는 반드시 고상할 필요는 없다. 소비자가 공감할 수 있는 것이면 충분하다.

먼저 실패 사례다. 하인츠 케첩이 UCC 동영상을 공모했다. 오래되고 진한 토마토케첩의 이미지를 살리면서도 재미있어야 한다고 했다. 그러나 소비자들은 그 가치우산 속에 머물러 있기를 거부했다. 소비자들은 히틀러 사진 옆에 토마토케첩을 올려놓는 동영상을 올렸다.

다음은 성공사례다. NEC는 온라인 공간 안에 가상의 나무 심기 프로젝트를 진행하는 에코토노하(ecotonoha) 캠페인을 했다. 이것의 핵심은 캥거루 섬에 나무를 몇 그루 심을 것인가에 대한 결정권한을 회사가 아닌 소비자에게 준 것이다. 이 캠페인을 통해 4,400그루의 나무를 심었다. 사람들은 자신의 작은 행동이 지구를 지키는 데 일조한다는 사실에 열광했다. 이 캠페인으로 이 회사는 세계 최고의 그린기업 중 하나라는 평가를 받았다. UCC를 무조건 이용하는 것보다 소비자와 소통이 먼저다.

기술의 융합

1) 바이오인포매틱스

IT는 IT 그 자체로만 존재하지 않는다. 기술과 기술이 융합한다. 유전자 정보 수집해 질병을 미리 막기 위해 IT, BT가 결합된 움직임이 강하다. 바이오인포매틱스(bioinformatics)는 생물학(biology)과 정보과학(informatics)의 합성어이다. 고성능 컴퓨터로 유전체 정보를 수집 분석해서 예방의학, 맞춤의학과 같은 생명공학분야에 활용한다. 몇 년 후에 걸릴 병을 미리 진단하고 치료하는 꿈같은 일이 현실로 다가오고 있다. 생물학에 IT기술을 접목하는 바이오인포매틱스 기술은 수십억 개에 이르는 우리 몸의 유전자 정보를 분석해 적절한 예방조치를 내려준다. 구글과 마이크로소프트 등 굴지의 IT업체들도 관련 사업을 시작했다.

인간 한 명의 유전체 정보가 30억 개 이상의 변수를 갖고, 수십 테라바이트(DVD 영화 수십 편 분량)의 용량을 차지하기 때문에 이를 분석하기 위해서는 고성능 슈퍼컴퓨터와 대용량 저장장치가 반드시 필요하다.

2003년 인간게놈(genome) 프로젝트로 인해 우리 몸의 유전자 정보를 최초로 분석해냈다. 하지만 유전체만 분석하며 특정 질병에 걸릴 위험성을 알아내서 모든 병이 극복될 것이라는 기대와는 달리 실제 의학에 적용은 더디게 이뤄졌다. 30억 쌍에 이르는 방대한 유전자 정보를 활용할 컴퓨팅 능력이 없었기 때문이다. 바이오인포매틱스는 디지털 기술을 이용해서 생물학자들이 찾아낸 원석을 보석으로 다듬는 것이다.

2) 스마트 그리드

세계를 바꾸는 7대 기술의 하나로 스마트 그리드(Smart Grid)가 있다. 이는 전력망에 IT를 접목해 원자력, 태양광, 풍력 등 청정에너지를 쉽게 사용하도록 하고 전력 공급자와 소비자가 양방향으로 실시간 정보를 교환함으로써 에너지 효율을 최적화하는 차세대 지능형 전력망이다. 이 기술을 구축하기 위해 주요국가들이 경쟁하고 있다. 우리나라도 예외가 아니다. 주식시장에서는 이 기술과 관련된 회사의 주가가 치솟고, 한국전력도 이 기술을 통해 첨단 에너지 산업으로 거듭나겠다고 말한다.

스마트 그리드는 발전시설에서 생산된 전력이 송배전망을 거쳐 소비자에게 전달되는 과정(grid)을 '보다 똑똑하게' 만들자는 것이다. 이것은 전기를 보내기만 하던 기존 전력망에 양방향 통신기능을 추가, 전력회사와 소비자가 실시간 정보를 주고받으면서 공급량과 요금 등을 자동 조절하는 기술이다. 전력수급 상황을 실시간으로 파악, 수급 상황별 요금 차등 부과가 가능해져 유휴 발전설비와 전력낭비를 줄일 수 있다. 소비자 입자에서는 전기사용량과 전기료를 실시간으로 알 수 있어 불필요한 전기소비도 줄이고 에너지 절약에도 기여할 수 있다. 스마트 그리드가 구현되면 전기사용량은 현행 방식보다 약 6%, CO_2 배출량은 5%가량 낮아질 것으로 예측된다. 현재 이 기술에 관한 국제기술표준 제정과 실제 적용이 가능한 핵심기술을 개발하는 문제, 그리고 계량기에 침투된 바이러스 퇴치문제도 함께 고려해야 한다. 스마트 그리드가 해킹당하면 도시 전체가 암흑으로 바뀔 수 있기 때문이다.

리프킨은 '에너지 인터넷'이라는 새로운 개념을 내놓았다. 그는 마치 인터넷을 통해 정보를 나누는 것처럼 집집마다 작은 발전소를 갖추고 에너지를 서로 나눠 쓸 수 있는 인프라를 구축한다면 20세기 내내 계속됐던 석유갈등과 환경파괴 문제도 해결할 수 있을 것으로 보았다. 그는 앞으로 에너지 인터넷이 곡물가 상승, 실업률 상승, 집값 폭락, 정부부채 증가, 느린 경기회복 등으로 절망에 빠진 인류를 구하게 될 것으로 보았다. 그는 이것을 오픈 소스와 협력이 중심이 되는 제3차 산업혁명의 사례로 꼽는다.

part 03

경영의 새로운 움직임들

01. 경영의 DNA는 변화에 있다
02. 흔들림 없는 비전경영
03. 핵심가치와 핵심목적으로 기업 살리기
04. 경영의 생태계와 새로운 기술 판의 등장
05. 경쟁자를 압도하는 아웃스마트 전략
06. 복잡계 속에도 살아 있는 자기 조직화 법칙
07. 끊임없는 학습과 지식경영
08. 공생경영, 콜래보노믹스, 그리고 하이패키징
09. 온라인 집단과 교류하라
10. 감성이 경쟁력이다
11. 사람이 중심이다
12. 창의로 집단지성을 자극하라

01

경영의 DNA는
변화에 있다

1) 변화를 읽어라

월스트리트 저널이 10대 경영대가와 그들의 사상을 소개했다. 이
것은 2000년대 들어와 경영에 어떤 움직임이 있었고, 무엇이 중요한
가를 보여준다.

- 게리 해멀: 관리혁신(management innovation)-[꿀벌과 게릴라, 2000]
- 토머스 프리드먼: 세계화와 지역적 분화-[세계는 평평하다, 2005]
- 빌 게이츠: 정보기술이 세계를 바꾼다-[생각의 속도, 1999]
- 말콤 글래드웰: 작은 변화로부터 큰 변화가 생긴다-[티핑포인
  트, 2000]
- 하워드 가드너: 다중지능(multiple intelligence)-[미래 마인드, 2007]
- 필립 코틀러: 기업의 사회적 책임활동-[CRS 마케팅, 2005]
- 로버트 라이시: 소비자, 투자자가 아닌 시민으로서 권리 찾기-
  [슈퍼자본주의, 2007]
- 대니얼 골먼: 감성지능(EQ), 사회지능(SQ)-[EQ 감성지능, 1996]

- 헨리 민츠버그: 효과적인 조직설계-[Tracking Strategies, 2007]
- 스티븐 코비: 사람, 기업의 성공비법-[성공하는 사람들의 7가지 습관, 1989]

2) 위대한 기업은 다 어디로 갔는가?

『성공하는 기업들의 8가지 습관』(Built to Last), 『좋은 기업을 넘어 위대한 기업으로』(Good to Great) 등의 베스트셀러로 유명한 짐 콜린스가『위대한 기업은 다 어디로 갔을까』(How the Might Fall)라는 책을 냈다. 여기서 위대한 기업이란 바로 그가 이전에 그렇게 칭찬했던 기업들을 말한다. 이들 중에는 HP, 모토로라, 서킷시티, 머크 등이 있다. 기업이 몰락해가는 과정에는 '위험과 위기 가능성을 부정하는' 단계가 있다고 한다. 긍정적인 징조를 확대하고 부정적인 것을 축소하거나, 대화나 토론의 양과 질이 떨어지고, 실패의 책임을 전적으로 외부 요인이나 다른 사람 탓으로 돌리는 것이 특징이다. 이런 함정에 빠진 기업은 아무리 위대하더라도 여지없이 몰락한다. 시대 흐름을 못 따라가 추락한 기업들이 속출하고 있다. 코닥, 노키아, 모토로라, 소니, 야후, 닌텐도, 사브, GM, 세이부 그룹 등이다. 이것은 기업이 변화를 읽지 못할 때 어떻게 되는가를 여실히 보여주고 있다.

코닥

131년간 카메라 필름 시장을 호령했던 이스트만 코닥이 파산신청을 함으로써 끝내 무너지고 말았다. 한순간에 100년이 넘은 아성이 무너진 것이다. 코닥은 디지털카메라를 최초로 개발하고도 필름 시장에만 안주하다 디지털 시대의 낙오자로 전락했다. 디지털카메라를 처음으로 만들고도 시장의 요구를 외면하다 한물간 기업 소리를 듣다 추락한 것이다.

1892년에 설립된 코닥은 시대가 변하는 걸 감지했다. 하지만 과소평가했다. 코닥 최고경영진은 1981년에 이미 디지털카메라의 위협을 정확히 분석한 보고서를 만들어 회람했다. 소니가 세계 최초의 디지털카메라 마비카(Mavica)를 출시한 직후였다. 코닥은 또 화상을 컴퓨터 파일화하는 CCD기술 등 디지털시대에 필수적인 여러 원천 기술도 개발했다. 그럼에도 코닥은 필름 카메라 시장을 위주로 한 기존의 투자 포트폴리오를 바꾸지 않았다. 필름 카메라 시장이 존재하는 한 충분히 수익을 낼 수 있다고 본 것이다. 회사 이미지가 상하게 될까봐 임시방편적인 결론만 계속 내린 결과다. 코닥이 위기를 절감한 건 2000년대 초반, 뒤늦게 디지털카메라 시장에 뛰어들었지만 오판의 대가는 비쌌다. 코닥의 주가가 계속 하락하다 파산의 길을 갔다. 기업의 생명력을 순식간에 고갈시키는 것 역시 시대의 변화다.

그렇다고 코닥이 변화를 모색하지 않은 것은 아니다. 화려한 과거가 미래를 보장하지 못한다고 생각한 페레즈 회장은 경영혁명을 모색했다. 핵심필름 사업부터 개혁하고, 기업용 프린터에서 돌파구를 찾았다. 실적이 아닌 새 회사를 창조한 것이다. 단순한 실적 반전이나 회생이 아니라 근본적 변혁이자 탈바꿈이었다. 매출 70%를 디지털제품으로 채웠다. 변화에 저항하는 직원들로 반항자 위원회를 만들어 대안을 내놓도록 요구하자 오히려 조직변화에 앞장섰다. 저항하는 30%를 내 편으로 만들고, 과거의 상징물을 버렸다. 개혁 프로젝트의 80%를 달성했다. 122년 동안 축적해온 회사 특허도 과감히 매각하고 세계 최고 그래픽 기업을 꿈꿨다. 코닥, 이름만 빼고 다 바꾼 셈이다. 그러나 이런 노력도 이미 늦은 것이 되어 버렸다. 수익률이 가장 좋을 때 혁신하지 못한 것이다. 적기에 혁신하지 못하면 기업은 기회를 잃는다.

노키아

세계 1위 휴대폰 기업인 핀란드 노키아는 지난 20년간 혁신과 선한 기업의 상징이었다. 1991년 세계 최초로 유럽식(GSM) 디지털 이동통신을 상용화했고, 40%를 넘나드는 세계시장 점유율을 자랑하며 휴대폰업계의 모범으로 추앙받았다. 노키아는 또 돈 벌기에만 급급한 회사가 아니었다. 인류 보편애의 경영철학과 최고 제품을 가장 값싸게 만드는 제조기술을 바탕으로, 5달러 이하의 초저가 휴대폰을 만들어 인도와 아프리카 오지 사람들에게 통신문명을 선사했다. 통신분야의 원천기술에서도 노키아를 따라올 기업은 없었다. 무려 4만 2,000건의 원천기술을 보유하고 있으면서도 대부분 무료로 공개해 세계 모바일 시장의 저변을 확대해왔다. 그래서 악착같이 기술 로열티를 받아내는 미국의 퀄컴과 비교되며 글로벌 상생(相生)의 표본이 됐다. 스마트폰 역시 노키아가 1996년 발표한 노키아9000 시리즈가 효시였다. 노키아는 핀란드 수출의 3분의 1 이상을 책임졌고, 노키아의 전성시대를 이끈 요르마 올릴라 전(前) CEO는 핀란드에서 대통령보다 더 극진한 예우를 받았다. 그는 실제 대통령 후보로도 유력하게 여러 차례 거론됐었다.

그런 노키아가 휴대폰을 만든 지 3년밖에 안 되는 애플에 밀려 끝없이 추락하고 있다. 작년엔 노키아 140년 역사상 처음으로 첫 외국인 CEO를 임명하는 극약처방까지 했지만 시장점유율은 사상 처음으로 30% 아래로 곤두박질쳤다. 세계 시장의 50%까지 점유했던 스마트폰 점유율도 30%대로 떨어졌다.

중요한 것은 노키아가 자랑하는 기술이 오히려 그들의 뒷덜미를 잡아채고 있다는 것이다. 단적인 예로 노키아는 지금껏 단 한 대의 안드로이드 스마트폰을 내놓지 않았다. 세계 스마트폰 시장이 애플 아이폰과 구글 안드로이드 계열로 양분되고 있는데도, 노키아는 자신들이 개발한 심비안 스마트폰에만 집착했다. 아이폰으로 눈높이가 한참 올라간 소비자들이 단순한 심비안 운영체제에 등을 돌리는 것을 뻔히 알면서도 그랬다. 하지만 10년 넘게 수조 원을 투자해 만든 운영체제를 쉽게 포기할 수 없었다. 터치스크린 폰을 내놓을 때도 마찬가지였다. 애플 아이폰 이후 삼성전자, LG전자, 모토로라 등이 재빨리 트렌드를 추종한 것과 달리, 노키아는 6개월 이상 늦게 제품을 출시했다. 유럽의 맹주는 미국의 저급한 휴대폰 문화를 받아들이고 싶지 않았을 것이다(조형래, 2011).

모토로라

휴대전화 시장의 최강자였던 모토로라는 1990년대 후반 '이동통신의 꿈'으로 불리던 이리듐(일종의 위성전화 서비스) 프로젝트에 26억 달러를 투자했다. 당시 모토로라의 자산 규모가 47억 달러였다. 하지만 이리듐 사업은 불완전한 기술, 비싼 요금(분당 3∼4달러) 등의 문제로 서비스 개시 1년도 안 돼 망했다. 시장성 없는 첨단기술에 섣불리 사운을 거는 것도 위험하다.

모토로라는 2004년 휴대전화로 가장 성공한 제품 레이저(RAZR)를 내놓았다. 이 제품은 4년간 롱런하며 전 세계에서 1억 3천만 대가 팔렸다. 면도날을 연상시킬 정도로 날씬한 외관에 세련된 금속성 숫자 버튼을 장착해 폭발적 인기를 모았다. 레이저는 모토로라에 엄청난 이득을 안겨줬지만 역설적으로 회사 몰락의 단초가 되었다. 모토로라 경영진이 레이저의 성공에 도취해 새로운 제품을 개발하는 데 소홀했기 때문이다. 모토로라는 기존 제품의 모양과 이름만 살짝 바꿔 크레이저(KRZR), 라이저(RIZR) 같은 후속작을 내놓았지만 소비자의 관심을 끌지 못했다. 적자에 시달리던 모토로라는 결국 구글에 인수되었다. 이것은 현재에 안주하지 않고 변하는 것이 얼마나 중요한가를 가르쳐준다.

GM

1908년 설립돼 76년간(1931~2007년) 세계 자동차 판매 1위를 지킨 GM은 미국의 자존심이었다. 성공에 도취한 GM은 세계 1위의 미국시장만 잡으면 된다는 생각으로 중·대형차 생산에 치중했다. 소형차와 하이브리드차를 앞세운 일본기업들을 경쟁자로 보지도 않았다. 또 경트럭에 대한 정부의 느슨한 연비규제와 외제차에 대한 고관세 정책에 편승해 연비 나쁜 경트럭과 SUV 차량으로 재미를 보는 데 익숙해졌다. 그러다 2008년 금융위기가 닥쳤다. 신차 판매는 급감했고 그나마 팔리는 차는 일본기업들이 만든 연비 좋은 차들이었다. 미국 소비자들은 GM의 기름 먹는 하마를 외면했다. 정부의 4차례 구제금융도 소용없었다. 벼랑 끝에 몰린 GM은 2009년 6월 법원에 파산보호를 신청했다. 영원히 회사 문을 닫을 뻔하다 겨우 회생했다. 오랜 독주는 자만심을 키운다.

세이부 그룹

1920년 설립된 일본 세이부 그룹은 1990년대 철도 부동산 호텔 부문의 130여 개 자회사를 거느린 거대그룹으로 성장했다. 하지만 2005년 그룹 총수였던 쓰쓰미 요시아키(堤義明) 전 회장에 대한 검찰수사가 기업의 운명을 바꿨다. 그가 임직원 1,000여 명의 이름을 무단 차용해 주식을 위장 분산하는 방법으로 경영권 유지를 위해 불법을 일삼은 사실이 드러난 것이다. 모두가 창업자인 선친으로부터 물려받은 '노하우'였다. 이 사태로 쓰쓰미 가문은 경영권을 잃었고 그룹은 분할됐다(이용수, 2011).

이외에도 여러 기업들이 문제가 되고 있다. 다음은 그 보기다.

- 세계 최초 유럽식 디지털 이동통신(GSM)을 개발한 노키아도 스마트폰 대응에 늦어 2007년 점유율 63%에서 2011년 13%로 추락했다.
- 세계 최초 휴대전화를 개발한 모토로라는 디지털 전환 지연에, 스마트폰 대응이 늦어 세계 2위에서 8위로 추락했다.
- 워크맨을 개발하고 브라운관 TV 세계 1위였던 소니도 LCD 투자가 늦어 세계 3위 TV 회사로 추락했다.
- 1990년대 인터넷 시대를 연 닷컴기업 야후는 구글 검색에 밀리며 추락해 매물로 등장했다.
- 닌텐도 DS로 휴대용 게임기 시장을 개척한 닌텐도는 스마트폰 게임과 SNS 게임에 밀리며 추락했다.
- 세계 최초 터보 엔진 상용차를 개발한 사브는 GM 인수 후 원가 절감을 추구하다 품질이 떨어져 2011년 12월 파산했다.

위대한 기업은 다 어디로 갔을까? 콜린스는 위대했던 기업들도 몰락할 수 있다는 것을 보여준다. 사물은 밝은 면과 어두운 면을 동시에 가지고 있다. 그는 기업을 바로 볼 수 있는 방법을 가르쳐주고, 망하는 이유도 함께 보게 한다. 성공하는 이유는 몇 안 되지만, 실패하는 이유는 많다. 우리로 하여금 그것에 주목하도록 한다.

흔들림 없는
비전경영

경영의 트렌드는 늘 변화무쌍하지만 흔들림 없는 것이 하나 있다. 그것은 비전이다. 비전은 경영자가 우선적으로 가져야 할 것이지만 종업원도 함께 공유해야 하는 기업의 중요한 가치다. "비전은 공공조직도 춤추게 한다"는 말이 있다. 늘 지시에만 익숙한 조직에도 비전이 있으면 달라진다는 것이다. 흔히 경영자에게 하는 말이 있다. "두 사람의 부사장을 두라. 그리고 한 사람에게는 미래를, 다른 한 사람에게는 현재를 맡겨라." 현재도 중요하지만 미래의 꿈을 꾸는 것이 중요하기 때문이다. 비전이 필요한 이유다.

애플 컴퓨터 회장 길 아멜리오는 『전환경영』에서 비전, 변신, 인재양성에 주목했다. 비전(vision)이란 원래 보이지 않는 것을 보는 힘이다. 그 비전을 가지고 목표를 성취할 때 얼마나 보람이 있겠는가? 허즈버그도 여기에 주목하고 그 중요성을 강조한 바 있다. 변신은 우리 시대의 키워드다. 변하지 않으면 변화를 당하게 될 것이다. 그래도 변하지 않으면 죽게 된다. 인재양성은 언제나 강조해도 지나침이 없다. 교육을 하거나 교육을 받는 것도 건강한 후세대를 길러내기 위함이다. 그 방법도 다양할 것이다. 외유내강이든 외강내유든지. 강성(hard) 리더십이 필요할 때도 있을 것이고 연성(soft) 리더십이 필요할 때도 있을 것이다. 성숙도에 따라, 상황에 따라 달라져야 한다.

<난 꿈이 있어 쉴 수가 없다>

내가 휠라와 일을 시작하게 된 것은 휠라를 처음 찾아가고 나서 거의 10년이 지나서였다. 1983년 당시 나는 국내 한 신발회사 영업담당 이사였는데, 처음 찾아간 휠라 본사에서 문전박대를 당했다. 나는 "휠라의 신발 사업을 맡고 싶다"고 제의했지만, 이미 미국회사가 휠라의 신발 라이선스 계약을 맺었다는 것이다. 그때까지만 해도 휠라는 옷 사업만 했지, 신발 사업 자체가 없었다. 그러던 중에 나는 다니던 국내 회사에서마저 실적부진을 이유로 옷을 벗어야 했다. 졸지에 실업자가 된 나는 가족의 생계를 걱정해야 하는 처지였다. 아직 40대인데 이대로 주저앉을 수는 없었다. 그래서 무작정 미국으로 건너가 휠라 신발 독점권을 가진 회사를 찾아갔다. 당시 자금 사정이 어려웠던 그 회사는 실적이 신통치 않았다. 나로서는 다행이었다. "금융을 내가 책임질 테니, 휠라 신발 생산을 내게 맡기라"고 수차례 설득했다. 이렇게 해서 미국회사와 휠라 일을 시작했고, 나중에는 휠라 본사의 의류사업보다 미국 신발 비중이 더 커졌다. 마침내는 휠라 회장이 직접 한국으로 찾아와 "휠라 코리아를 세워 대표를 맡아 달라"고 제의해왔다. 근 10년 만에 내 꿈이 이뤄진 것이다.

하지만 그 와중에 내 몸은 여러 번 '고비'를 넘겼다. 미국의 신발 전시회를 찾아갔다가 갑자기 몸이 안 좋아져 귀국해서 갑상선 암 수술을 했고, 그 후 심장과 폐 수술도 해야 했다. 지금도 의사는 "해외출장은 위험하다"고 경고하고 있고, 주위 사람들도 같은 말을 한다. "이제 휠라 본사까지 인수해 글로벌 기업의 오너가 됐으니 좀 쉴 때도 되지 않았느냐"고. 그러나 오늘도 나는 새벽 4시 반에 일어나 7시에 회사에 도착, 해외 파트너와의 전화 미팅으로 하루를 시작했다. 60대 중반이 되었지만, 내가 쉬지 못하는 이유는 나에겐 아직 이뤄야 할 꿈이 있기 때문이다. 세계에서 유통되는 글로벌 브랜드를 우리나라가 소유하게 됐으니 이제는 이 브랜드를 명실공히 세계 시장의 리딩 브랜드로 만들겠다는 꿈이다.

요즘 미국 경기 위축으로 실적이 생각만큼은 좋지 않다. 그 때문에 더 자주 미국을 오간다. 그러나 내겐 이런 어려움이 한두 번이 아니다. 그동안 주변에서 다들 고개를 저을 때에도 결국 나는 해냈다. 태어난 지 100일도 안 돼 어머니를, 그리고 고등학교 때 아버지마저 여의었다. 대학도 3수 끝에 겨우 들어갔다. 지금 난 휠라의 오너가 됐지만, 시련은 아직도 끝나지 않았다. 도달해야 할 꿈이 있는 한, 늘 시련은 우리를 시험한다(윤윤수, 2008).

기업의 비전에는 가치가 있어야 한다. 가치는 3~4개 정도가 적당하며 우선순위를 미리 정해야 효율이 높다. 중요한 메시지는 반복해서 말하는 것도 중요하다. 웰치는 기업의 핵심가치는 적어도 700번 이상 반복해서 부하직원들에게 말하라 한다. 그만큼 중요하기 때문이다.

비전은 창의적이어야 한다. 우리는 과거 이랬다, 지금은 이렇다며 과거 회고적 경영에서 탈피한다. 미래에 대한 꿈과 환상을 가지고 그것을 실현해나가는 경영을 한다. 이것의 바탕에는 창의성이 자리하고 있다. 창의성은 미래를 구현하는 데서 출발한다.

비전을 시각화한다(visualizing management). 포스코 직원들은 매일 아침 9시면 실 또는 그룹별로 이른바 비주얼 플래닝 보드(visual planning board) 앞으로 모인다. 크게는 회사목표에서부터 작게는 팀이나 개인목표를 달성하기 위해 직원 개개인이 처리해야 할 업무를 연간, 분기, 월간, 주간 단위로 나눠 빼곡히 기록해두고 누구나 볼 수 있게 만든 업무 현황판이다. 이것은 일본 자동차 기업 도요타에서 배운 것이다. VP는 모든 업무를 눈에 보이도록 하는 것이다. 마라톤 선수는 42.195km를 본인이 원하는 시간 내에 달리기 위해 5km 단위로 목표를 설정하고 관리한다. 구간별로 체크하기 때문에 문제점과 해결책을 쉽게 찾을 수 있다. 업무도 마찬가지다. 목표와 진행과정이 눈에 보이면 코칭과 피드백을 받을 수 있어 원하는 결과를 쉽게 얻을 수 있다. VP를 통해 정상적인 업무와 돌발 업무도 구분할 수 있다. 한 달 동안 직원의 업무 중에 갑자기 발생한 것이 많을 경우 임원이나 팀장 등 리더가 돌발 지시를 많이 해 업무가 정형화되지 못했다는 문제점을 자연스럽게 보여준다.

\<키호티즘\>

요사이 키호티즘(Quixotism)이 뜨고 있다. 이것은 세르반테스(Miguel de Cervantes)의 소설 『돈키호테』(Don Quixote)에서 나온 말로, 눈앞에 보이는 사실적 현실을 부정하고 보다 높은 비전을 실현하려는 돈키호테의 이상주의적 열정을 가리킨다. 돈키호테하면 뚱딴지 또는 사고뭉치라 생각해왔다. 그런데 비전과 꿈이 높이 평가되는 시대가 되면서 이 단어가 중시되고 있다. 현실이 아무리 어렵다 해도 보다 높은 이상, 보다 높은 가치를 품고 살라는 것이다.

라만차에 살고 있는 한 늙은 시골선비가 당시 유행하던 기사도 이야기를 밤새워 읽고 난 다음 결심을 한다. "나도 전설의 기사 아마디스가 되어 세상의 부정을 바로잡고 학대받는 사람들을 도우리라." 이름도 돈키호테로 바꿨다. 그리고 시종 산초 판자를 데리고 세상을 향해 나갔다. 그런데 그는 가는 곳마다 실수를 거듭한다. 풍차를 거인으로 착각하고 무모하게 덤벼들다가 골탕을 먹는다. 불의를 보는 즉시 행동에 나섰지만 한 번도 이겨본 적이 없다. 결국 그는 다시 시골로 돌아와 홀아비로 임종을 맞는다.

돈키호테는 실패자일까? 아니다. 부딪치는 일마다 패배를 맛보지만, 그의 용기와 고귀한 정신은 한 번도 꺾이지 않았다는 사실이 중요하다. 세르반테스는 이 작품에서 당시 현실의 모순을 타파할 목적으로 돈키호테라는 가상의 인물을 등장시켜 비통한 패배를 맛보게 한다. 하지만 조금도 꺾이지 않고 현실과 맞서게 함으로써 교훈을 주고자 했다.

키호티즘은 지금 돈키호테의 굽힐 줄 모르는 투지에 주목하라고 말한다. 비록 무모하다는 비판을 들어도, 현실과 이상이 다르다 할지라도 시도한 자와 그렇지 않은 자는 다르다. 베드로의 무모함이 때론 비난을 받지만 물 위를 걸어본 사람은 예수 외에 그밖에 없다. 이상주의자에게 있어서 현실은 너무 냉혹할 수 있다. 그러나 늘 패배주의에 빠져 허우적거리는 것보다 백배 낫다. 현실에 얽매이지 말고 용감하게 맞서 앞으로 나아가는 자가 새로운 경험을 하게 된다. 실패를 두려워하지 말아야 한다.

기업이 가진 집단비전(collective vision)이 무엇보다 중요하다. 전략의도(strategic intent)는 해멀의 개념으로, 그에 따르면 위대한 성과를 낸 기업들은 자신들이 가졌던 제한적인 자원이나 능력을 뛰어넘는 원대한 야망, 곧 전략의도를 가졌던 기업이다. 캐논은 업계의 거인 제록스를 이기겠다는 꿈을 15년 만에 이뤘다. 미래의 나를 만드는 것은 현재 내가 가진 것이 아니라 내가 집착하고 끊임없이 추구하고자 하는 것이다.

핵심가치와 핵심목적으로
기업 살리기

짐 콜린스는 『성공하는 기업들의 여덟 가지 습관』에서 기업으로 하여금 한 가지 이상 소중한 가치를 갖고 오랜 시간 계속 그것에 매진하라 했다. 기업은 경영의 목표를 가지고 있어야 한다. 이 목표는 비전을 구체화하는 것이다. 그 목표는 기업의 핵심가치를 포함하고 있어야 하며, 핵심목적으로 드러나야 한다.

<톨스토이 학교>

톨스토이는 러시아 문호다. 아니 세계적인 대문호다. 『부활』, 『안나 카레니나』, 『전쟁과 평화』, 『이반 일리치의 죽음』 등 그의 작품은 지금도 세계인들의 심금을 울리지 않는가? 소설뿐 아니라 그의 시 '사람은 사랑을 하기 위해 태어났다'도 자주 회자된다. 그의 시 '가을의 노래'는 차이코프스키 곡으로 태어나 쓸쓸한 가을풍경을 노래하고 있다. 톨스토이를 단지 문호로만 기억한다면 그에 대해 절반도 안 것이 아니다. 무엇보다 그는 고향에서 농민학교를 세우고, 가난한 농민자녀들을 대상으로 학생들을 가르친 교육자였다. 학생들의 자율성을 최대한 보장하는 것으로 이름난 '톨스토이 학교'가 현재 러시아에만 100여 개나 된다. 이것은 교육에 미친 그의 영향이 크다는 것을 입증한다.

원래 톨스토이는 유복한 명문가정에서 태어났다. 하지만 그의 삶의 여정은 순탄치 않았다. 두 살 때 어머니를 잃었고, 아홉 살 때 아버지를 잃었다. 어린 나이에 고아가 된 것이다. 학교도 제대로 다닐 수 없었다. 게다가 그는 큼직한 코, 튀어나온 입술, 엄청나게 큰 귀로 외모에 대한 콤플렉스마저 있었다. 그러나 그는 좌절하지 않고 스스로 목표를 세워 하나씩 실천해 나갔다. '하겠다고 마음먹은 것은 반드시 실행한다', '실천할 때는 최선을 다한다', '책에서 얻은 지식은 꼭 내 것으로 만든다', '언제든지 책은 소리 내어 읽는다.' 공부에 습관이 든 그는 대학을 중퇴하고 고향으로 내려와 많은 책을 읽으며 스스로 정진했다. 톨스토이는 열악한 자신의 환경에 굴복하지 않고 혼자서 목표를 정해 공부해온 대표적인 인물이다. 그는 이 방법을 자신의 자녀들에게도 적용했다. 아홉 명의 자녀들이 성장하자 그는 직접 수학을 가르쳤다. 현지 가정교사로 하여금 외국어와 피아노를 가르치게 했고, 아내로 하여금 러시아어와 프랑스어, 역사와 지리 등을 가르치게 했다. 홈스쿨링의 선두주자임에 틀림없다. 그는 자녀를 가르칠 때 다음과 같은 사항이 실천되도록 했다. 이른바 자녀교육 10훈이다.

- 매일 일기를 쓰며 반성하고 다짐하며 계획한다.
- 철저하게 계획표를 짜고 실천하도록 한다.
- 온 가족이 평생 일기 쓰는 습관을 갖는다.
- 책은 큰 소리로 읽는다.
- 음악과 미술에 대한 재능은 의도적으로 계발해야 한다.
- 재능이 보이면 가정교사를 활용해 재능을 키워준다.
- 외국어 공부는 현지인 가정교사에게 배운다.
- 아이가 어릴 때는 자주 같이 놀며 동화를 들려준다.
- 선조들에 대해 이야기하며 가문의 자긍심을 심어준다.
- 어려운 이웃을 돕는 데 앞장선다.

그는 이 교육방법에 따라 자녀들을 엄격하게 가르쳤다. 특히 온 식구로 하여금 일기쓰기를 생활화했다. 이 같은 교육 열정은 그의 자녀에게 국한하지 않고 농민학교를 열어 가난한 이웃에게도 이어지게 했다. 또한 아이들을 위해 『학교에 간 필리포크』라는 책도 써 어린이들이 어떤 교육을 받아야 하는가를 보여주었다. 자기 자신에 대한 교육으로부터 시작해, 자녀, 그리고 이웃의 어려운 자녀에 이르기까지 생애 교육자로 산 톨스토이, 우리가 기억해야 할 또 다른 이유가 충분히 있다.

핵심가치는 기업외부뿐 아니라 내부에 있는 사람들에게 중요성을 가지고 있다. 모든 기업에 보편타당한 핵심가치는 존재하지 않는다. 기업은 핵심가치로 고객서비스, 개인에 대한 존중, 품질, 생산성 향상, 팀워크 등 다양하지만 이것을 반드시 지녀야 할 필요는 없다. 보통 기업은 3~5개의 핵심가치를 가지고 있다.

기업의 핵심가치 보기

기업	핵심가치 보기
머크	기업의 사회적 책임, 모든 측면에서의 탁월함, 과학기반혁신, 정직과 성실, 이익 그러나 인류에 도움이 되는 일로부터의 이익
노드스트롬	객에 대한 서비스, 근면과 개인 성실성, 결코 만족하지 말 것, 우수한 평판: 특별한 존재가 되는 것
필립 모리스	선택자유에 대한 권리, 정당한 싸움에서의 승리, 창의성, 능력에 따른 기회, 근면과 지속적 자기계발
소니	일본문화와 국가지위의 선양, 개척자 되기, 개인능력과 창의성 촉진
월트 디즈니	비냉소주의, 건전한 미국인 가치관의 육성과 보급, 창의성과 꿈과 상상력, 일관성과 사소함에 대한 관심, 디즈니 매력의 보전과 관리

핵심목적은 기업의 존재이유다. 그 목적이 효과적일수록 업무를 수행하는 데 동기를 유발하고, 조직의 정신을 붙잡는다. 다음은 그 보기다.

기업의 핵심목적

기업	핵심목적 보기
3M	풀리지 않은 문제들을 혁신적으로 해결
HP	인류의 발전과 복지를 위한 기술적 공헌
매킨지앤드컴퍼니	우수한 기업과 정부의 더 나은 성공에 도움을 줌
머크	인류생활의 보존과 향상
나이키	경쟁, 승리감, 경쟁자를 압도하는 경험
소니	공공의 이익을 위한 기술진보와 기술활용의 즐거움 경험
텔레케어	정신적인 손상을 가진 사람들이 그들의 잠재력을 최대한 깨닫도록 도움을 줌
월마트	서민들에게 부자들과 같은 구매 기회 제공

레노버 창업자 류촨즈(柳傳志)에 따르면 리더의 가장 중요한 자질
은 목표를 세우는 것이다. 미래의 큰 그림, 아주 명확한 목표를 그려
야 회사 구성원을 이끌고 앞으로 나갈 수 있다. 기업의 목표가 철학
이 담겨 있을수록 더 주목을 받는다. 다음은 그 보기다.

다논: 사람들 삶을 더 낫게 만드는 것

세계 제1의 요구르트 회사 다논(Danon)의 프랑크 리부 회장의 말이
다. "성장에는 반드시 목표가 있어야 한다. 우리의 비즈니스 목표는
사람들 삶을 더 낫게 만드는 것이다. 우리 회사가 추구하는 핵심비전
은 식품을 통해 많은 사람들에게 건강을 주자는 것이다."

비즈니스 성공과 사회진보는 나란히 가야 한다. 비즈니스 속에 사
회적 책임을 내재화에 노력한다. 빈곤국에서는 값도 낮게 책정한다.
다논은 경영진의 성과급을 계산하는 잣대에 비즈니스 실적만 따지지
않고 사회적 책임을 얼마나 다했는지 포함한다. 사회 및 환경에 공헌한
노력들을 모아 사회적 책임보고서(Responsibility Report)를 내고 있다.

애플: 상생

애플 성공의 최대요인은 상생의 플랫폼 리더십(platform leadership)이다. MP3 플레어나 스마트폰, VCR은 그 자체로서는 별 가치가 없다. 콘텐츠와 같은 보완재가 있어야 가치가 창출되는 소위 플랫폼 상품이다. 플랫폼 상품의 경우 이를 수용하는 소비자가 많을수록 산업 생태계에서 협력자(complementor)들이 보완재를 더 많이 개발하게 되어 가치가 증진된다. 이런 현상을 경제학에서는 보완재에 의한 간접적 네트워크 효과라 한다.

애플의 연이은 성공은 플랫폼 상품의 본질을 정확히 이해하여 보완자로서의 콘텐츠 제공자와의 협력을 통한 플랫폼 리더십을 확보하고 네트워크 효과를 창출한 데 기인한다. 플랫폼 리더십을 창출하기 위해서는 산업 생태계에 대한 정확한 이해를 바탕으로, 필요하다면 자신의 이익을 희생하더라도 산업 생태계 내 협력자들에게 보다 많은 이익을 배분하고 이들을 지원함으로써 상생을 기반으로 산업 생태계를 보다 건강하게 만드는 노력이 필요하다.

일본전산: 종업원의 의욕을 높이고 즐겁게 일하게 한다

나가모리 시게노부 일본전산 사장은 여러 모로 기업의 목표를 삼고 있다. 특히 사원에 대한 생각이 남다르다. 능력에 있어서 개인의 차이는 아무리 커도 5배를 넘지 않지만, 의식의 차이는 100배의 격차를 낳는다. 출중한 능력을 가진 사람보다 평범한 능력을 가진 사람을 뽑아 그들의 하려는 의욕을 높이는 데 전력을 기울이는 것이 성장의 비결이다.

남보다 두 배 일해야 경쟁에서 승리할 수 있다. 두 배 일하는 것은

무조건 오래 일하는 것이 아니다. 일본전산의 하드워킹은 지적 하드
워킹을 말한다. 생각으로 일하는 것, 일을 쉬고 있을 때나 무의식 중
에도 일에 대해 고민한다. 그리고 즐겁게 일한다. 일이 즐거우면 두
배 일할 수 있다.

부실기업 살리는 비결은 사원들의 병든 의식을 고치는 것이다. 부
실기업의 특징은 사원들의 의식이 병들어 있다는 것이다. 이 회사가
망하는 것은 아닐까, 월급 못 받는 것 아닌가, 이런 불안감 때문에 일
하려는 의욕이 꺾이게 된다. 그것을 되돌리는 것은 경영자의 몫이다.
사원들의 병든 의식을 긍정적이고 적극적으로 바꾸는 것이다.

04

경영의 생태계와
새로운 기술 판의 등장

생태계는 지금까지 자연계에 적용되어 왔다. 그러나 동식물의 생태계처럼 경영에도 생태계가 존재한다. 동식물이 협업을 통해 상생하듯이 기업도 협업을 통해 공생의 길을 추구한다.

1980년대 중반 이후 경쟁력의 원천이 자본과 노동의 결합, 곧 생산 효율성에서 제품에 담긴 지식으로 바뀌기 시작했다. 이때 등장한 지식의 성격은 정보통신 기술이었고, 산업의 모든 영역에 변화를 가져온 판(plate) 기술의 성격을 지녔다. 주도적인 기술 판이 바뀌면서 새로운 경제패러다임이 등장했고, 그 첫 기술 판이 정보통신 기술 판이었다. 이 패러다임의 특징은 생산성 패러다임과는 달리 후발주자의 따라잡기가 쉽지 않고, 오히려 선발주자와 후발주자 간의 기술격차가 커진다. 앞으로 기술 판 패러다임이 어떻게 변화될지 예측하기 어렵다. 생명과학이든 융합과학이든 새로운 기술 판이 등장하게 된다. 그 판의 패러다임에 따라 생태계도 바뀔 것이다.

현재 경영 생태계의 핵심은 플랫폼과 이 플랫폼을 이용해 다양한 제품을 개발하는 참여자로 구성된다. 악어와 악어새가 공생하듯, 핵심기능과 보완기능을 하는 기업들이 조화를 이루면서 더욱 견고한 생태계를 유지하는 것이다. 각각의 생태계는 시장의 주도권을 놓고 다른 생태계와 치열하게 경쟁한다. 스마트폰 분야에서 벌어지는 애플과 안드로이드 진영의 싸움이 생태계의 경쟁의 가장 좋은 보기이다. 각 기업은 생태계 안에서 자신의 역할을 찾고 협력 또는 경쟁대상을 구분함으로써 기업의 이익뿐 아니라 생태계 전체의 시너지를 높일 수 있다. 기업과 마찬가지로 경영 생태계도 태동, 확장, 소멸의 단계를 거친다.

- 태동기는 나름대로 전문성을 가진 틈새 기업들이 서로 보완을 이뤄가며 시장의 크기를 함께 키워간다.
- 시장이 어느 정도 커지면 다른 생태계와 경쟁을 벌리는 확장기에 진입한다. 1970년대 애플이 탠디(Tandy)사와 경쟁했던 것이 보기다. 애플과 탠디는 각각 다른 생존전략을 썼으나 탠디는 결국 밀려났다.
- 다음에는 생태계의 통제권을 둘러싼 경쟁이 시작된다. 이 단계에서는 표준을 두고 경쟁한다. 예를 들어 1981년 PC사업에 뛰어든 IBM은 PC사업에서 개방전략을 택했다. 마이크로소프트 운영체계도 호환시스템을 채택하자 소프트웨어 개발자들이 우후죽순처럼 생겨났다. IBM 생태계가 크게 성장한 반면 애플은 주춤했다. 결국 스티브 잡스가 애플에서 쫓겨나게 되었다.
- 한 생태계가 성장을 멈추면 소멸 단계에 접어든다. 가격경쟁이 치열해지고 시장규모가 정체되면 참여기업들은 수익성 낮은 생태계를 떠나 부가가치가 더 높은 새로운 생태계로 옮겨간다. PC

계의 거물 IBM과 HP가 PC사업부를 포기하고 가각 IT컨설팅 비즈니스와 클라우드 컴퓨터 사업으로 이동한 것이 그 보기다.

한때 IBM 생태계에 밀려 회사를 떠났다가 10년 만에 복귀한 잡스는 앱스토어로 상징되는 새로운 모바일 생태계를 건설했다. 하지만 영원할 것 같은 애플의 생태계도 구글의 안드로이드 진영에 맞서 힘겨운 싸움을 하고 있다. 수많은 참여자로 이뤄진 경영 생태계가 잘 유지되려면 몇 가지 공생원칙이 지켜져야 한다.

첫째, 핵심 플랫폼을 활용하는 틈새 공략자들이 다양한 아이디어로 2차 상품을 만들 수 있어야 한다. 둘째, 그렇게 활동하는 참여자 수가 많고 진입과 퇴출이 자유로워야 한다. 셋째, 잠재시장과 잠재고객을 발굴해서 시장의 크기를 키워야 한다.

생태계 참여자들이 가장 경계해야 할 것은 관성으로 인한 경직성이다. 생태계 안에 있으면 참여기업들은 서로 학습하면서 닮아가게 되고 편안해진다. 이것이 진입장벽이 되고, 환경변화에 신속하게 대응하지 못하게 된다. 그 예가 바로 노키아이다. 노키아는 과거 모바일 운영체제 시장에서 점유율 60%를 자랑하는 심비안을 가지고 있었다. 하지만 스마트폰 시장에서도 경쟁력이 있을 것으로 과신한 나머지 심비안을 버리지 못했다. 결국 구글에 밀리고 애플에 치이면서 2011년이 돼서야 자신의 운영체계를 버리고 MS의 윈도폰7을 택했다. 하지만 이미 노키아는 쇠락의 길에 접어들었다. 자신이 구축한 생태계가 결국 자신의 발목을 잡은 것이다. 따라서 참여자들은 생태계의 가장 약한 고리가 어디인가를 파악하고 무엇을 아웃소싱하고 무엇을 핵심역량으로 발전시킬지 결정해야 한다(정창권, 2011).

경쟁자를 압도하는
아웃스마트 전략

제임스 챔피(J, Champy)는 적자생존의 법칙이 지배하는 비즈니스 생태계에서는 경쟁자를 압도할 정도로 아웃스마트(outsmart)해야 한다고 주장했다(Champy, 2008). 그가 말하는 아웃스마트 방법은 다음과 같다.

1) 경쟁자들이 보지 못하는 시장을 찾는다. 연예기획사들은 결혼 축하공연 같은 소규모 공연 제안에 무관심했다. 계약을 성사시켜봤자 수입이 적기 때문이다. 하지만 한 연예기획사 임원이었던 파노스 파네이는 달리 생각했다. 생활고에 시달리는 거리의 뮤지션이 많은데, 이들을 결혼 축하나 파티 같은 소규모 공연 수요와 연결시키면 어떨까? 2001년 소닉 비즈(Sonic Bids)라는 공연사이트를 개설한 파네이는 뮤지션으로부터 연회비 50~100달러를 받는 대신, 그들의 음악샘플과 이력서를 온라인에 올려주었다.

2) 시장의 거품 속에서 기회를 만든다. 릭 크리거는 아들을 데리고 응급실에 갔다가 하염없이 기다려야 했던 분통 터지는 경험을 하고

는 한 가지 아이디어를 떠올렸다. 비염이나, 인후염, 알레르기처럼 굳이 의사의 진료가 필요 없는 간단한 질병을 전문 간호사가 치료해주는 진료소가 있으면 좋겠다는 생각이었다. 이 아이디어를 바탕으로 최초의 간이진료서 미닛클리닉(Minute Clinic)이 탄생했다.

3) 비즈니스의 기준 틀을 바꾸어본다. 셔터플라이(Shutterfly)는 평범한 온라인 사진인화 업체였다. 유사한 사이트가 우후죽순 생겨나고, 2000년대 초 불황으로 경영상황이 좋지 않았다. 그러나 하버드 MBA 출신의 제프리 하우젠볼드가 CEO가 되면서 변신이 시작되었다. 그는 셔터플라이를 고객들이 자신의 사진을 올려 회원들과 공유하는 커뮤니티로 변화시켰고, 200만 회원을 확보했다.

4) 혼란 속에서 질서를 만들어낸다. 미국 소비자들은 냉장고나 텔레비전, 세탁기 등 전자제품의 부품을 교환하려고 할 때 여기저기에 연락해야 했고, 오랫동안 기다리는 경우가 많았다. 모든 제조업체가 저마다 부품목록을 다른 방법으로 작성하고 있다는 데 근본적인 문제가 있었다. 이에 착안한 파트서치(Part search)란 회사는 수년간에 걸친 작업 끝에 560개 브랜드의 800만 가지 부품과 액세서리를 일목요연하게 하나의 목록으로 정리하고 규격화했다.

아웃스마트에서 사례로 거론된 기업들은 한결같이 규모가 작다. 그 기업들은 결코 작은 기회들을 무시하지 않는다는 데 특징이 있다. 대규모 기업은 대부분 작은 기회를 무시한다는 데 문제가 있다. 성장 엔진은 처음엔 작게 시작할 수밖에 없다.

06

복잡계 속에도 살아 있는
자기 조직화 법칙

복잡계 이론(complexity theory)은 풀길 없는 복잡한 이론을 말하는 것이 아니라 그런 상황에서도 어떤 법칙이 발생하는 것에 주목한다. 복잡계 경제학자 브라이언 아서에 따르면 복잡계는 모든 요소가 지속적으로 어떤 패턴을 보이며 반응하거나 혹은 항상 변하면서 새로운 상황을 만들어낸다. 복잡계 경제학(complexity economics)도 경제를 이런 식으로 인식한다. 몇 가지 변하지 않는 패턴에서 완벽하게 논리적인 플레이어들의 시스템이 아니라, 계속해서 변화하는 패턴 내에서 현실의 플레이어가 어떻게 적응하고 모색하는지를 연구한다.

복잡계(complex system) 연구의 메카는 산타페연구소다. 이 연구소의 정의에 따르면 복잡계는 수많은 요소가 존재하고 그 요소들이 서로에게 영향을 주다보면 어떤 일정한 패턴이 형성되거나 전혀 예상치 못한 어떤 성질을 띠게 된다. 이렇게 형성된 패턴과 성질은 원래의 각 요소에 피드백 되면서 또다시 영향을 미친다. 경제나 경영도 그 자체가 복잡계임을 알 수 있다. 고전 경제학 세계에서는 수확체감의 법칙이 존재한다. 생산요소를 한 단위 추가할수록 소확 증가분은 줄어든다. 반면 복잡계 경제에서는 수확체증의 법칙이 존재한다. 하이테크 산업의 경우 생산요소가 추가될수록 산출양이 기하급수적으로 늘어나기 때문이다. 복잡계 경제학은 완전하게 합리적으로 행동하는 경제주체를 상정하는 전통 경제학의 전제도 받아들이지 않는다.

기업 스스로 복잡계가 되어야 생존이 가능하다. 복잡계 경영은 자기 조직화, 적응경영, 시스템 경영에 주목한다. 자기 조직화의 핵심은 나비효과처럼 작은 혼돈이 변화를 이끌어낼 수 있다는 것이고, 적응경영은 환경에 맞추어 스스로 변화해야 한다는 것이며, 시스템 경영은 기업이 살아남기 위해서는 자기를 조직하고 적응해나가는 시스템을 갖춰야 한다는 것이다. 이 가운데 가장 중요한 개념은 자기 조직화(self organizing)이다.

다윈은 애초에 생물체에 질서 잡힌 구조가 어떻게 생겨났는지에 대해서는 침묵한다. 열역학 제2법칙인 엔트로피 법칙에 따르면 엔트로피의 증가, 곧 무질서도의 증가가 우주를 관장한다. 이러한 강력한 법칙이 지배하는 곳에서 어떻게 고도의 질서를 갖는 유기체가 태어났을까? 다윈의 자연선택이론은 생물체의 진화뿐 아니라 기술이나 경제제도의 진화과정을 설명하는 데 도움을 준다. 그러나 그 이론은 몇 가지 점에서 불완전하다. 그래서 현대의 복잡계 이론이 이를 보완하고자 한다. 복잡계 이론은 국지적으로 엔트로피가 감소하는 자연현상을 발견하고, 이로부터 자기 조직화라는 개념을 이끌어낸다. 색깔이 서로 다른 두 종류의 가스를 밀폐된 공간에 섞으면 처음에는 제멋대로 섞이다가 나중에 질서 잡힌 규칙적인 패턴을 보이기도 한다. 물은 끓으면서 무질서하게 요동치지만 특정 조건에서는 안정된 구조를 만들어낸다. 이를 베르나르 세포(Bernard cell)라 한다. 이것을 발견한 물리학자의 이름을 딴 것이다. 이 현상은 대류(對流)운동을 하는 분자들의 자기 조직화 때문이다. 자기 조직화가 유기체의 세포구조나 나뭇잎에 패턴이 생겨나는 원초적 과정이었다는 주장이다.

자기 조직화는 줄기세포에의 분화과정을 설명하는 데도 사용된다. 줄기세포를 활용하여 손상된 장기를 치료하는 기술이 개발 중이지만 복잡계 이론은 그 미시적인 과정을 밝히려 한다. 왜 동일한 줄기세포가 어떤 것은 머리카락으로, 또 어떤 것은 허파로 분화하는지를 설명하려는 것이다. 아직은 갈 길이 멀어 보이지만 유전자 정보가 발현하는 네트워크(gene expression network)의 구조와 동학을 파악함으로써 생물체의 자기 조직화 현상의 비밀을 캐려는 것이다. 갑자기 새로운 종이 출현하는 대진화도 유전자 네트워크의 창발(emergent)이라는 관점에서 설명하고자 한다.

생명체의 복잡한 구조는 모두 자연선택의 결과라는 다윈의 발견은 지성사에 큰 영향을 미쳤다. 복잡계 이론은 그 미시적인 과정을 밝히고자 하지만 생명의 복잡성을 푸는 데는 한계가 있다. 생명의 복잡성과 진화가 생겨나도록 하는 비선형적 피드백의 과정을 밝혀낸다면 과학사의 큰 업적이 될 것이다(김용학, 2009).

현대사회를 한마디로 복잡계(complex system)라 한다. 이 속에서는 각종 융합(fusion)이 일어난다. 우리 사회가 점점 복잡계 네트워크를 이뤄가고 있는 것이다. 우리가 복잡계에 주목하는 것은 그것이 미치는 엄청난 영향력 때문이다. 복잡계는 수많은 구성요소들이 상호작용을 통해 개별 구성요소의 특성과는 다른 새로운 현상과 질서가 나타나는 시스템이다. 인문학과 사회과학이 만나고, 사회과학이 자연과학이 만나 아주 다른 현상을 창출하는 것도 복잡계의 모양이다.

07

끊임없는 학습과
지식경영

워렌 베니스(W. Bennis)가 세계적 리더 90여 명을 면밀히 관찰하고 조사한 결과 그들은 모두 끊임없이 배움을 실천한 평생학습자였다. 웰치는 배움의 열정으로 가득한 CEO였다. 그는 새로운 지식에 대한 갈구와 이를 습득한 후 반드시 실천하겠다는 열정과 책임감을 가지고 있었다. 웰치는 시너지를 창출하는 조직으로 탈바꿈하기 위해 전사적인 학습문화를 추진했다. 그가 내세운 학습원칙은 '언제, 어디서나, 누구에게서나(anytime, anywhere, and from anyone) 배운다'는 것이었다. 그의 이러한 철학을 잘 보여주는 것이 아랫사람으로부터도 기꺼이 배우는 역멘토링(reverse mentoring)이다. 웰치에게 있어서 학습의 궁극적인 목적은 지적 만족이 아니라 이를 실천에 옮겨 기업의 경쟁력을 높이는 것이었다. 학습, 공유, 실천을 강조하는 웰치의 리더십으로 GE는 경영효율이 급신장했다.

노나카 이쿠지로(野中郁次郎)에 따르면 경영은 지력(知力)이다. 그는 지식창조 이론을 강조한다. 이것은 일종의 프로세스 이론이다. 프로세스는 인간과 인간의 상호작용, 관계성이다. 여기서 인간은 경영의 기본이다. 동기부여나 커미트먼트 등에도 적용된다. 지식창조를 위해서는 암묵지(暗默知)와 형식지(形式知)의 상호작용이 필요하다. 암묵지와 형식지, 곧 감각적 지식과 체계적 매뉴얼이 소용돌이치며 상호작용하는 것이 지식창조 프로세스이다. 암묵지란 표현하기 힘든 주관적·직관적 지식, 형식지는 표현할 수 있는 체계적·논리적 지식을 말한다.

지식창조 이론은 암묵지와 형식지의 소용돌이 모델(SECI 모델)을 기본 틀로 하고 있다. 근로자는 현장의 직접 체험을 통해 감각적인 지식을 갖게 된다. 이것을 암묵지라 한다. 표현하기 힘든 직관이지만 대화하면 개념화가 가능하다. 이것을 매뉴얼로 만들 수 있는 단계에서 암묵지는 형식지로 탈바꿈한다. 여기서 끝나는 것은 아니다. 매뉴얼을 통해 형식지를 현장에서 실천하는 과정에서 다시 근로자에겐 암묵지가 형성된다. 이 프로세스가 소용돌이처럼 반복되면서(spiral-up) 지식이 창조되는 것이다. 경영자와 근로자의 사이에서 이것을 주도하는 존재가 미들매니저다. 영미식 경영에선 미들매니저를, 가운데에서 혁신을 방해하는 층으로 간주하지만, 일본식 경영에선 반대다.

노나카 교수가 설명하는 지식 창조의 소용돌이 모델

	암묵지	암묵지	
암묵지	공동화 Socialization	표출화 Externalization	형식지
경험을 통한 암묵지의 획득, 공감			대화·사색에 의한 개념화
암묵지	내면화 Internalization	연결화 Combination	형식지
형식지를 실천을 통해 구체화, 새로운 암묵지 체득			형식지 조합에 의한 정보활용과 지식의 체계화
	형식지	형식지	

지식에 대한 전통적인 평등의식, 일본의 지식 민주주의가 역할을 하는 듯하다. 그는 이런 전통을 '분산 리더십(distributed leadership)'이라 부른다. 리더십이 카리스마에 집중되는 것이 아니라 아래 중간관리자로 폭넓게 분산되는 형태다. 독재적인 톱다운(top-down)도 아니고, 민주적인 바텀업(bottom-up)도 아니다. 메이지(明治)유신의 사무라이야말로 혁신적인 중간관리자였다고 할 수 있다. 해외 열강의 지식을 배우고, 서구를 따라잡겠다는 목표를 설정하고, 목표를 실천한 것이 미들매니저인 사무라이였다는 것이다.

암묵지를 형식화하는 것이 매뉴얼화다. 일본과 해외공장이 같은 생산성을 유지하는 데에는 현장의 지혜를 최대한 매뉴얼로 집대성해 전파하는 것이 열쇠다. 하지만 암묵지를 모두 확산하는 것은 한계가 있다. 매뉴얼화할 수 없는 높은 질의 암묵지는 그 자체로 전승하고 전파하는 작업이 필요하다. 현장의 공동체험과 끝없는 실천을 매개로 사람과 사람을 통해 지식을 확산하는 방법, 즉 사람 만들기밖에 없다. 세계 기업들이 저마다 배우려고 하는 도요타웨이(Toyota-way)란 매뉴얼 만들기와 사람 만들기를 극단까지 밀어붙이면서 상호 작용시키는 것이다. 도요타와 관련된 수많은 책이 나오고 있지만 모든 기업이 이를 적용하지 못하는 것도 사람 만들기를 흉내 낼 수 없기 때문이다.

리더십의 가장 중요한 덕목은 어떻게 균형 있게 판단하는가의 능력이다. 경영자는 같은 것은 두 번 다시 일어나지 않는 프로세스 한 복판에서 다양한 조건들을 고려해 최고의 판단을 내놓아야 한다. 아주 높은 질의 암묵지를 요구받는다고 할 수 있다. 하지만 카리스마와 톱 매니지먼트를 고집하는 것은 변화가 격렬한 요즘 같은 시대엔 통용될 수 없다. 실천적 지혜를 독점해선 안 된다. 조직의 적재적소에 실천적 지혜를 가진 복수의 리더가 존재하는 것이 강한 기업의 성공 비법이다(선우정, 2008).

지식경영을 하려면 나와 다른 해외 인재와 손을 잡는다. 노나카 이 쿠지로 등은『세계의 지로 창조하라』에서 이것을 강조한다. 이 책은 일본 자동차 회사 닛산의 해외개발 스토리다. 닛산은 1980년대 말부 터 미국, 영국 등 해외지역에 연구개발센터를 세우고 기술자를 해외 에 파견했다. 일본 방식에 익숙했던 기술자들은 해외 인력들과 사사 건건 부딪혔다. 일본인 기술자들은 개발 초기부터 부품업체 직원과 한 팀이 되어 일했지만, 미국 기술자들은 설계를 마친 부품 도면을 협력업체에 주고 완성된 부품을 테스트하는 방식으로 일했다. 닛산 방식에 대해 미국 기술자들은 책임소재가 불분명한 황당한 방식이라 비판했고, 전천후 플레어였던 닛산 기술자들은 볼트만 30년 개발했다 는 미국인 동료를 무시했다. 이 책은 이런 시행착오를 보여주면서 서 로 다른 인력이 어떻게 하나가 되는가를 보여주었다. 이쿠지로는 세 계가 평평해질수록 기업은 싼 노동력이 아니라 뛰어난 해외인재와 협업해야 한다고 말한다. 이를 위해 해외에 나갈 필요가 있다(이쿠지 로와 고이치로, 2010).

08

공생경영, 콜래보노믹스, 그리고 하이패키징

1) 공생경영

경제가 불안해지면서 대기업과 중소기업, 기업과 사회가 공생하고 발전할 수 있는 공존공영의 길을 모색하고 있다. 기업이 협력업체까지 지원을 강화한 건전한 기업 생태계를 조성하는 것이나 사회적 책임을 수행하기 위한 활동을 늘려가는 것도 공생경영의 일환이다.

일자리 나누고, 소외계층을 돕는 사회적 기업도 늘어가고 있는 것도 마찬가지다. 기업이 사회적 기업을 세워 취약계층에 일자리를 제공하고, 기술로 돕고, 인재를 키우고, 사회를 돌본다. 더불어 잘사는 포지티브 게임은 서로에게 이득이다.

공생경영은 도움을 줄 수 있는 능력을 서로 갖춰야 참된 공생발전이다. 대기업 일방 주도의 R&D가 아니라 중소기업의 기술과 대기업 지원이 결합되어야 한다. 부품을 공동 개발하는 것이다. 공생경영은 기본적으로 기업 간 협력이다. 리프킨에 따르면 우리는 공감의 시대(the empathic civilization)에 와 있다. 적자생존의 시대는 끝났다. 이제 협력이 이끄는 제3차 산업혁명의 시대로 진입했다. 경제활동은 더 이상 파는 사람과 사는 사람이 전의를 다지고 벌이는 적대적 경쟁이 아니다. 오히려 마음이 통하는 선수들끼리 힘을 합쳐 같은 목표를 향해 달리는 모험이다(리프킨, 2010).

2) 콜래보노믹스

경기침체가 장기화되면서 기업이 살아남기 위해 기업 간 짝짓기, 곧 협력을 통한 상생 움직임이 강해지고 있다. 이런 현상이 콜래보노믹스(collabonomics)로 표현된다. 이것은 협력을 뜻하는 콜래보레이션(collaboration)과 이코노믹스(economics)를 합한 말이다. 2000년대 중반 이후 새로운 성장동력을 찾기 위한 기업 간 협력이 강조되면서 쓰기 시작했다. 1+1=2가 아니라 3이나 4 이상의 시너지효과를 낼 수 있는 상생의 경제학을 뜻한다.

뉴욕시립대 데본 리 교수에 따르면 금융위기 전에는 소비층과 브랜드 인지도를 높이기 위한 확장형 협력이 강조되었지만 금융위기 후에는 경비를 절감하고 효율성을 높이기 위한 축소형 협력으로 변화하였다.

자동차산업의 경우 생존을 위해 적과의 동침도 불사한다. 미국 크라이슬러와 이탈리아 피아트가 협정을 맺었다. 소형차에 강한 피아트가 엔진 트랜스미션 제작기술과 연료절감 노하우 등을 전수해주는 대신 크라이슬러는 북미지역 판매망을 제공키로 한 것이다. 이를 위해 크라이슬러는 35%의 지분을 피아트에 넘겨주기로 했다.

업종이 서로 다르면서도 견제를 하던 기업들도 손을 잡았다. LG전자는 자사 스마트폰 50개 모델에 마이크로소프트(MS) 모바일 운영체제인 윈도 모바일만 사용키로 한 것이다. 하드웨어 업체 입장에서 소프트웨어 업체와의 협력은 내키지 않는 일이다. 컴퓨터 제조업체들이 치열한 경쟁을 벌이면서 소프트웨어 회사들의 배만 불려주었던 과거가 있었기 때문이다. 덴마크 완구업체 레고와 미국 월트디즈니의 협력도 마찬가지다. 레고가 앞으로 수년간 토이스토리, 카 등 디즈니 캐릭터로 제품을 만들 수 있도록 하는 라이선싱 계약을 맺었다(김필규, 2009).

환경이 변하면서 발생하는 문제를 해결하기 위해 기업들이 콜래보노믹스를 택하고 있으며 경기침체가 길어질수록 과거에 생각지 못한 협력이 등장할 것으로 보인다.

기업 간의 적과의 동침은 신규투자의 위험과 비용을 줄이는 것이 협력의 1차 목적이지만 결국 잠재적인 적을 아군으로 만드는 효과가 있다. 앞으로 나타날 수 있는 경쟁자도 미리 막는다. 휴대전화 제조업체들이 소프트웨어 업체와의 협력을 꺼리다 결국 구글과 애플이 역으로 하드웨어 시장에 진입하는 것을 구경만 했던 것이 좋은 반면교사다. 콜래보노믹스 효과를 높이기 위해서는 서로에 대한 신뢰가 필수다. 한번 협력관계가 형성되면 또 다른 기업과의 협력을 넓힐 수 있는 기회가 계속 주어진다.

3) 하이패키징

이종산업 간에도 협업이 늘어가고 있다. 그래서 이제는 하이패키징(high packaging) 시대라는 말을 한다. 기존 하이테크는 기술, 서비스 개발, 아이디어를 모두 조직내부에서 구현해 비용과 시간 소요가 크다. 그러나 하이패키징은 독자적인 기술과 아이디어에 외부의 기술과 아이디어, 그리고 서비스 등을 받아들여 비용과 시간 소요가 적다.

2000년대 초반부터 시작된 융합(convergence), 협업(collaboration) 열풍 역시 이러한 관점에서 하이패키징을 추구하고 있다. 예를 들어 현대자동차는 이탈리아 패션 명품업체 프라다와 손잡고 내외장 디자인을 고급화시킨 제네시스 프라다를 내놓았다. 이탈리아 자동차 회사 피아트는 자국의 대표 디자이너 브랜드 구찌와 공동으로 제작한 모델을 내놓았다. MS가 6억 명가량의 가입자를 보유하고 있는 인터넷 음성통화 서비스사업자 스카이프를 인수한 것도 마찬가지다. MS는 스카이프의 음성통화 기술을 자사의 메신저와 핫메일, 아웃룩 등에 적용시켜 기존 서비스를 더욱 고도화시킬 것이다.

하이패키징은 이처럼 고객이 원하는 기술과 서비스를 외부에서 도입해 제품을 만들어 서로 간의 장벽을 허물고 있다. 하이패키징은 단순한 기술융합이라기보다 산업융합 과정에서 볼 필요가 있다. 철저하게 소비자 관점에서 기술, 서비스, 그리고 아이디어를 결합시킨 하이패키징 제품이라야 시장에서 성공할 수 있다.

09

온라인 집단과
교류하라

SNS는 기업이 이전과 다른 거대 온라인 집단과 수평적으로 교류할 수 있는 접합점이다. 과거 기업은 SNS 때문에 피해를 보지 않을까 생각했지만 지금은 SNS를 적극 활용할 수 있는 쪽으로 방향이 바뀌었다. 도나 호프만은 기업의 SNS 활용 3대 목표를 브랜드 인지도, 브랜드 참여, 입소문으로 정했다.

브랜드 인지도

소비자와 대화할 수 있는 창구를 찾고자 하는 기업들에게 SNS는 유용한 통로이다. 뉴올리언스에 있는 피자 가게 네이키드 피자는 2009년 트위터를 통해 자신을 홍보해 많은 팔로어를 끌어모아 많을 때는 판매의 85% 정도가 트위터 주문으로 이뤄지고 있다. SNS를 통해 인지도를 높인 회사는 간판에 전화번호를 빼고 대신 회사의 트위터를 새겨 넣었다. 현재 회사는 두바이를 비롯해 23개 지점을 가진 피자 체인으로 커가고 있다.

믹서기 제조업체 블렌드텍 설립자 톰 딕슨은 '이걸 갈아버릴까?'라는 연작 동영상을 유튜브에 올렸다. 골프공, 전화기, 아이폰, 아이패드를 믹서기로 갈아버리는 동영상에 SNS 사용자들은 환호했고, 매출액은 50배 늘었다.

브랜드 참여

고객이 기업 트위터를 다시 찾지 않는 주된 이유는 기업 트위터는 항상 뻔하고 지루하며, 기업이 너무 자주 트윗했다는 것이었다. SNS에서는 입력하려 하지 말고, 참여하게 해야 한다. 유니클로는 전 세계 젊은이들을 대상으로 '유니클룩스'라는 공간을 운영하고 있다. 유니클로 의상을 입고 포즈를 취한 사람들의 사진을 모아 놓은 것으로 트위터나 페이스북 계정이 있으면 누구나 사진을 올리고 베스트를 뽑는 투표에 참가할 수 있다. 일회적인 행사에 그치는 것이 아니라 일주일마다 베스트 드레서를 선정해 SNS족들의 참여율을 높였다. 사용자들은 콘텐츠에 만족하면 자발적으로 참여하고, 이를 주위에 퍼뜨리게 된다.

입소문

사람들이 브랜드를 인지하고 참여하기 시작하면 다른 사람들에게 자신의 의견을 전달한다. '와퍼를 먹으려면 희생시켜라'는 버거킹의 2009년 캠페인은 입소문으로 성공한 예이다. 당시 버거팅은 소비자가 페이스북에 등록되어 있는 친구 중 10명을 삭제하면 무료로 햄버거를 제공했다. 햄버거 때문에 희생된 친구에게는 '공짜 햄버거 때문에 친구목록에서 버려졌다'는 메시지가 전달되었다. 와퍼 때문에 버려진 친구가 23만을 넘었다. 이 광고 캠페인은 인터넷에서 상당한 입소문

효과를 보았다.

<트위터 사용 8계명>

트위터는 자신의 홈페이지에 기업들을 위한 트위터 활용 팁 8가지를 다음과 같이 제시하였다.

1) 나눠라. 요즘 당신의 사업이 어떻게 진행되고 있는지 사진이나 문자로 보여라.
2) 들어라. 회사, 브랜드, 제품에 대한 사용자들의 반응을 주기적으로 모니터하라.
3) 물어보라. 사용자들에게 질문하다 보면 그들에게서 귀한 통찰력을 얻을 수도 있다.
4) 응답하라. 칭찬과 피드백에 실시간으로 답하라.
5) 보답하라. 할인, 한정판매 등 다양한 방법으로 사용자들에게 이익이 돌아가게 하라.
6) 큰 그림을 보여줘라. 매번 당신의 기업 이야기만 하지 마라. 당신의 사업과 관련이 있는 보다 큰 소식, 기사, 때로는 논문 등을 전파시키는 매개역할을 하라.
7) 당신 팬의 기를 살려라. 당신 팬이나 고객이 트위터에 훌륭한 글을 올렸다면 그 글을 인터넷상에 퍼뜨리는 역할을 담당하라.
8) 당신의 말이 어떻게 들릴지 한 번 더 생각하라. 사용자들은 솔직함을 원하시만 덩신 회사의 글이 트위터에 뜨면 사용자들이 어떻게 받아들일지 항상 고민해야 한다.

10

감성이
경쟁력이다

피플익스프레스(People Express) 항공사와 사우스웨스트(Southwest) 항공사는 항공사라는 점에서는 같다. 두 회사 모두 단거리 저가항공에만 집중하고, 원가절감을 위해 동일기종만 사용하며, 계층이 거의 없는 수평적 구조를 갖고 있다. 사람을 경쟁력의 핵심 원천으로 강조하는 점도 같다. 피플익스프레스는 1980년대 초 잠시 급성장하다 사멸했다. 하지만 사우스웨스트는 지난 40여 년간 세계적인 경쟁력을 자랑하며 성장했다.

두 기업이 왜 이렇게 달라졌을까? 중요한 차이점 때문이다. 피플익스프레스는 철저한 능력주의와 성과주의에 따라 명문대 출신의 MBA를 채용하고 이들을 경쟁시키면서 경제적 인센티브로 조직을 이끌어갔다. 사우스웨스트는 이와 달리 평범한 사람들의 감성에 호소해 구성원들 간에 가족공동체와 같은 애정을 강조하면서, 스스로 주인의식을 갖고 끊임없이 새로운 서비스 아이디어를 창조적으로 제시하게 만드는 펀(fun) 경영을 시도했다. 그 결과 사우스웨스트는 경쟁사보다 임금 수준이 약간 낮은 편인데도 입사하고자 하는 사람들로 넘쳐났다. 사우스웨스트는 회사를 가족처럼 만들고, 일과 놀이를 하나로 통합하는 감성지능으로 최고의 경쟁력을 갖춘 기업이 되었다(신동엽, 2010).

한국BMS 사장 이희열은 『우리는 지금 감성회사로 간다』는 책을 썼다. 그는 사원복리제도에 초점을 맞춰 기업들이 얼마나 직원들을 위하는가를 점검했다. 이 회사는 의약품 제조회사로 사장은 직원을 섬기는 사람이다. 직원을 고객으로 간주할 뿐 아니라 그 가정까지 살핀다. 가정 없이 직원도 없다는 생각에서다. 여러 복리제도도 도입했다. 그러니 감동하지 않을 수 없다. 현대는 감성시대다. 조직에의 충성은 그저 오지 않는다. 직원을 감동시키고, 고객을 감동시킬 때 그 기업은 달라진다. 이 책은 경영자도 변하기 위해 노력하지 않으면 안 된다는 것을 보여준다. 감성경영은 직원이나 고객 또는 기업의 감성적인 면을 찾아내고 감성개발을 통해서 기업과 조직의 발전을 도모하는 모든 경영활동이다. 감성경영은 경영에 감성을 접목시킨 것으로 감성마케팅이나 감성공학 또는 감성리더십을 의미한다.

기업에 감성경영이 필요한 것은 현대사회가 급속히 디지털화되어 간다는 데 있다. 현대는 디지털화되어가면서 반복적인 것은 기계에 대체되고 있으며, 사람은 개성과 창조력, 아이디어를 끄집어내고 결합시키는 것에 집중하고 있다. 그런 측면에서 디지털시대는 인간의 감각적 요소를 자극해 질 높은 삶을 추구하는 것이 목적인 감성이 핵심이다. 또한 이성적 경쟁을 극단적으로 추구하는 차가운 이성경영의 폐해가 드러나면서 감성경영이 대안으로 떠오르고 있다. 감성과 디지털이 반대인 것처럼 보인다. 하지만 꼭 그런 것은 아니다. 디지털시대가 추구하는 것은 인간의 감각적 요소들을 자극하여 질 높은 생활환경을 만드는 데 있다. 상업적 효과를 극대화시키는 가장 중요한 도구가 바로 감성이다. 인간의 오감을 만족시킬 수 있는 섬세하고 정서적인 마케팅이 이에 해당한다(문승권 외, 2004).

감성경영을 도입하기 위해 타인을 인정하는 언어 사용하기, 조직문화 바꾸기, 경영자에게 고객은 외부에 있는 고객이 아니라 바로 직원이라 인식하기, 그리고 복잡한 이성적 경영기법의 단순화가 필요하다.

11

사람이
중심이다

  회사의 자산 중 90%가 밤마다 회사의 정문을 빠져나간다. 그런데도 현재 회계시스템에 포함되지 않은 매우 중요한 자산이 있다. 그것은 바로 사람, 곧 인재다. 『드림 소사이어티』의 저자 롤프 옌센은 인재의 가치를 반영하지 않는 현재의 회계시스템은 잘못되었다고 말한다. 드림 소사이어티의 관점에서 보면 기업의 자산에서 물적 자산이 차지하는 비중은 10%, 인적 자산이 차지하는 비중이 90%이다. 이렇게 보면 지금까지 기업과 회계사들은 살아 있는 자산이 아니라 죽은 자산만 따져왔다.

  짐 콜린스는 일보다는 사람을 우선한다. 사람을 먼저, 다음에 할 일을. 많은 기업들은 종업원을 조직의 목표에 따르게 만든다. 그러나 사람이 우선이다. 먼저 버스에 적합한 사람들을 태운 다음 목적지를 가면 해결된다. 먼저 목적지를 알고 가면 빨리는 갈 수 있지만 적합한 사람이 아니라 이리저리 모든 사람을 대상으로 태우고 가면 인건비를 비롯해 많은 비용이 발생할 수 있다. 하지만 사람을 먼저 생각하면 여러 모로 비용을 줄일 수 있다.

돈으로는 사람을 살 수 없다. "능력의 차이는 5배, 의식의 차이는 100배이다"라는 말이 있다. 사람마다 그만큼 차이가 있다는 것이다. 경영자가 이 사실을 얼마나 인지하고 있느냐에 따라 사람에 대한 인식이 달라진다.

12

창의로 집단지성을
자극하라

지식에 관한 한 현대는 진화가 아니라 혁명이 필요한 시대다. 해멀에 따르면 20세기는 점진적인 전략이 이끌어온 시대였다. 그러나 21세기는 게임의 룰을 아예 바꾸는 시대가 되었다. 점진적인 상황에서는 미래를 잘 예측하면 이길 수 있다. 하지만 불확실성이 지배하는 상황에서는 미래를 자기에게 유리하게 만들어가는 사람이 이긴다. 따라서 진화가 아니라 혁명을 해야 한다. 그는 말한다. "이렇게 할 수밖에 없을까?" 늘 되물어라. 항상 다르게 접근하라는 것이다. 혁신을 넘어 조직의 혁명을 꿈꾸는 자가 이긴다.

지금은 지식경제를 넘어 창조경제의 시대가 되었다. 각 경제 단계마다 필요한 기술이 다르다. 산업화시대 때 사람들에게 필요한 덕목은 부지런함과 복종이었다. 시키는 대로 열심히 일하는 사람이 선호되었다. 그 후 지식경제시대가 도래하자 전문성이라는 덕목을 찾게 되었다. 이제 창조경제시대가 도래했다. 이 시대에는 창의성, 주도력, 열정이 키워드다.

창의성은 완전히 다른 업계, 다른 소재에서 아이디어를 얻는 능력이다. 주도력(initiative)은 머릿속의 아이디어를 현실에서 시작하고 집행해가는 능력이다. 열정(passion)은 세상에서 가능한 것, 불가능한 것을 나누지 않고 감정에 치우쳐 미친 듯 도전한다. 스티브 잡스에 따르면 위대한 일을 하는 유일한 방법은 당신이 하는 일을 사랑하는 것이다. 혁신가들은 낭만주의자들이다. 끊임없이 이동하는 창조적 낭만주의자가 되라.

창조기업은 작은 것을 지향하나, 열린 교류(웹 2.0 등)에 의하여 집단지성(Collective Intelligence)에 의하여 증폭된다. 독립된 창조기업들이 집단 상호작용을 통하여 더욱 차별화된 지재권을 만들어가는 창조성 생태계가 우리가 지향할 미래가 될 것이다. 창조기업이 창조한 산출물은 특허, 저작권 등의 지재권이다. 창조기업은 이러한 창출물로서 수익을 거두는 방법은 두 가지가 있다. 하나는 스스로의 창조물로 제품과 서비스를 실현하여 판매하여 수익을 얻는 것이고, 다른 하나는 지재권을 다른 기업에 매각하여 수익을 얻는 것이다. 지금까지는 전자가 일반적이라 여겨졌으나, 창조성이 Value Chain의 핵심으로 부각하는 창조경제에서는 후자가 주류가 되어야 한다. 이제 기업의 수익을 좌우하는 차별성은 R&D, 생산, 마케팅을 넘어 지재권으로 이동하기 때문이다.

part 04
조직혁신

01. 조직이여, 변화를 추구하라
02. 권위적 조직에서 학습조직으로
03. 장군과 군인모델에서 의원과 시민모델로
04. 자기 창조형 조직으로
05. 고신뢰 조직으로
06. 기업의 조직혁신 모습들
07. 조직혁신에 있어서 핵심역량 문제
08. 성공한 기업이 갖는 자기파괴 습관
09. 중시해야 할 조직 실패학

01

조직이여,
변화를 추구하라

　『월든 투』(Walden Two)는 자연주의자 헨리 소로우의 월든을 배경으로 쓴 것으로, 행동주의자 스키너가 그의 심리학적 이상사회로 소설화한 것이다. 행동주의적 원칙인 조건화는 농촌마을 월든의 사회규칙으로 바꿔진다. 그 규칙만 잘 지키면 그 사회는 아주 이상사회라는 것이다. 규칙중심의 사회인 것을 알 수 있다. 그러나 규칙을 싫어하는 사람은 숨 막히는 사회다. 이것은 인간이 기계가 아니며 새로운 변화를 추구하는 존재임을 보여준다.

　기업의 경우 변화는 조직을 통해 이루어진다. 치즈의 곰팡이는 맛있지만 조직의 곰팡이는 도려내야 한다. 수술을 단행하려면 되도록 빨리, 깊게 한다. 구조조정을 통해 효율성을 높여야 한다면 한 번에 끝내는 것이 좋다. 조직을 망하게 하는 것은 계속되는 불안감이다. 다리가 곪아가는 병사가 있다면 잔인할 정도로 깊게 절단해야 한다.

　어려울수록 장기비전을 뚜렷이 제시한다. 회사의 미래성장 동력이 어느 부문에서 나올지 확실히 보여준다. 그 부문은 어떤 희생을 각오해서라도 지켜내야 한다.

새로운 인력을 계속 고용한다. 상황이 어렵다고 새로운 직원을 뽑는 일을 멈추면 그 기업은 도태된다. 조직의 평균 나이가 많아질수록 변화하기 힘들다. 어렵다고 신입사원 안 뽑으면 조직이 역주행한다.

하인리히의 법칙이 있다. 이것은 노동재해가 발생할 확률을 나타내는 것으로, 피라미드 상 1건은 중대재해를 뜻한다. 이 1건의 사고가 일어나기 위해서는 피라미드 중간에서 29건의 가벼운 재해가 일어난다. 그리고 제일 아래서는 300건의 작은 실수와 가슴 철렁한 일이 발생한다. 1건의 중대재해 뒤에는 29건의 긁힌 정도의 가벼운 재해가 있고, 그 뒤에는 300건의 상처는 없지만 섬뜩한 체험이 있다는 말이다. 조직이 지금 어떤 단계에 와 있는지 점검하는 일은 변화를 위해 매우 중요하다.

02

권위적 조직에서
학습조직으로

　건강한 조직은 높은 목표를 세우고 끊임없이 학습한다. 현재 가진 지식의 한계를 인식하고 야심 찬 목표를 향해 나아간다. 그런 심리적 안정 없이 높은 책임감만 강조할 경우 여러 형태로 조직의 역기능이 나타난다. 조직이 보다 활성화되려면 권위적 조직에서 학습조직으로 가야 한다.

　권위적 조직은 리더가 해답을 제시하고 팀원은 복종한다. 업무 프로세스가 사전에 결정되어 있고, 중간에 변경하기 어렵다. 피드백은 일방적이다. 상사가 팀원에게 "이건 틀렸어"라고 말한다. 상사에게 질문하는 일이 거의 없다. 상사의 권위에 대한 두려움이 일상화되어 있다. 의미 없는 일을 시켜도 묵묵히 수행한다. 그러나 학습조직은 다르다. 리더는 방향과 목표만 제시하고 팀원들이 해결책을 모색한다. 유연한 조직으로 출발하고, 중간마다 계속 변화와 개선방안을 적용한다. 피드백이 양방향이며, 활발한 대화로 지식을 공유한다. 상사는 조언하고, 팀원은 업무경험을 축적한다. 실패에 대한 두려움을 없애고 자신감을 심어준다.

코펜하겐 경영대학원 교수 오스틴(R. Ostin)은 실패를 두려워하지 않는 학습조직으로 가기 위해 몇 가지 방안을 내놓았다. 그에 따르면 서로 다른 생각이 교환하고 맞부딪히는 기업문화를 만든다. 어떤 일에 부닥칠 때 여러 가지 해결책을 동시에 모색하도록 한다. 시행착오의 비용을 낮춘다. 그리고 실시간으로 협력할 수 있는 지식공유 도구를 만든다. 종합식품 다농(Danone) 그룹은 일선관리자들이 새로운 업무나 제품에 대한 지식을 공유할 수 있는 온라인 지식장터를 운영한다. 직원들은 자유롭게 의견을 내고 동료들과 조언을 주고받는다(김희섭, 2008).

정동일은 학습원칙을 제시했다. 첫째, 진정한 배움은 자신의 의견을 잠시 접어두고 상대방의 이야기를 경청한다. 너무 자기 생각으로 머릿속이 꽉 찬 사람은 새로운 아이디어를 학습할 여유가 없다. 이런 리더 밑에서 일하는 직원들은 결국 리더가 시켰거나 리더가 원하는 것 외에는 하지 않는 학습된 무력감(learned helplessness)에 빠지게 된다. 둘째, 학습의 궁극적인 목적은 실천을 통한 성과향상이다. 단지 자신의 지식이나 교육의 수준을 과시하기 위해 학습하면 학습 자체가 목표가 될 뿐이다. 따라서 얼마나 더 배웠는가보다 배운 것을 얼마나 실천했는가가 중요하다. 과잉 교육된 인물(over-learner)이 아니라 실천비율(execution ratio)이 높아야 한다(정동일, 2008b).

03

장군과 군인모델에서
의원과 시민모델로

글로벌 컨설팅기업 딜로이트는 조직모델을 의원과 시민모델, 그리고 장군과 군인모델 두 가지로 나눈다(양석훈, 2011).

의원과 시민모델은 로마공화정 시절의 12표법처럼 시민의 의무와 책임을 규정해 공동체의 원칙을 확인시켜주는 헌법을 중심으로 운영된다. 의원은 공동체의 관리자이자 헌법의 수호자이며, 시민들은 헌법에 규정된 권리와 책임을 따른다. 기업의 경우 직급, 보고체계 없이 직원 각각에 권한을 위임하고 구성원으로 하여금 알아서 움직이고 뛰게 한다. 이것은 성장과 변화에 동력이 된다. 이 모델은 격자형 경영구조를 가지고 있다. 고어 앤 어소시에이츠와 셈코가 대표적이다.

제조업, 엔지니어링, 모바일 서비스사업에까지 승승장구하고 있는 셈코에는 운영최고책임자, 인사부서나 고정 CEO도 없다. CEO는 임원 6명이 6개월마다 돌아가면서 맡는다. 6개월마다 전 직원이 자신의 연봉을 직접 정할뿐 아니라 상사를 평가하고 그 결과를 공개한다. 관리가 허술해 보이지만 전 직원이 자율과 열정으로 자발적으로 혁신하고 관리하며, 조직을 위해 헌신한다. 매년 두 자리 숫자의 성장률을 기록할 뿐 아니라 이직률도 아주 낮다.

성장 정체를 경험하고 있거나 조직원들에 대한 동기부여 방법이 마땅치 않아 고민하는 기업들은 이 모델에 주목할 필요가 있다. 몇 명에 국한된 혁신이 아니라 구성원들 모두 스스로 움직일 수 있는 환경이 성장과 변화의 동력이 될 수 있기 때문이다.

이를 위해서는 아래 사항에 유의한다.

- 회사의 설립원칙과 가치, 조직구성원들의 책임과 권한이 명시된 헌법이 있어야 한다.
- 개인의 관점은 다를 수 있지만 공동의 운영가치를 공유할 수 있는 조직원을 뽑을 수 있어야 한다.
- 체계적인 정보시스템이 구축되어 있어, 조직원들이 제대로 된 정보를 갖고 자율적인 의사결정에 동참할 수 있어야 한다.
- 원활한 의사소통 채널이 필수적이다.
- 자유와 자치권이 보장되어 있어야 한다. 자율적으로 팀이 결성될 수 있는 유연한 조직운영구조가 필요하다. 오프라인뿐 아니라 가상공간에서 공동체를 구성하고 공동의 이익을 추구할 수 있어야 한다.

장군과 군인 모델은 계급과 성과를 구분한다. 확실한 계층을 만들고, 명령을 따르지 않으면 벌칙을 준다. 주어진 임무를 확실히 수행하게 한다. 이 모델은 사다리형 경영구조를 가지고 있다. 이 모델의 예는 세계적 거부 리카싱이 소유한 리카싱이 소유한 청쿵그룹과 허치슨왐포아그룹이 있다. 이 그룹은 세계 최대 항만운영을 포함, 홍콩의 거의 모든 분야에서 활약하고 있다. 성공의 배경에는 화교집단의 관계구조를 일컫는 대나무 네트워크가 있다. 이것은 전통문화 존중과 가족 간 신뢰를 강조하는 유교사상을 기반으로 하는 혈연중심 조직이다. 외부인이 들어올 수 없는 가족구조를 기반으로 충성심과 유연성, 빠른 의사결정, 비용효율화를 중심으로 사업을 이끌어간다. 핵심사업을 사위가 조카 등 가족에게 맡기면서 의사결정은 철저히 중앙집권화한다. 정보를 철저하게 통제하면서 필요한 경우에만 구두로 전달하는 방식을 택한다. 이 네트워크에서는 가장 한 사람에게 힘이 집중되고, 주도세력인 남성들이 가장을 신뢰하면서 기업 전체를 통제한다는 점에서 군대조직과 유사하다. 장군은 명령하고 부하는 완벽히 순종하는 전형적인 장군과 군인 모델이다. 대나무 네트워크가 서구기업과 가장 다른 점은 가장이 강력한 통제력을 쥐고 있다는 데 있다. 가장은 일상적인 결정에는 개입하지 않지만 기업의 중요 전략에 대해서는 혼자 결정을 내린다. 이것은 장군이 전략을 제시하고, 핵심군인들을 통해 전술과 세부임무를 수행하는 것과 닮았다. 이 모델은 압박감이 큰 상황에서 운영되기 때문에 계급 간 역할 정의와 균형이 무엇보다 중요하다. 군인은 기본적으로 작전상 어떤 역할과 임무를 수행해야 하는지 정확히 알아야 하고, 그에 맞는 기술과 능력을 가지고 있어야 한다. 이 모델을 성공시키기 위해서는 다음 사항에 주목한다.

- 이 모델의 핵심은 계층제도에 있다. 계급과 성과를 구분하고 통제범위를 조정해준다. 계층단계에 따라 보상수준이 다르고, 권위와 존경을 차별적으로 부여한다.
- 조직의 전략과 운영목표가 명확하게 정의되고, 구성원들에게 분명하게 전달되어야 한다.

- 명령과 통제가 필수적이다. 명령에 따르지 않는 구성원에게는 엄정한 벌칙을 가한다.
- 신병들에게 동기를 부여할 수 있는 분명한 방법을 마련한다. 제도적 차원의 자극도 중요하지만 전설적 리더나 성공스토리가 더 효과적일 수 있다.
- 평생군인개념과 동지애를 확산한다. 조직을 떠난 후에도 동기네트워크를 통해 긴밀한 유대감을 지속시킬 수 있는 구조를 구축한다.

04

자기 창조형
조직으로

　과거 조직구성원에 대한 동기부여는 성과주의 인센티브제도가 전형적이었다. 그러나 창조시대에는 일 자체에 대한 관심과 애정, 흥미 등 감성적 요소를 중심으로 한 내재적 동기부여로 바뀌고 있다. 구성원들은 서로 개방적으로 협력하면서 새로운 아이디어와 가치를 창출하는 공동체 모델로 급속하게 이행하고 있다. 21세기형 창조적 혁신은 시장경쟁을 통해 창출되기보다는 창조적 공동체에서 협력과 공유를 통해 창출되는 개방형 혁신이다.

　현대는 정보사회다. 지금은 어느 때보다 정보통신의 속도가 가속되고 방법도 다양해지고 있다. 매일 새로운 정보가 업데이트되고, 그 정보가 전 세계에 퍼지면서 사회변화 속도에 영향을 주고, 기업도 그 속도에 맞추기 시작했다. 이때 기업에 대두된 과제가 혁신이다. 혁신을 성공적으로 지속할 수 있는 기업이 살아남을 수 있기 때문이다. 많은 기업들이 성공적인 혁신을 위해 기술, 조직 등에서 여러 방법을 도입하고 있다. 자기창조 조직도 그 가운데 하나다. 이것은 극적인 자기변화를 통해 새로운 자신을 성공적으로 창조한 사례들에서 이끌어낸 개념이다.

자기창조는 넓은 의미를 가지고 있다. 자기창조는 기본적으로 생존영역의 변화로 살펴볼 수 있다. 자신이 생존하던 영역을 벗어나 새로운 영역으로 도전하는 것도 자기창조의 예이다. 대표적으로 노키아는 자신의 주력상품을 바꾸면서 새로운 조직혁신을 이루어냈다. 반면에 생존영역을 유지하면서 과거의 행동패턴에 커다란 변화를 주는 것도 다른 의미의 자기창조이다. 생존영역을 유지하면서 변화를 주는 자기창조의 경우 과거의 행동패턴에 큰 변화를 주는 것을 목적으로 한다. 이를 위해 중요한 것은 새로운 지식의 습득뿐 아니라 버리는 학습이 선행되어야 한다. 전에 가지고 있던 지식, 행동을 먼저 버리지 못할 경우 새로운 것을 받아들이지 못하기 때문이다. 버리는 대상을 루틴이라 한다. 이는 일상적으로 일어나는 행동패턴이나 반복적으로 사용되는 행동절차를 말한다. 자기창조란 비교적 짧은 시간에 많은 루틴을 버리고 새로운 루틴을 채울 때 일어난다.

이런 흐름을 기업에 완전히 정착시키기 위해서는 개념체계를 바꿔야 한다. 이때 가장 중요한 것은 기업의 중심이 자신이 아니라 타자, 바로 고객이어야 한다. 기업 스스로에게 초점이 맞춰지면 자신의 한계에 갇히지만 고객을 중심으로 하면 새로운 개념이 나올 수 있기 때문이다. 또한 개방적 정보교류는 지속적인 자기창조에 도움이 된다. 자기창조에도 나비효과에 따른 나비의 날갯짓이 기업의 큰 변화를 가져올 수 있다. 작은 움직임은 정신모형의 변경이다. 특히 최고의사결정층의 정신모형 변경은 그 효과가 매우 크다. 일차 메커니즘이 변화의 시작이기 때문에 이차 메커니즘보다 중요하다. 조직의 루틴이 바뀌려면 변경된 정신모형이 조직의 모든 구성원들과 공유되어야 한다. 그러기 위해 먼저 수정된 정신모형을 구성할 집단이 필요한데 이들이 일차 메커니즘이다. 이들은 조직의 최고의사 결정층과 엘리트들로 구성된다. 나중에 이차 메커니즘에 있는 다른 조직원들이 그들이 만든 정신모형을 이해하고 받아들이기 위해서 신뢰도를 높이기 위함이다. 모든 변화에는 저항이 있기 때문에 고위층에서 먼저 적극적으로 이해하고 강력히 주장할 필요가 있다.

여기서 중요한 것은 일차집단이 개방적이어야 한다. 기업 밖에서도 감시와 피드백을 얻을 때, 더 견고하고 적합한 정신모형을 만들 수 있다. 일차집단이 자기창조의 방향을 잡아가기 시작하면 흐름을 더욱 세게 하기 위해 성공체험이 필요하다. 성공을 통해서 이차집단이 자기창조를 접해보고 설득될 수 있기 때문이다. 이것이 성공적으로 분위기를 이끌어내면 이차 메커니즘이 이루어진다.

수직적 공진화가 목표다. 일차집단에 의해 점화된 자기창조의 활동이 이차집단까지 확산되는 것이 공진화이다. 이를 위해서는 이차집단이 새로운 정신모형에 공감을 하는 단계가 선행되어야 하고 그 다음 단계로 이차집단의 행동이 촉진될 수 있도록 신경망과 자극체계, 자원의 집중을 구축해야 한다. 이차집단이 수직적 공진화 단계로 접할 때 중요한 것은 그것이 공명으로 이어져야 한다는 것이다. 공명이 시작되면 소수의 행동에서 조직 전체의 움직임으로 바뀐다. 이를 통해 정신모형이 안정적으로 정착할 수 있다.

자기창조가 성공하면 자신이 속한 생존영역에서도 성공을 거둘 수 있다. 하지만 이것보다 더 중요한 것이 있다면 자기창조를 지속하는 문제이다. 지속적으로 자신을 변신시키는 능력을 갖추는 것이 궁극적인 목표이다. 이것의 핵심은 생명력이다. 조직이 생명력을 갖지 못하

면 죽은 것이다. 생명력을 가졌기 때문에 조직의 구성원들은 능동적
으로 환경변화에 대응하는 것이다. 그리고 이들이 각자 흩어지지 않
게 하기 위해서 거시적 안정성이 필요하다(이홍, 2008).

05

고신뢰
조직으로

경영환경이 불확실할수록 조직의 신뢰성이 높아야 한다. 고신뢰 조직은 최악의 환경에서도 철저하게 임무를 완수할 수 있는 조직이어야 한다는 것에서 나온 개념이다. 고신뢰 조직으로 미 해군 특수부대 네이비실(Navy SEAL)을 꼽는다. 네이비실은 오사마 빈 라덴 제거 작전의 성공으로 더 알려졌다. 고신뢰 조직이 강조되는 것은 네이비실 같은 철저함으로 불확실성의 파고를 넘으라는 말이다.

위기에 강한 고신뢰 조직이 되려면 어떻게 해야 할까? 몇 가지 제시되는 것들이 있다. 다음은 그 보기다.

- 작은 실수에 대해서도 큰 관심을 가진다. 사소한 오류도 반복되면 대형참사를 불러올 수 있다. 실패를 감추지 말라.
- 끊임없이 위기상황을 가정해 대처방안을 반복적으로 연습해둔다.
- 위기대응 팀을 하나가 아니라 복수로 구성한다.
- 권한을 분산해 의사결정 속도를 높인다.

06

기업의 조직혁신
모습들

1) 셈코의 자율조직

셈코(Semco)는 브라질에 본사를 둔 기업으로 통제 대신 자율성을 충분히 부여한다. 셈코는 직원들에게 해야 할 일을 지정해주지 않는다. 자기의 관심이나 직과에 따라 일을 선택하여 도전할 수 있다. 근무시간도 회사가 정하는 것이 아니라 스스로 정한다. 여유를 갖고 느긋하게 근무하도록 한다. 사무실도 없고 직함도 없고 사업계획서도 없다. 직원들이 새로운 사업을 승인하거나 거부할 수 있다. 일주일 내내 주말처럼 즐기면서 일한다. 늘 왜라고 물으며 통제를 포기하고 일하는 방식도 바꾼다. 완전히 비즈니스 관행에서 벗어난 세상에서 가장 별난 기업이다. 그럼에도 불구하고 성장한다.

2) 호리바제작소의 3D 메트릭스 조직

호리바제작소는 개성 중시의 독특한 기업문화를 계승하는 한편 과학적이고 시스템적인 경영을 접목했다. 복잡한 글로벌 조직의 운영효율을 높이기 위해 3차원 매트릭스 조직(업종별, 분야별, 기능별)으로 운영하고 있다.

3) 도요타의 방침중심경영과 수평조직화

도요타는 목표중심이 아닌 방침중심의 경영풍토를 가지고 있다. 방침중심의 경영이란 성과주의의 강화와 함께 생성된 목표중심의 경영과는 달리 "올해는 이런 방향으로 새로운 업무를 시작한다"는 식의 회사나 조직이 새로운 방향으로 나아가기 위한 종합적인 시스템이다. 즉, 사장이 연초에 방침을 정하면 각 부문, 각 부서에 이르기까지 회사 전체에 방침이 내려져 모두가 최상의 업무를 수행해나가는 것이다. 이것은 스탠더드가 없는 곳에 스탠더드를 만드는 작업이다. 직장의 방침은 조직구성원들의 철저한 논의를 거친 후에 방향이 정해진다.

이러한 경영풍토는 목표중심의 경영풍토와는 구별된다. 어떻게 구별될까? 경영에서는 일반적으로 PDCA(Plan, Do, Check, Action)을 중시한다. 목표중심 경영에서는 이 가운데 DCA에 중점을 두는 반면 도요타는 P에 중점을 둔다. P에 중점을 둔다는 것은 DCA에서 보이는 성과 위주의 경영이 아니라 좀 더 구체적이고 조직구성원 모두가 납득할 수 있으며 장래의 부가가치에 연결되는 업무를 구성하기 위한 플랜을 세우기 위해 노력한다는 것이다. 도요타는 P를 위해서 치열한 논의와 표준세우기 작업을 한다. 효율성이 중시되는 기업풍토에서 이러한 업무방식은 낭비로 생각될 수 있다. 하지만 이러한 노력은 DCA 단계에서 다른 기업과 구별되는 능력을 보여준다. 거대한 코끼리 도요타가 100미터를 9초에 달릴 수 있다는 말은 도요타의 능력을 보여준다.

이 기법은 여러 부서들과의 근민한 협력을 통해 한 프로젝트를 진행해나가는 것이다. 이러한 협력을 통해 기업은 미싱링크를 줄일 수 있으며, 각 부서의 수평적 관계를 조성해나갈 수 있게 된다. 니산의 다기능팀(cross functional team) 기법이 많이 알려져 있지만, 그 이전에 도요타에서 BR기법을 통해 부서 간의 협력과 수평적 관계에 힘을 썼다. 부서 간의 벽을 허문 것이다.

또한 도요타는 비공식 조직, 예를 들어 '직제7회', 'Hurters' 등을 통해 부서를 떠나 직원들끼리 회사에 관해 의견을 교환할 수 있는 기회를 만들어냈다. 이러한 과정을 통해 도요타는 독자적인 네트워크를 구축할 수 있었다. 경영과 현장이 공존하는 네트워크를 만들어낸 것이다. 도요타는 1989년부터 조직의 수평화를 꾀했다. 그 후 1996년까지 조직개혁에 많은 부작용이 드러나기 시작했다. 실적 위주의 조직운영으로 도요타 특유의 인재육성 능력이 떨어지게 된 것이다. 경영철학과 상품 만들기의 자세에 있어서 허물없이 논의하고 충분한 협의를 거치는 것이 풍토였는데, 실적 위주의 조직운영으로 인해 상사가 부하에게 철학이나 역사를 전하는 여유가 사라져버린 것이다. 이 문제점을 해결하기 위해 2007년부터 수평화 작업 이후의 인사조직개혁이라는 이름 아래 리더라는 직책을 신설하여 소규모 활동에 있어서 부하나 후배를 훈련하고 키우는 풍토를 다시 되살리고자 했다.

도요타에서는 선배가 후배를 철저히 단련시키고, 그 후배가 다시 새로운 후배를 단련시키는 풍토가 있다. 임원이나 선배는 부하를 가르치면서 자신들도 배운다. 진정한 조직이라면 일을 통해 서로가 배울 수 있는 풍토가 조성되어야 한다. 단련시킨다는 말은 수평적 조직체계에서 단순히 업무를 공유하고 서로 배운다는 의미와는 다르다. 다시 말해 수평적 조직구조에 수직적 요소를 첨가함으로써 효율성을 극대화하면서 도요타만의 독특한 풍토를 만들어낸 것이다(히사오, 2008).

07

조직혁신에 있어서
핵심역량 문제

해멀은 핵심역량(core competence)을 강조한다. 기업이 성공하려면 경쟁사와 차별되는 핵심역량에 집중해야 한다는 것이다. 그러나 도즈 (Y. Doz)는 핵심역량은 이 시대에 맞지 않는다고 주장한다. 기업이 성공을 위해 자기의 핵심역량을 키워야 하는 것은 맞다. 그러나 핵심역량에만 집중하면 문제가 생긴다. 망하기 딱 좋기 때문이다. 이것이 바로 핵심역량에 대한 기업의 딜레마다(이성훈, 2009).

핵심역량 이론은 1990년대 혼다나 캐논 같은 일본회사를 대상으로 만든 이론이다. 당시 일본기업들은 명확하고 방향이 확실한 전략을 세우고 거기에 집중해 큰 성공을 거두었다. 그 때 일본기업들은 미국 자동차회사, 독일 카메라 메이커처럼 경쟁상대가 분명했고, 그들보다 나은 기술을 개발하면 되었다. 하지만 지금은 상황이 다르다. 기술의 연속성도 없고 경쟁상대가 누구인지 모른다. 음반 산업에서 애플이 소니뮤직을 이길 것이라 누가 상상이나 했겠는가? 특정분야(핵심역량)에서 큰 성공을 거두면 다른 분야에 둔감해진다. 마치 빠른 속도로 자동차를 몰다보면 시야가 좁아지고 앞만 보게 되는 것과 같다. 그러다 옆에서 굴러 들어오는 장애물을 피하지 못하게 된다.

성공한 기업은 자신의 핵심 비즈니스에 대해 너무 잘 알고 익숙해 진다. 다른 분야에 대해서는 관심이 없어지고 정보도 없다. 간혹 다른 기업의 상황을 알아보다가도 낯선 상황에 움찔하며 금세 익숙한 자신의 공간으로 돌아온다. 주주들도 핵심 비즈니스에서 돈을 벌어다주는 경영진에 불만을 제기하지 않는다. 모든 결정은 핵심 비즈니스 내에서 이루어지고 혁신이 끼어들 틈이 없다.

불황에는 단기적으로 핵심역량에 집중할 수밖에 없다. 하지만 그것이 전부가 되어서는 안 된다. 미래의 성장도 함께 고려해야 한다. 그렇지 않으면 승자가 되는 순간 내리막을 걷게 되는 이른바 승리의 저주(the curse of success)에 빠지게 된다. 간혹 이런 문제를 6시그마나 서비스 개선 같은 운영개선을 통해 풀려고 한다. 이런 활동은 단기적으로 성과가 나겠지만 장기적으로는 별 도움이 되지 않는다. 오히려 핵심고객에 종속되어 새로운 고객을 발굴하지 못하는 부작용이 발생할 수 있다.

핵심역량에 집중하는 전략의 부작용

전략	결과	부작용
핵심사업의 명확한 비전	핵심사업 외에는 모두 무시	편협한 시야
핵심사업을 최대한 활용	모든 업무를 핵심사업의 틀로 분석	핵심 이외 사업에 대한 소홀
지속적인 운영개선활동에만 집중	단기적 내부성과 지향	근시안적 전략
매우 전문화된 지식	매번 동일한 전문가들이 의사결정	혁신가가 아닌 전문가 경영
노련한 리더의 장기집권	미래 기회에 대한 무감각	혁신에 대한 무관심
강력한 힘을 가진 사업부 출현	핵심 사업부 관리자가 자원을 독식	자원분배의 왜곡
핵심고객 및 파트너와 깊은 협력	고객 및 파트너에 속박돼 전략적 자율성 제한	대안을 거부하고 동일고객 및 파트너와만 거래

승리의 저주를 피하는 방법은 전략적 민첩성(strategic agility)을 키우는 것이다. 빠르게 변하는 상황에 맞춰 전략을 수정하며 끊임없이 혁신을 추구하는 것이다. 폭풍우가 치는 바다를 건넌다고 할 경우 무작정 처음 결정한 항로로만 가다가는 파도에 휩쓸려 난파할 가능성이 크다. 바람과 파도의 흐름을 읽으며 수시로 방향을 바꾸어야 목적지에 도달할 수 있다. 과거의 전통적인 전략으로는 변화의 속도를 따라잡을 수 없다.

어떻게 하면 전략적 민첩성을 갖출 수 있을까? 전략적 민첩성을 구성하는 요소는 크게 세 가지다.

첫째, 전략적 감수성(strategic sensitivity)이다. 변화무쌍한 트렌드를 신속하게 인식하고 이를 현장에 활용하는 것이다. 감수성을 키우기 위해선 CEO들이 보고 같은 일상 업무에서 벗어나 외부 전문가들을 자주 만나야 한다. 그리고 생각하는 시간을 확보해야 한다. 업무시간 중 3분의 1은 창밖을 보면서 외부의 변화를 어떻게 활용할지 고민하는 데 사용할 필요가 있다. 임원들과 논쟁(debate)이 아닌 대화(dialogue)를 해야 한다. 미리 결정을 정하지 말고 왜 그런 생각을 하게 됐는지 그 고민의 과정을 공유해야 한다. 의사결정 과정에 보다 많은 구성원들을 참여시킬 필요가 있다. 다양한 의견이 교차하면서 예민한 감각이 살아남게 된다.

둘째, 집단적 몰입(collective commitments)이다. 기업구성원들이 공통의 목적을 향해 열정적으로 일을 해야 한다. 전략적 민첩성에는 스피드가 생명인데 집단적 몰입이나 집단토론이 신속한 의사결정에 방해가 될 수 있다. 문제는 방법이다. 회사 리더들이 모여 토론할 때 명확한 주제가 없으면 결정이 지연될 것이다. 하지만 주제를 명확히 하고 열린 자세를 가지고 있으면 토론을 효율적으로 할 수 있다.

끝으로, 자원유동성(resource fluidity)이다. 자본이나 인재 같은 기업의 자원을 필요에 따라 신속하게 재배치할 수 있어야 한다. 승리의 저주에 빠진 기업은 핵심사업부가 자원을 독점하기 쉽다.

전략적 민첩성을 가진 대표적 회사로 노키아와 IBM을 들 수 있다. 노키아가 작은 화학제품 제조회사에서 휴대전화 단말기 제조업체로 변신할 때 전략적 민첩성을 발휘했다. 다른 기업들이 휴대전화를 소수사람들이 사업목적으로 사용하는 제품이라 생각할 때 노키아는 패션제품으로 되는 트렌드를 재빨리 읽어낸 것이다. 하지만 단말기 제조 이후를 잘 준비하고 있는지는 더 지켜봐야 한다.

IBM은 컴퓨터 하드웨어를 만드는 회사에서 인터넷 서비스 기업으로 변신하는 데 성공했다. 그 과정에서 외부조직과의 협업을 활발히 했고 지역전문가를 불러 현지의 정보와 기술 트렌드를 탐구했다.

08

성공한 기업이
갖는 자기파괴 습관

잭디시 세스(J. Sheth)에 따르면 성공한 기업이 갖는 자기파괴 습관은 7가지다. 자기파괴 증상이 나타나면 그 증상에 주목하고 대처할 필요가 있다. 특별한 성취를 경험한 기업일수록 자기파괴에 쉽게 빠진다. 실패원인은 항상 내부에 있다. 그 속에서 답을 찾고 개선해야 한다.

(1) 현실부정

성공신화, 관습 등 기존 신념에 갇혀 있다. 우리 회사는 다른 회사와 다르다는 생각, 자신이 발명하지 않은 제품은 인정할 수 없다는 생각(NIH 증후군, Not Invented Here), 부진한 실적의 원인을 외부의 엉뚱한 데서 찾으려는 생각이 침투한다.

(2) 타성

타성이 습관으로 자리 잡아가는 기업은 결정을 서두르지 않는 증상이 나타난다. 또 의사결정을 만장일치로 하는 위원회 문화도 생기고 원가구조도 나빠진다. 조직결정이 느려지면 타성에 빠졌나 의심을 해볼 필요가 있다. 쉽게 흥한 자는 쉽게 망한다.

(3) 오만

최고의 시절을 잊지 못한다. 오만해진 기업은 외부의 조언을 듣지 않고, 골목대장처럼 위협적인 행동을 보이며, 아첨을 좋아하는 증상을 보인다. 오만이 의심되는 기업은 리더십 교육을 통해 외부시각을 접목하고, 다양한 교육기관, 국가, 인종을 배경으로 한 인재를 채용해야 한다.

(4) 핵심역량 의존

핵심역량에만 의존하는 기업은 우물 안 개구리가 되기 쉽다. 비전이 제한되고, 다른 기회를 보지 못하게 된다. 브리태니커는 디지털 시대가 도래했는데도 치명적인 오판을 했다. 자사의 CD롬 백과사전 사업부문을 팔아버리고, 양장판 백과사전에 계속 집중하다 1998년 방문판매를 중단했다. 자사의 장점이었던 연구개발에 지나치게 의존하다 실패한 경우도 있다. 제약회사 엘리 릴리(Lilly)사는 연구개발에 집중해 순도 100%의 인슐린을 출시했지만, 순도가 낮은 기존 인슐린에 비해 가격이 너무 비싸 실패했다. 권위가 저주로 돌아온다.

(5) 경쟁근시안

눈앞의 경쟁만 보는 짧은 시야. 미국 타이어업계의 경우 기존의 강자들, 곧 굿이어, 파이어스톤, BF굿리치 등 눈의 경쟁자만 보다 보이지 않던 도전자 시어즈에 무너졌다. 자동차 렌털 업체 허츠와 에이비스도 서로 견제하며 경쟁을 벌이다 미처 신경 쓰지 못한 도전자 엔터

프라이즈에 뒤처졌다.

(6) 영역 의식

문화충돌과 권력다툼. 마케팅 광고재벌 WPP는 계열사들의 영역 의식과 상호 견제 때문에 많은 손실을 입었다.

(7) 규모 집착

원가상승과 수익성 악화. 대형차만이 이익을 낸다며 누가 저런 차를 타겠냐며 일본 소형차를 비웃던 GM은 치명적인 내리막길을 걸었다. 크리스피크림은 프랜차이즈를 무모하게 확장하다 엄청난 부채를 떠안았다.

기업이 자기파괴 습관을 제거하지 않을 경우 어떤 결과가 초래되는가 보자. 워싱턴 주 소도시 스포캔에 있는 한 은행지점에서 일어난 일이다. 이 지점은 거래를 마치고 주차티켓을 받은 고객들에게는 주차비를 물리지 않지만, 그렇지 않으면 주차장을 나갈 때 60센트의 요금을 내야 한다. 이 은행의 한 고객은 단골인데도 당장 거래를 하지 않았다는 이유만으로 60센트를 내게 되어 기분이 상했다. 그는 직원에게 말이 통하지 않자 지점장에게 항의했고, 그럼에도 정책상의 문제라며 어쩔 수 없다는 답만 듣자 시애틀에 있는 본사에 전화를 걸었다. 그러자 본사의 여직원은 그건 각 지점의 문제라며 다시 떠넘겼다. 이 남자는 자신의 계좌에 있던 250만 달러의 돈을 모두 인출했다. 그리고 다시 본사에 전화를 걸었다. "자, 됐나요? 내가 방금 그 빌어먹을 거래를 마쳤으니 이제 내 60센트를 돌려주시오."

09

중시해야 할
조직 실패학

실패학이란 우선 이 세상 사람이면 누구나 다 실패를 한다는 것을 전제한다. 인간이든, 조직이든 지금까지 해보지 않았던 것, 경험하지 못한 것에 도전하고 창조적인 일을 하다 보면 반드시 실패가 따를 수밖에 없다. 창조적인 일을 하고 발전하고 싶다면, 새로운 일을 도전하는 과정에서 벌어진 실패를 어떻게 극복하고 활용할 수 있는지 고민해야 한다. 이런 실패에 대한 지식을 공유하고 연구하는 것이 실패학이다. 실패는 해서는 안 되는 것이나 나쁜 것은 아니다. 실패가 더 나은 성공을 가져올 수 있다. 실패에는 귀중한 지식이 숨어 있다.

그러나 실패에도 좋은 실패가 있고 나쁜 실패가 있다. 나쁜 실패는 부주의나 오판으로 똑같은 실수를 연발한다. 이것은 용서받을 수 없다. 그러나 새로운 일에 도전하고 성공과 발전을 위해 추진하는 과정에서 벌어진 실패는 용서할 수 있는 실패이다.

도쿄대 하타무라 요타로 교수는 실패에서 창조로 거듭나기 위한 핵심 노하우를 다음과 같이 제안했다.

(1) 실패를 직시하라. 그리고 잘못을 인정하라.

(2) 책임추궁과 원인규명은 확실히 구분하라. 실패를 줄이기 위해서는 원인규명과 책임추궁을 나눠서 생각해야 한다. 실패 당사자에 대한 처분이 결정되면 대가 문제가 해결된 것처럼 생각하는데, 그러면 실패가 반복될 수밖에 없다. 중요한 것은 원인규명과 구체적인 대책을 세우는 것이다.

(3) 실패를 스스럼없이 말할 수 있는 환경을 만들어라. 미쓰비시 자동차는 각종 차량의 결함과 리콜 사실을 30년 동안 은폐해오다 2000년에 발각돼 도산 위기에 몰린 적이 있다. 실패가 드러나면 끝이라는 근시안적 조직 보존 논리로 작은 실패를 숨기다가 조직 전체가 무너질 뻔한 것이다. 2000년 도쿄 지하철에서 5명이 죽고 63명이 다친 히비야선 탈선사고가 있었다. 이 사건 이전인 1992년 10월과 12월에도 비슷한 사고가 일어났다.

(4) 눈앞의 현상만 보지 말고 근본적인 원인을 찾아라. 어떤 사고가 발생하거나 실패했을 때 이를 직접적으로 촉발한 몇 가지 상황, 예를 들어 직원의 부주의나 오작동과 같은 것이 있다. 하지만 좀 더 깊이 들여다보면 몇 개의 원인, 곧 허술한 정비나 직원교육 같은 것이 있다. 그 뒤를 더 들여다보면 언젠가 실패를 일으킬 수밖에 없는 근본적인 이유, 예를 들어 회사 내부에 만연된 나태한 경영 같은 것이 있다.

(5) 실패사례를 분석한 뒤 조직원들끼리 공유하라. 실패의 경험을 조직원 모두가 공유하는 것이 중요하다. 대부분의 기업은 실패를 쉬쉬하고 숨기는 게 현실이다. 그러나 혼다자동차는 직원이 기술개발에 실패해도 원인을 찾아내면 상을 주고 그 정보를 함께 공유하는 제도를 운영하고 있다.

(6) 실패를 불러온 부서 간의 연결고리를 찾아라.

(7) 실패의 책임은 개인보다 조직이 안고 가야 한다.

(8) 치명적인 사고에 앞서 발생한 작은 실수에서 대책을 마련하라. 흔히 큰 사고가 나면 이런 일이 일어날 줄 몰랐다고 말한다. 그러나 중대한 사고나 나기 전에는 반드시 어떤 징조가 있기 마련이다. 예를 들어 한 건의 엄청난 대형사고가 발생하기 전에는 29건의 가벼운 재해가 있었고, 그 전에는 다른 300건의 작은 실수가 벌어졌다. 이것을 하인리히의 법칙이라 한다. 가벼운 재해나 작은 실수가 생겼을 때 적절한 조치를 취한다면 치명적인 실패는 막을 수 있다.

(9) 작업 매뉴얼 등 지나친 경제성 추구는 금물이다.

(10) 인간의 심리와 사회는 항상 변한다. 시장의 흐름을 읽어라.

part 05

의사결정

01. 의사결정에 미래가 달려 있다
02. 지도자의 결단력
03. 『점핑』이 제시하는 세 과정
04. 나쁜 전략에서 좋은 전략으로
05. 의사결정 모형과 의사결정을 위한 법칙
06. 잘못된 의사결정에 빠지는 5가지 유형
07. 효과적인 의사결정을 위한 팁

01

의사결정에
미래가 달려 있다

　불멸의 기업으로 독일의 머크(Merck)가 있다. 제약 및 화학회사이다. 머크 가문이 13대째 소유하고 있으며 67개국에 진출하고 4만 명의 종업원을 고용하고 있다. 혁신은 창의성에서 나오고 창의성에는 자유가 필요하며 경영자로서의 역할은 직원의 자유를 관리하는 일이라는 가치를 유지하고 있다. 사업 포트폴리오로 빠르게 바꾸는 힘이 340년 넘게 기업을 유지하게 만든 원천이다. 6년간 2개 주요사업을 팔고 2개는 추가했다. 지금과 전혀 다른 사업을 한다고 해서 혁신이 이루어지는 것은 결코 아니다. 제약, 화학의 외연을 확장할 뿐이다.

　이 기업은 50년마다 큰 위기를 겪었다. 5번은 대변신을 통해 죽다 살아났다. 이 기업은 5+4의 신속한 의사결정을 한다. 5+4란 가문대표 5명과 외부 전문경영인 4명이 핵심전략을 결정하는 것을 말한다. 가문의 냉정한 등용방식도 한몫한다. 다른 기업에서 임원으로 승진한 머크 일족만 입사를 인정하는 것이다. 나아가 전문분야의 외연을 확대한다. 주력사업인 제약, 화학에서 혁신과 합병을 통해 사업을 확장하는 것이다.

기업은 의사결정을 통해 변화를 수용하거나 추진해나간다. 의사결정에 기업의 미래가 달려 있다. 조직도 의사결정에 따라 다음 레벨로 전진한다. 데이비드 그레고리는『다음 레벨』(The Next Level)이라는 책을 썼다. 책의 주인공 로건이 취업을 한 뒤 살펴본 자기 회사 들여다보기다. 이 회사는 5층까지 있는데 각층마다 특성이 있다. 1층은 자기 볼일만 열심히 하고, 2층은 스스로 만든 규칙에 얽매어 있고, 3층은 온갖 망상으로 우글거린다. 4층 사람들은 한 발은 회사에 있고 다른 한 발은 자기중심에 빠져 있다. 그리고 5층 사람은 정말 회사를 위해 충성하는 사람들이다. 이 책을 통해 저자는 자기를 버리고 남을 위한 사랑의 마음, 너와 내가 하나 되는 정신, 그리고 한곳에만 머물지 않고 계속적으로 전진하는 자세가 중요하다 말한다. 지금 레벨에 안주하지 말고 다음 레벨로 나아가라는 말이다. 조직이 안주하면 기업은 병이 든다. 다음 레벨을 향한 의사결정이 있어야 한다.

02

지도자의
결단력

의사결정은 결단력이다. 경영자는 결단력이 있어야 한다. 그러나 결단력 있는 리더가 되기란 쉽지 않다. 그런데 그런 지도자가 되려면 이런 점에서 특이성을 보이라 한다. 결단력 있는 지도자가 되기 위한 수칙이다.

미국 대통령 12인의 결단들

토마스 제퍼슨	미국 번영의 기틀을 마련한 루이지애나 주 매입
에이브러햄 링컨	남북전쟁을 승리로 이끈 노예제도 폐지
테디 루스벨트	경제대국으로 발돋움시킨 파나마 운하 건설
우드로 윌슨	세계평화 유지를 위한 국제연맹 설립 추진
프랭클린 루스벨트	제2차 세계대전을 승리로 이끈 무기대여법 제정
해리 트루먼	중국과의 전쟁을 막기 위해 맥아더 장군 해임
존 F. 케네디	우주개발전에서 소련을 누른 아폴로 프로젝트
린든 존슨	누구나 평등한 세상을 연 민권법 제정
리처드 닉슨	죽의 장막을 연 노련한 외교술
제럴드 포드	안정적인 국정운영을 위해 닉슨 사면
로널드 레이건	소련의 개방을 앞당긴 악의 제국 발언
버락 오바마	평등한 국민복지의 장을 연 의료보험제 개혁

(자료: 래곤, 2012)

첫째, 신념을 확고히 하라. 역사를 바꾼 개혁의 방정식은 신념, 비전, 동참, 실천 모두를 곱한 것이다. 비전과 마스터플랜으로 신념을 구체화하라.

둘째, 때를 놓치지 말라. 결단력 있는 지도자는 대중적 인기에 영합하지 않는다. 대승적 결단과 과감한 행동력에서 진정한 지도력이 나온다. 정책을 적시에 수립하고 타이밍에 맞춰 집행한다. 결코 실기하지 않는다.

셋째, 초기 주도권을 잡는다. 기득권층의 초기 저항을 극복하지 못하면 실패한 지도자가 된다. 결정된 사항을 신속히 추진함으로써 초기 주도권을 장악한다.

넷째, 나를 버린다. 지도자가 내 몫을 버릴 때 전체가 살아난다. 지도자가 자리에 연연하여 권한 확대와 기득권 보호에 힘을 쏟을 때 조직은 소집단으로 갈라져 분열하고 결국 파국을 맞게 된다. 구성원들이 미래를 바라보고 활기차게 일하는 것은 지도층이 내 몫 챙기기에 앞서 전체의 이익을 우선할 때 가능하다.

다섯째, 반대자를 포용하라. 반대세력을 포용해서 지지세력으로 전환한다. 개혁의 성공은 지도자의 정치적 능력에 좌우된다. 반대세력도 비전을 공감하도록 집요하게 설득하라.

여섯째, 핵심과제에 집중하라. 상황 해결에 필요한 최적의 방법을 선택하고 집중하라. 핵심과제에 집중적으로 도전하면 주변과제는 부수적으로 해결된다.

끝으로, 현장을 통해서 일하라. 측근의 스태프조직보다 현장의 라인조직을 우선하라. 스태프조직을 우선하면 인의 장막이 형성되고 집단사고를 초래해 그릇된 의사결정을 하기 쉽다. 지도자와 현장을 잇는 다양한 의사소통 채널을 구축하라. 상황의 흐름을 정확히 파악하고 대국관을 공유하라.

03

『점핑』이 제시하는
세 과정

　기업은 의사결정을 통해 점핑을 시도한다. 그러나 의사결정을 쉽게 생각하면 안 된다. 의사결정을 위해서는 각가지 문제들과 만나야 하기 때문이다. 문제에 대한 기업내부의 태도도 서로 다르다. 결국 여러 과정을 거쳐 선택 가능한 해결책에 도달한다. 문제를 대하는 태도에 있어 그 문제에 휘둘리는 사람들은 문제 전체를 아무런 계획과 순서 없이 한 번에 해결하려 하거나 아예 포기를 한다. 그렇게 되면 주어진 문제를 해결하기는커녕 더욱 악화시키게 된다. 반면에 앞에 놓인 복잡한 문제들에 당황하지 않고 이를 나누어 쪼개서 문제의 본질이 무엇인지를 찾아내고, 문제의 핵심과 우선순위를 가려내 문제를 단순화시켜 해결하게 된다. 전자의 사람들을 우리는 일 못하는 사람이라 하고, 후자를 일 잘하는 사람이라 한다.

　조직에서 일 잘하는 사람들은 개인이 지닌 커다란 능력에 기대기보다는 앞에 놓인 문제가 무엇인지를 파악하고 해결책을 찾아 실행에 옮기는 혁신적 기술을 가졌다. 이러한 체계적인 사고의 기술을 가진 일 잘하는 사람들은 모든 문제를 오히려 기회로 삼아 성과를 내고 그 성과는 그 사람의 개인의 능력을 평가하는 지표가 된다.

장호준·정영훈은『점핑』을 통해 이러한 혁신적 사고의 기술이 실제 문제에서 어떻게 적용되고 적용되어야 하는지 가르쳐주고 있다. 가격인하와 물량공세라는 외부의 도전과 아름화장품 중국 사업팀 해체를 노리는 내부의 공경에 놓인 류 팀장이 팀 해체라는 문제를 해결하는 과정을 그리고 있다. 그에게 주어진 선택은 단 하나다. 두 달 안에 복잡하게 얽힌 중국 사업팀의 비즈니스 문제들을 해결하고 최고 결정권자인 사장의 마음을 돌려놓아야 한다. 이 위기 속에서도 그는 다행히 전략적 사고법을 터득한 대학 선배 구루(guru)를 만난다. 그 구루의 도움 속에서 중국 사업팀이 처한 조건 속에서 골치 아픈 문제들을 해결해나가는 실마리들을 찾아나간다. 먼저 문제의 본질을 파악하는 체계화 과정을 거치고, 그 다음 통찰의 과정, 그리고 마지막으로 전달의 과정을 거친다(장호준·정영훈, 2007).

1) 체계화 과정

그 체계화의 첫 번째 단계는 문제 이슈 정의다. 단지 매출을 높이기 위해서 어떻게 할 것인가가 아니라 현재 매출을 3개월 후 10% 올리기 위해 어떻게 할 것인가 좀 더 명확하게 구체적으로 기술한다. 또한 이슈 해결을 위한 후속 조치의 실행으로 이어지는 것이 가능해야 한다. 아울러 의사결정권자가 주력해야 할 부분에 초점을 맞춰 기술해야 한다.

두 번째 단계는 이슈트리를 통한 세분화이다. 문제가 명확하게 정의된 후에는 이를 효율적으로 해결하기 위해서 이 문제를 부분으로 나누어서 분할하는 이슈트리를 만드는 것이 필요하다. 이슈트리가 해결하고자 하는 문제를 부분으로 나누어볼 수 있어 문제해결의 완성도를 높일 수 있도록 도와주기 때문이다. 이슈트리를 만들 때 반드시 기억해야 하는 원칙이 MECE(Mutually Exclusive Collectively Exhaustive)이다. 이것은 이슈가 서로 중복되어서는 안 되며, 해결해야 할 최상위문제 및 상위단계 이슈의 모든 측면이 포괄적으로 고려되어야 한다는 것을 의미한다.

세 번째 단계는 우선순위화이다. 이슈트리를 통해 해결해야 할 문제를 세부 이슈화한 다음에 가장 핵심이 되는 주요 이슈들에 집중하기 위해 비핵심 이슈들을 제거하는 우선 순위화 과정을 거쳐야 한다.

2) 통찰의 과정

체계화 과정에 이어 통찰의 과정을 거친다. 체계화를 통해 핵심 이슈들을 정리한 후에는 각 이슈들에 대한 분석 작업에 들어간다. 분석 작업은 관련 자료들을 수집하고 정리하는 과정으로 자료 및 데이터 조사, 관련 전문가 인터뷰 등이 주로 포함된다. 통찰은 여기에서 더 나아가 분석으로부터 의미 있는 메시지나 시사점을 끄집어내는 과정이다.

통찰을 통한 종합적 사고를 할 때 염두에 두면 좋은 키워드는 'so what?'과 'really?'이다. 특정 이슈에 대해서 조사한 자료들을 통해 전달하고자 하는 메시지를 만들기 위해 필요한 질문이고, 그러한 메시지가 도출된 후 메시지에 대한 검증, 곧 그 메시지의 결론의 근거가 명확하고 충분한지를 검증하기 위해 사용하게 된다. 'so what?'과 'really?'를 자문해보면서 시사점에 결함이 없는지 검토하는 연습을 반복하다 보면 일상에서 무엇을 보고할 때 좀 더 설득력 있는 메시지를 만들어낼 수 있다.

3) 전달의 과정

마지막으로 전달의 과정을 거친다. 문제해결의 근본목적은 실행 가능한 문제해결 방안의 수립과 함께 그 방안이 설득력 있는 전달을 통해 실제 성과로 이어지도록 하는 데 있다. 이를 위해서는 문제를 해결하는 과정과는 다른 접근방법이 필요하다. 설득력 있는 전달을 위해 꼭 고려해야 하는 것이 피라미드 구조를 통한 체계적인 커뮤니케이션이다.

피라미드 구조를 사용할 경우 전달하고자 하는 메시지를 상대방이 명확히 이해할 수 있게 하며, 메시지 전달에 불필요한 내용을 제거하고, 명확하고 간결한 커뮤니케이션이 가능하도록 하는 효과를 기대할 수 있다. 핵심제안(governing thought)을 먼저 전달한 후 이러한 제안의 근거가 되는 논리 및 데이터를 제시하는 것이다. 아래로 내려가면서 왜 그러한지에 대한 대답을 제시해가는 과정이 피라미드 구조이다. 이처럼 피라미드 구조를 바탕으로 하는 커뮤니케이션은 듣는 사람들로 하여금 이슈에 대한 해결책 및 그 이유를 명확하게 이해할 수 있도록 함으로써 제안의 설득력을 크게 높일 수 있다.

류 팀장은 이러한 과정을 거쳐 중국 사업팀을 접자는 의견으로 대립하는 사장과 다른 여러 임원진 앞에서 프레젠테이션까지 마쳤다. 결국 사장은 류 팀장에게 기회를 주고, 프레젠테이션 내용에 입안한 계획에 따라 진행할 때 필요한 지원은 본사 차원에서 아끼지 않겠다고까지 했다. 이 책은 언뜻 복잡해 보이지만 해결 가능하고 선택 가능한 비즈니스 문제들을 당황하지 않고 효율적으로 해결책을 끌어낼 수 있는 사고의 기술을 가르쳐준다.

04

나쁜 전략에서
좋은 전략으로

의사결정은 전략의 선택이다. 선택의 기본은 나쁜 전략을 버리고 좋은 전략을 택하는 것이다. 전략 전문가 러멜트(R. Rumelt)에 따르면 슬로건을 늘어놓고 전략을 세웠다고 말하는 기업이 많다. 그는 기업이 가진 문제와 경영환경의 변화를 진단하는 것이 좋은 전략을 세우는 출발점이라 주장했다. 병명에 따라 처방이 달라지듯 진단결과에 따라 계획이 달라져야 한다(Rumelt, 2011).

나쁜 전략의 특징은 문제상황을 규명하지 않고, 그 상황을 어떻게 극복할지도 설명하지 않는다. 다양한 목표나 숫자, 희망사항을 늘어놓는다. 전략에 관한 개념과 주장들을 설명할 때 과장되고 불필요하게 어려운 단어들이 사용된다. 나쁜 전략은 핵심문제를 파악하지 못한 전략이다. 나쁜 전략에는 목표와 희망만 가득하다. 비전이나 가치만 나열하는 것은 문제 극복에 도움이 안 된다.

2008년 금융위기를 촉발한 리먼 브러더스가 망한 것은 목표지향적인 나쁜 전략 때문이다. 이 기업은 2002~2006년 월스트리트에 유행한 모기지 담보증권의 선구자 역할을 하며 승승장구했다. 하지만 정점을 찍은 집값이 2005년 중반부터 하락하기 시작했고 미국 연방준비은행의 이자율이 오르는 등 금융가 변화가 나타났다. 그럼에도 불구하고 리먼의 CEO는 2006년 시장점유율을 높이기 위한 전략을 세우고 몸집 불리기에 나섰다. 리먼은 고위험, 고수익 투기등급 채권매입을 늘렸고 경쟁업체가 포기한 거래를 대신 차지하는 등 리스크 수용(risk appetite) 범위를 늘리는 방식으로 성장세를 이어갔다. 2006년 4분기부터 약 1년 동안 리먼의 자산규모는 48%나 증가했다. 그러나 리먼은 월스트리트 투자은행 중 현금 흐름이 제일 나쁜 곳이었다. 리스크가 높아짐에도 불구하고 이를 새로운 성장기회로 삼으려 했던 나쁜 전략은 결국 리먼을 몰락하게 만들었다. 리먼은 투자환경의 변화에 따라 회사가 처하게 된 문제상황을 제대로 진단하지 못했고 그 결과 158년의 역사를 마감해야 했다.

좋은 전략이 되려면 무엇보다 조직이 직면한 문제상황의 본질을 진단해야 한다. 훌륭한 진단은 복잡한 현실의 문제를 단순화시켜 설명해야 한다. 좋은 전략은 진단을 통해 드러난 이슈를 해결하기 위한 총괄적인 지침을 담아야 한다. 지침을 실행하기 위한 구체적이고 일관된 행동계획을 제시해야 한다. 기업의 운명을 가르는 생존법은 전략의 본질을 이해하고 나쁜 전략을 피하는 것이다.

05

의사결정 모형과
의사결정을 위한 법칙

1) 애널리틱스 DELTA 모델

　의사결정에는 다양한 모형들이 존재한다. 최근에 각광을 받고 있는 것으로 애널리틱스 DELTA 모델이 있다. 데이터를 풍부하게 구축하는 것은 더 이상 문제가 안 된다. 기업의 수익을 높일 수 있는 통찰력을 뽑아내지 못한다면 초대형 데이터베이스도 무용지물이다. "고객이 무엇을 원하는가?", "우리 고객은 얼마까지 지불할 의사가 있는가?", "우리 고객은 평생 동안 몇 번이나 구매할 것인가?" 이 같은 질문에 빠르고 정확한 답을 내놓을 수 있게 한다. 데이터 가치를 마지막 한 방울까지 짜낸다.

　시장예측을 통해 기업의 수익을 높이기 위한 5단계로 DELTA가 있다. 이른바 애널리틱스 DELTA 모델이다.

- D: Data 우리 회사 데이터에 무엇인가 있다. 적극적 자세로 특화 정보 찾아낼 수 있어야 한다.

- E: Enterprise 회사 관련된 누구와도 공유를 한다. 외부까지도 분석 결과를 공유할 필요가 있다.
- L: Leadership 리더부터 실행하라. CEO는 분석결과 적용, 주변에 각인시켜야 한다.
- T: Targeting 기업운영 자원배분을 통합 관리한다. 의사결정이 얼마나 영향을 미치는지 파악 가능하다.
- A: Analysts 아웃소싱을 최대한 활용한다. 업무성과 비용효율을 가져올 수 있다.

기업은 의사결정 때 전사적 애널리틱스를 사용하여 의사결정의 효율을 높여야 한다. 특히 데이터베이스 중 가치가 있는 데이터를 활용해야 한다. 그 가운데 고객관계, 공급망 및 영업활동, 인력관리, 재무 및 회계분야는 필수다.

2) 비즈니스 씽크의 8가지 법칙

데이브 마컴, 스티브 스미스, 그리고 마한 칼사 등이 비즈니스는 행동이 아니라 사고임을 나타내는 책『Business Think』를 내놓았다. 그들은 비즈니스에서 사람들이 얻고자 하는 최종 결과물과 반대로 실패로 인해 나타나는 엄청난 손실의 차이가 발생하는 근본적인 이유로 '사고'의 방법을 지적하고 비즈니스에서 성공할 수 있는 사고계발 방법을 제시했다.

그들은 오하이오 주립대학 폴 너트 교수의 연구결과를 소개한다. 이에 따르면 지난 19년 동안 356개 기업의 중역과 매니저들이 내린 의사결정의 성공률을 조사한 결과 모든 결정의 50%는 실패로 끝났고, 수많은 아이디어와 프로젝트가 실패하고 기업이 사라지며 인수합병의 65%는 실패로 끝나는데도 불구하고 해당 비즈니스맨들의 91%는 자신들의 의사결정 능력에 확신감을 갖고 있었다. 이들에 따르면 이것은 착각이다. 이들의 생각과 실제 결과물 사이에는 그랜드 캐니언만큼 큰 차이가 있다. 이 차이를 줄이려면 비즈니스맨들의 사고를 근본적으로 변화시키는 것이다.

비즈니스맨들의 생각을 바꾸어 업무 생산성을 높이기 위해서 그들은 비즈니스에서 통하는 사고, 즉 비즈니스 씽크를 실천하는 것이다. 컴퓨터가 제 성능을 내려면 하드웨어에 맞는 운영체계(DOS)가 필요하듯 비즈니스맨이 성공적으로 업무를 수행하려면 그에 맞는 정신적 운영체제(MOS, Mental Operating System)의 업그레이드가 필요하다. 그들은 성공적인 의사결정을 위해 의사결정체계를 진단해볼 수 있는 8가지 법칙을 제시했다. 비즈니스 씽크의 8가지 법칙이다(Marcum et al., 2003).

제1법칙은 문 앞에서 자신의 에고를 점검하는 것이다. 이것은 고객이 원하는 것보다 먼저 자신의 욕구를 만족시키기 위해 일하고 있지 않는지 자신에게 물어보고 고객의 문을 노크하라는 것이다.

제2법칙은 호기심을 발동하라는 것이다. 예술에서나 비즈니스에서 위대한 업적을 낸 사람들의 특징은 호기심이 많다는 것이다.

제3법칙은 해법을 벗어던지라는 것이다. 과거 수많은 경영자들이 성급한 해법의 유혹에 빠지곤 했고, 지금도 마찬가지다. 해법을 제시하기 전에 이 해법이 진정으로 이익이 되는지를 충분히 검토할 필요할 필요가 있다.

제4법칙은 증거를 확보하라는 것이다. 경영자들은 '더 많이, 더 빨리'에 익숙하여 자칫 중요한 증거를 놓치기 쉽다. 문제의 핵심을 파악하기 위해서는 넓게 질문하고 다시 안으로 파고들어야 한다.

제5법칙은 효과를 계산하라는 것이다. 어떤 것을 할 수 있다고 해서 반드시 해야 하는 것은 아니다. 새로운 컴퓨터 시스템이나 새로운 투자결정을 할 때는 그 경제적 효과를 측정하고 투자대비 수익률에 입각하여 판단해야 한다. 성공을 했다 해도 너무나 많은 비용을 들였다면 그것은 바람직하지 않다.

<피루스의 승리>

상처뿐인 영광을 가리켜 피루스의 승리(Pyrrhic victory)라 한다. 성공을 하긴 했지만 너무나 큰 희생, 곧 비용을 지불해야 했다면 그것은 결코 바람직하지 않기 때문이다.
에피루스(Epirus)의 왕 피루스(Pyrrhus)는 B.C. 280년 헤라클레아(Heraclea)에서, 그리고 B.C. 279년엔 아스쿨룸(Asculum)에서 로마인들과 싸워 승리를 거둔다. 하지만 그는 2만 5,000의 군사 중 4분의 3을 잃었고, 데리고 간 20여 마리의 코끼리도 다 죽었다. 피루스 왕은 말했다. "다시 한 번 로마군과 싸워 이긴다면 우리 군은 전멸하고 말거야." 승리가 아니라 패배라는 말이다.
승리라고 해서 모두 좋은 승리가 아니다. 상처뿐인 승리라면 더욱 그렇다. M&A에서 승자의 저주라는 것도 마찬가지다. 승리인 것 같지만 저주다. 너무나 희생이 크기 때문이다. 혹시 오늘 우리의 승리가 그런 것이 아니었나 생각해볼 필요가 있다. 사람들은 다 죽어가는데 자신만 승리에 도취해 있다면 문제가 아닐 수 없다. 작은 것을 얻기 위해 너무나 큰 희생을 치렀다면 더욱 그렇다. 올인하다 보면 큰 것을 보지 못할 때가 있다. 독수리처럼 더 높이 날아 더 크게 세계를 보는 연습이 필요하다.

제6법칙은 파급효과를 탐구하라는 것이다. 논의한 솔루션이 한 팀에만 해당되는지, 아니면 전사적으로 확대 가능한지 점검한다. 한 팀에는 좋은 영향을 미치지만 다른 팀의 이해와는 정면으로 충돌하지 않는지 살핀다. 경영자는 조직 전체의 사명, 비전, 그리고 주요 전략들과 자신이 제시한 해법이 어떻게 연결되는지를 알아야 한다.

제7법칙은 노란불에서는 속도를 줄이라는 것이다. 운전할 때 노란불을 만나면 당신은 어떻게 행동하는가? 혹시 속도를 더 높여 확 지나가려 하는가? 그렇다면 사고가 날 가능성이 아주 높다. 문제를 만나면 속도를 낮춰라. 차라리 빨간불이 되든지 초록불이 될 때까지 기다려라. 빨간불을 만난다고 해서 실패를 의미하는 것은 아니다. 기다리노라면 초록불이 켜질 때가 있다. 대화가 순조롭게 되지 않을 때도 속도를 낮춰라. 사업에서 노란불이 감지된다면 속도를 낮추고 자신을 돌아보라. 그러면 앞으로 어떻게 해야 할지 출구를 발견할 수 있을 것이다. 노란불이 켜질 때 오히려 감사하라. 생각하고 대처할 수 있는 시간이 있기 때문이다. 갑자기 빨간불을 만나 당황하는 것보다 훨씬 낫다. 노란불에서는 속도를 줄여라.

제8법칙은 원인을 찾으라는 것이다. 원인을 파악하지 않고 어떤 문제를 해결하려고 하는 것은 질병을 치유하기 위해 진통제를 먹는 것과 같다. 경영자는 늘 "왜?"를 생각하고 있어야 한다.

<워싱턴 제퍼슨 기념관의 석조 벽 부식문제>

워싱턴의 제퍼슨 기념관의 석조 벽이 심하게 부식되어 유지보수가 불가피하게 되자 여러 해결책이 제시되었다. 돌을 교체하자, 청소 용고를 더 부드러운 것으로 교체하자, 오래된 기념관이므로 관광객들에게 부식을 참아 달라 하자 등 여러 방안이 논의되었다.
하지만 왜 돌이 부식되는 것일까 이유를 추적해보니 비둘기들이

떼 지어 몰려와 똥을 싸놓고 가기 때문이었다. 원인 추적은 계속되었다. 비둘기들은 왜 모이는가? 그곳에는 거미들이 많이 서식하기 때문이다. 거미는 왜 그곳에 많이 모이는가? 나방이 많기 때문이다. 그러면 나방을 모두 잡아야 하는가? 해법은 의외로 쉽게 나왔다. 기념관 주변의 조명을 예정보다 두 시간 늦게 켰더니 문제가 해결되었다. 나방이 그 불빛 때문에 모여들었기 때문이다.

06

잘못된 의사결정에
빠지는 5가지 유형

잘못된 의사결정에 빠지게 되는 몇 가지 함정과 극복방안에 대해 알아본다.

1) 눈으로 보는 것만이 현실이다

의사결정 과정에서 흔히 빠질 수 있는 함정은 눈으로 보이는 것만을 현실이라고 믿는 것이다. 두 눈으로 직접 보지 못하거나 경험하지 않은 것들은 현실에서 발생하지 않을 것이라는 착각이 바로 그것이다. 이 함정에 빠질 경우 현재 자신이 생각하는 틀 안에서 항상 보던 방식대로 사물을 바라보는 '관점의 고착화'가 발생한다. 시장, 경쟁사 등 사업 환경을 전체적으로 보지 못하고 좁은 시야에서 보기 때문에 의사결정에 필요한 정보를 충분히 얻지 못하게 된다. 또한 과거의 패턴이나 추세에 입각하여 현실을 바라보며, 이미 자기에게 익숙한 과거의 대응방식만을 택하기도 한다. 이 현상은 다양한 산업과 환경에서의 경험이 부족하거나 특정분야에만 오래 일하여, 생각과 관점의 폭이 좁아진 사람에게서 주로 나타난다.

2) 결정한 것은 끝까지 성공시켜야 한다

두 번째 함정은 이미 지나간 과거 의사결정에 대한 미련과 집착이다. 비록 그것이 안 좋은 결정이라 하더라도, 포기하기에는 이미 너무 많은 투자나 노력을 기울였기 때문에 미련을 갖게 되는 경우이다. 문제는 이런 과거에 대한 집착이 현재 또는 미래의 전략적 방향설정 및 투자 등에 중요한 의사결정에 부정적 영향을 미칠 수 있다는 것이다. 이 함정에 빠지는 근본 이유는 자신의 실패를 공개적으로 인정하기 싫어하는 사람의 심리에 있다. 자기 실수를 인정하고 포기할 때 주위의 비난은 물론 자기 자존심에도 심한 타격을 받기 때문이다. 자존심과 체면을 지키기 위해 잘못된 결정인 줄 알면서도 계속 진행하게 된다.

3) 과거 자료나 추세만을 중시한다

사람의 특성 가운데 하나는 자신의 생각이 옳은가를 가늠할 수 있는 기준점(frame)을 찾는 것이다. 어떻게 행동해야 할지 막연하거나 불확실한 상황에서는 더더욱 그러하다. 이러한 기준점은 심리적으로 편안함을 주고 판단의 척도로 사용될 수 있는 장점이 있지만 그것에 너무 집착할 경우 잘못된 의사결정으로 흐를 수 있다. 기준점으로 많이 사용하는 대표적인 예가 과거의 자료나 추세를 통한 미래 예측이다. 이러한 자료들은 경기를 예측하거나 향후 경영 여건을 가늠하는 데 상당히 도움을 줄 수 있지만 다른 요인에 대한 관심을 떨어뜨릴 수 있다. 나아가 그 기준이 정말 옳은지에 대한 근본적 사고보다 기준에 의한 의사결정 자체만을 주된 목적으로 삼을 경우 보다 중요한 요인들을 간과하거나 창의적이고 혁신적인 사고를 저해할 수 있다.

4) 늘 하던 대로 자신에게 편한 방식을 고수한다

새로운 것을 찾기보다 늘 하던 대로 자기에게 편한 방식을 고수하는 경우이다. 이 함정은 장기간 어느 한 분야에만 몸담았던 사람들에게서 자주 발생한다. 이들은 다양한 주장이나 관점을 받아들이기보다 자신이 이미 머릿속에 가지고 있던 생각이나 틀에 맞는 자료나 정보만 선별하여 흡수하며, 새로운 결정을 하는 것을 두려워하고 참신한 것의 도입을 꺼린다. 이 함정에 빠진 경영진은 모든 데이터를 의심하고, 특히 자신의 가치관과 세계관에 반대되는 정보에는 강한 거부감을 갖게 된다.

5) 나의 능력을 믿는다

자신의 능력에 대한 과대평가도 의사결정 실패의 주요원인 가운데 하나이다. "이 정도면 충분하다", "현 우리 회사의 위치를 고려할 때 가능하다"는 식의 생각을 하는 사람이 전형적이다. 자신이 모든 상황을 통제할 수 있다고 믿으며, 아주 작은 확률을 가지고 있는 상황은 거의 의사결정 과정에서 배제한다. 이러한 함정은 과거의 성공체험에 익숙하거나 선도기업 경영자에게서 자주 볼 수 있다.

07

효과적인
의사결정을 위한 팁

1) 자만은 금물

경영자는 자만해서는 안 된다. 발전적 의사결정에 도움이 되지 않는다. 미국 언론이 오바마를 평가하면서 휴브리스(hubris)라는 단어를 사용했다. 이 단어는 자만심이라는 고대 그리스어로, 사학자 토인비가 '과거의 성공경험에 집착해 실패의 오류를 저지른다'는 뜻으로 사용했다. 미국인 대부분이 경제위기와 일자리를 걱정하고 있는데 오바마와 여당은 건보개혁을 놓고 집권초기 9개월을 보내는 등 정권이 자만심에 빠졌다는 것이다. 경영자는 과거 성공에 집착에 미래에 대한 개발을 게을리할 수 있고, 어떤 한 가지 일에 집착해 전체의 흐름을 놓치는 경우가 있다. 이것이 경영자의 자만에서 비롯되었다면 고칠 필요가 있다.

좋은 것은 위대한 것의 적이다. 일단 어느 지점에 만족을 하게 되는 순간 사람들은 그것에 안주하고 유지하려고 한다. 그러나 그 상태를 유지하는 것은 더 이상의 발전이 없어 유지하는 것이 아니라 퇴보하는 것이다. 나는 그 상태를 유지하고 있지만 다른 사람들은 나의 상태까지 좇아오고 나아가 한 단계 발전하기 때문이다. 대다수 사람들은 이것을 인지하고 있지만 막상 한 번의 성공으로 좋은 위치에 올라서게 되면 이러한 사실을 망각하게 된다. 그러므로 좋은 것에서 만족하는 것은 그 상태를 유지하려 들기 때문에 앞으로 더 나아갈 길을 잃어버리게 한다. 한 번 만족스러운 상태에 놓이게 되면 생각의 폭이 좁아지고 장기적인 관점을 잃어버리게 된다. 따라서 만족하는 법을 버리고 계속 목표를 수정하여 만족 상태에 다다르지 못하도록 하는 자세가 필요하다.

<블랜차드의 1분 경영수업>

켄 블랜차드는 『1분 경영수업』을 통해 다음과 같은 삶의 혜안을 제시했다. 여기서 '나'를 '기업'으로 바꾸면 의사결정에 도움을 얻을 수 있다.

• 몇 년 후 나의 모습은 그동안 읽은 책과 만난 사람들을 제외하면 지금의 나의 모습과 같다.
• 내가 먼저 상대방을 도와주었을 때 나도 내가 원하는 것을 얻을 수 있다.
• 작은 이익을 얻기 위해 남을 속여서도 안 된다.
• 뛰어난 사람일수록 자신의 고집이 회사나 다른 것을 망칠 수 있다는 것을 경계해야 한다. 가장 중요한 것은 자신의 고집이 아니라 정확한 선택이고, 자기 선택이 잘못되었다고 다른 사람들의 의견을 무시하면 안 된다.
• 사람의 옳고 그름을 따지지 말고 행동의 옳고 그름을 따져라.

2) 성공에 도취하지 않는다

기업경영의 실패사례를 살펴보면 공통점이 있다. 기업의 사활이 걸린 결정을 하는 과정에서 자신의 의견만을 고집하고 다양한 목소리, 특히 자신의 의사와 상반된 목소리를 경청하지 않았다는 사실이다.

대표적인 예가 디즈니의 전임 CEO였던 마이클 아이스너(Eisner)이다. 그는 카리스마 넘치는 리더였고, 그로 인해 1984년부터 1997년까지 주가는 26배나 올랐다. 라이온 킹을 비롯해 수많은 히트작품을 내며 전성기를 맞았다. 미국 3대 방송 중 하나인 ABC와 스포츠 전문방송인 ESPN을 흡수하고 플로리다에 여러 테마파크를 만들었다. 그러나 성공에 도취된 아이스너는 독단에 빠진다. 그 예가 유로 디즈니 설립이다. 1980년대 중반 디즈니는 도쿄 디즈니의 성공을 발판으로 유로 디즈니를 구상했다. 최종 후보지로 스페인과 파리였다. 날씨, 부지규모, 세금혜택, 인건비 등 여러 면에서 스페인이 더 합리적이었지만 그는 프랑스를 고집했다. 프랑스 사람들은 미키마우스로 대변되는 미국문화를 천시하는 경향이 있었음에 반해 스페인 사람들에게 미국문화는 동경의 대상이었다. 당시 아이스너는 프랑스문화와 와인에 흠뻑 빠져 있었다. 1992년 4월 오프닝 데이가 왔지만 기대에 미치지 못했고, 주차장은 '미키 마우스, 이것은 미친 짓입니다'는 피켓으로 북적거렸다. 유로 디즈니는 이듬해까지 무려 10억 달러가 넘는 적자를 기록했고, 아이스너는 임기를 1년 남겨둔 채 회사를 떠나야 했다(정동일, 2008a).

3) 의문 키우기

의문을 품고 답을 찾아 배에 오르는 일보다 더 흥미로운 일은 없다. 한번 만족하면 우리는 새로운 의문을 갖지 못한다. 그래서 현재의 위치에서 계속 안주하려는 것이다. 새로운 의문을 품고 답을 찾아나가는 것은 앞으로 한걸음 더 전진하는 것이고, 새로운 목표를 설정하는 일이다. 의문이 없다면 발전도 없다. 의문을 품고 답을 찾아 헤매는 것은 나를 한 단계 더 진보시키는 것이므로 아주 흥미로운 일이다. 이것이 모두에게 가장 흥미로울 수는 없겠지만 현실에 만족하여 그대로 머물며 아무것도 하지 않는 것보다 의문을 가지고 새로운 목표에 도전하는 일이 더 흥미로운 일이다.

<죄수의 딜레마와 마이너스 배팅>

죄수의 딜레마(prisoner's dilemma)는 자기 이익에만 매달린 나머지 전체가 모두 손해를 본다는 게임이론이다. 경찰에 붙잡힌 두 명의 죄수가 모두 침묵하면 서로에게 이득인데 결국 상대방을 믿지 못해 둘 다 자백한다는 논리다. 각 부분에서는 최선의 선택이라고 믿는 것이 결국 집합적으로는 오류가 된다는 '부분 최적, 집합 오류' 도 같은 의미이다.
개인, 은행, 기업이 "나만 살자"며 국익에 반하는 마이너스 배팅, 곧 경제악화에 돈을 거는 것이다. 개인은 일거에 떼돈을 벌자며 선물을 매도한다. 주식시장의 불안을 부채질한다. 은행은 대출을 줄이고 금리는 올린다. 비오는 데 우산을 뺏는 격이다. 그리고 기업은 환율 추가상승을 예상하고 달러 챙기기에 바쁘다. 결국 원화 약세를 초래한다. 마이너스 배팅을 줄이려면 정부는 사익과 국익을 일치시키는 정책을 펴야 한다. 죄수의 딜레마와 마이너스 배팅은 기업의 의사결정에도 도움을 준다.

4) 변화 읽기와 의사결정

변화에 맞춰 실시간으로 혁신을 쏟아내는 기업이 되기 위해서는 경영구조 자체가 혁신적이어야 한다. 소니는 아날로그에서 디지털로 넘어가는 과정이 다른 기업보다 몇 년 늦었다. 의사결정을 하는 소니의 최상층 경영진이 거의 대부분 50대 이상의 아날로그 세대였기 때문이다. 그들의 세계는 아날로그이고, 하드웨어였다. 블루치즈에 푸른곰팡이가 박혀 있는 것처럼 옛날 조직은 과거 유물로 온통 마블링되어 있다. 디지털과 소프트웨어를 이해하기 힘들다.

5) 현실 직시

냉혹한 현실을 직시해야 한다. 가끔 우리는 현실을 직시하지 못해 낭패를 보는 경우가 많다. 냉정하게 현실을 바라본다는 것은 매우 어려운 일이다. 그러나 대다수의 사람들은 현실을 바라보지 않고 자신의 생각대로 일을 진행하거나 현실을 직시하고 있으면서도 그 현실이 두려운 나머지 무시해버린다. 전자의 경우는 사람의 무지 때문에 발생하는 것이고, 후자의 경우는 사람의 두려움이라는 감정으로 인해 발생한다.

그러므로 우리는 자기계발을 통해 현실을 직시할 수 있는 능력을 키울 필요가 있다. 이것은 어렵지 않다. 자신을 버리고 한걸음 뒤에서 현실을 바라보면 된다. 현실을 직시하지 못하는 이유는 자기 자신의 굴레에 속박되어서 현실을 자신에 비추어 마치 현실 그대로가 아닌 자신의 거울에 비친 모습만을 바라보기 때문이다. 이렇게 되면 자신은 자신이 바라보고 싶은 것만을 바라보게 되어 현실의 본모습을 보지 못하게 된다. 이러한 것을 뛰어넘어 현실을 제대로 바라보게 되더라도 그 현실에 맞는 자신의 행동을 하기 위해서는 자신 속 두려움과의 싸움을 극복해야 한다. 자신 속 두려움과의 싸움에서 이기기 위해서는 도전하고 모험을 즐기는 능력을 키울 필요가 있다. 이 능력을 키우기 위해서 가장 좋은 방법은 어떤 일이고 무작정 시작해보고 끝까지 도달해본다. 중간에 실패나 다른 사람들의 방해로 인해 끝까지 도달하지 못할 경우도 있겠지만 이것을 끊임없이 반복하다 보면 자신도 모르게 두려움이 사라지게 된다.

6) 합리적 사고능력의 향상

하버드 인지심리학자 하워드 가드너는 IQ검사의 타당성에 의문을 제기한다. IQ검사는 단일한 지능에 의해 다른 지적 능력이 모두 형성된다는 가정 아래 이른바 일반지능을 측정한다. 그러나 그는 1983년 그가 쓴 『마음의 틀』에서 여러 개의 독립적인 지적 능력이 존재한다는 다중지능(MI) 이론을 제안했다. 다중지능 이론은 IQ검사 자체를 인정하지 않는다. IQ검사는 기억, 추리, 학습 같은 지적 능력을 효과적으로 측정하지만 일상생활에서 의사결정을 할 때 필요한 능력은 가늠하기 어렵기 때문이다(Gardner, 1983).

우리는 생활에서 어떤 음식을 먹어야 할지, 어느 주식을 사야할지, 누구와 연애를 해야 할지 결정해야 한다. 합리적 사고만으로 이것을 다 해결할 수 있다면 얼마나 좋을까? 그런데 그렇지 못하다. IQ검사로 합리적 사고능력을 가려낼 수 없는 이유는 우리 뇌가 두 가지 서로 다른 체계로 일상생활의 정보를 처리하기 때문이다. 하나는 직관 (intuitive)체계이고, 다른 하나는 숙고(deliberative)체계이다. 직관체계는 정보를 자동적으로 빠르게 처리한다. 맞선 상대를 본 순간 금세 결혼을 결심한다. 하지만 숙고체계는 정보를 깊이 생각해서 천천히 처리한다. 신혼여행 갈 장소를 정할 때 심사숙고한다.

두 가지 정보체계 때문에 지적인 사람도 상황에 따라 즉흥적으로 의사결정을 하게 된다. 다시 말해 지능지수가 높은 사람도 직관으로 판단해서 엉뚱한 결정을 내릴 가능성이 크다. 지능지수가 높았음에도 불구하고 우둔한 사람으로 비친 부시가 그렇다.

토론토대 응용심리학자 카이스 스태노비치는 지능과 직관 사이의 관계를 분석하고, 지능이 높은 것과 직관적 판단의 오류에 빠지지 않는 능력 사이에는 아무런 관계가 없다고 주장했다. 지능과 합리적 사고는 별개 능력이라는 말이다. 키가 크다고 누구나 유능한 농구선수가 될 수 없는 것처럼 IQ가 높다고 누구나 합리적으로 의사결정을 하는 것은 아니다. 그래서 그는 합리적 사고능력을 측정하는 RQ(합리성지수) 검사의 필요성을 역설했다(Stanovich, 2009).

<평범함의 두 얼굴>

아우슈비츠 가스실을 겨우 비켜난 유대인들이 아이히만 재판에 참석했다. 그 재판을 줄곧 보아온 그들은 이구동성으로 말했다. "아이히만도 보통사람이구나!" 이 말은 "우리도 아이히만 위치에 있으면 그렇게 할 수밖에 없구나" 하는 자탄의 말이었다. 이로 인해 바날리즘(banalism) 논쟁이 일었다. '바날'은 지극히 평범하다는 말이다. 평범하고 보통인 우리도 그 상황에 처하면 얼마든지 그런 죄를 지을 수 있다는 것을 보여주었다.

히틀러는 악한 지도자로 원성이 높다. 그런데 그의 비서를 지냈던

트라우들 융에(T. Junge)가 쓴 『최후의 순간까지』에 따르면 히틀러도 아주 평범한 인물이었다. 그는 연인인 에바 브라운이 집안에서는 결정권을 갖고 있었기 때문에 히틀러가 애견 블론디를 산책시킬 때는 예의 바르게 그녀에게 허락을 구했다. 무릎이 유난히 희었기 때문에 짧은 바지를 좋아하지 않았고, 시든 꽃을 버리는 것을 마음 아파했기 때문에 꽃으로 실내를 장식하는 것을 금했다. 이렇듯 지극히 평범한 그가 인류의 지탄을 받을 정도로 왜 악랄했을까 싶다. 사탄이 평범함을 가장했는가?

바이마르 헌법은 "모든 주권은 국민으로부터 나온다" 했다. 국민주권시대를 연 것이다. 하지만 국민이 우매하면, 그저 보통이어서 속고 살면 나라가 망한다. 히틀러가 바이마르 총리를 지내지 않았는가? 독일 국민들은 히틀러가 말할 때 처음엔 모두 비웃었다. "미쳤다, 말도 안 되는 소리 자꾸 하지 말라." 그런데 결국 설득당하고 따랐다. 거짓말도 100번 들으면 믿게 된다.

평범함만으론 국가를 제대로 이끌 수 없다. 독일 국민들이 평범함을 넘어 보다 비범함으로 대처해 나갔더라면 히틀러나 아이히만 같은 존재가 정치적으로 앞면에 등장할 수 있었을까? 히틀러나 아이히만이 도덕적으로 보다 뛰어났더라면 과연 아우슈비츠와 같은 일을 벌였을까?

왜 갑자기 평범함을 탓하는가? 그것은 최근 왕따를 당한 중학생 자살사건 때문이다. 경찰이 가해자 학생들을 조사해보니 '아주 평범한' 보통 학생들이라 했다. 전혀 그럴 것 같지 않은 학생들이 그랬다는 말이다. 지금까지 평범함이나 보통은 그래도 통념의 시민의식을 갖고 실천하며 사는 것으로 인식했다. 그런데 여러 사건들은 그 평범함이 얼마나 악하고 무섭게 변질되는가를 보여준다. 혼자서 할 수 없던 짓도 집단으로 가면 태도가 달라진다. 얼마든지 악해질 수 있다. 이제 평범함의 가면을 벗기고, 이것이 가진 두 얼굴의 실체를 정확히 볼 필요가 있다. 우리 모두에게 필요한 것은 평범함을 넘어선 비범함이다. 평범함으로 악을 누를 수 없다면 비범함으로 그 악을 기절시켜야 한다. 이대론 안 된다.

7) 수평조직과 의사결정

혁신성이 높은 조직일수록 조직을 최대한 평평하게 만들어 누구나 회사 차원의 결정에 참여하게 한다. 마지막 직원 한 명의 아이디어까지 모두 활용하려 든다. 실제 심각한 문제의 징후를 가장 먼저 알아채는 사람은 고객을 매일 상대하는 말단 직원일 가능성이 높다. 그런데 계급이 많은 조직일수록 어떤 문제가 있어도 CEO가 나중에 보고받는 경우가 많다. 따라서 수평조직일수록 문제상황에 대한 인식이 빨라 의사결정뿐 아니라 대응능력도 높다.

8) 의사소통으로 불확실성을 없앤다

소통의 기술 제1장. 상대 뇌 속 지문부터 찾아낸다. 정보습득 방법은 사람마다 다르다. 마치 손가락 지문처럼. 다른 사람과 진정한 소통을 원하는가? 그러면 각자의 머릿속 지문에 맞춰 커뮤니케이션 경로와 수단을 달리한다.

커뮤니케이션으로 불확실성만 없애도 위기는 쉽게 해결된다. 글로벌 금융 위기 당시 정부, 전문가, 금융기관들 어느 누구도 위기를 제대로 설명 못해 불확실성을 확산시켰다. 플래시먼 힐러드 데이브 시네이(D. Senay) 회장은 위기(crisis)의 정도는 중요도(importance)와 모호함(ambiguity)을 곱한 것이라 주장한다. 모호할수록 두려움, 불확실성, 의문이 발생한다. 소통을 잘하려면 이해되는 것이 중요하다. 결론을 앞에 내세워 명쾌하게 말하고 중요한 이야기는 직접 만나서 전달해야 한다.

9) 경로의존성을 버린다

현재 우리가 사용하고 있는 키보드 영문자판은 쿼티(QWERTY) 자판이다. 1930년대 쿼티 자판보다 글자 입력을 더 쉽게 할 수 있는 드보락(Dvorak) 자판이 개발되었지만 시장에서 외면당했다. 쿼티 자판이 시장 표준을 선점했기 때문이다. 복잡계 경제학자 브라이언 아서(W. Brian Arthur)는 이를 경로의존성(path dependency)으로 설명한다. 경로의존성이란 사람들이 어떤 이유든 한번 일정한 방향에 익숙해지면 나중에 그 방향이 옳지 않거나 효율적이지 못하다는 사실을 깨달아도 기존 방향성에서 벗어나지 못하는 경향을 말한다. 물리학의 관성법칙이 사회심리학에도 나타나는 것이다.

경로의존성은 지금 작거나 일상적인 결정이 미래에 지속적으로 유지되는 결과로 나타날 수 있다. 따라서 정책결정자는 이를 마음에 깊이 담아둘 필요가 있다. 작은 행동이나 이벤트 하나가 시스템을 좋거나 나쁜 길로 이끄는 사소한 계기가 될 수 있기 때문이다.

10) 경계조건을 확실히 하라

드러커는 문제가 일반적인 것인지 예외적인 것인지 분명히 하라, 문제해결을 위한 경계조건을 명확히 하라, 그리고 대안을 모색하려면 의견 불일치를 조장하라 한다(드러커, 2001).

경계조건(boundary condition)은 무엇일까? 조건에는 경계조건, 연속조건, 대칭조건 등 다양한 조건들이 존재한다. 경계조건은 임의의 계의 경계에 주어진 조건을 말한다. 기계 구조물 해석에서는 변위, 기울기, 힘, 모멘트 등으로, 음향문제에서는 음압, 입자속도 및 이들의 비인 임피던스 항으로 표현한다.

수학의 경우 방정식의 특수해를 구하기 위해 경계조건이 주어진다. 임의의 물리계의 내부 영역을 만족하는 지배방정식의 해는 무한하며, 이로부터 원하는 특정한 해를 얻도록 경계에서 적용하는 조건을 경계조건이라 부른다. 만일 경계가 주어진 해의 영역을 완벽히 둘러싸고 있으면 이 경계는 닫힌 경계(Closed Boundary)라 표현하고, 이 경계가 무한대로 되어 적용되는 경계조건이 없으면 열린 경계(Open Boundary)라 말한다. 경계조건이 경계에서 값과 법선방향의 기울기의 합으로 주어지면 코시(Cauchy) 경계조건이라 부르며, 경계를 따라 값만이 주어지는 경우를 디리크레트(Dirichlet) 경계조건, 기울기 값만이 주어지는 경우를 노이만(Neumann) 경계조건이라 한다. 또한 경계조건이 0인 경우는 등차(Homogeneous), 임의의 값을 갖는 경우는 비등차(Inhomogeneous) 경계조건이라 부른다.

실험적인 측면에서 경계조건의 구현은 사실 수학적인 면에서의 정의가 명쾌한 반면 까다로우며 많은 주의를 요한다. 예를 들면 단순지지 조건의 구현 등이 무척 까다로운 것 등이다. 이것은 실제 진동, 소음문제 해석을 하는 경우에는 더욱 복잡해진다. 즉, 필요한 해석 대상 물체의 경계조건을 실질적인 현상에 가장 근접하게 모델링하여 해석용으로 사용하느냐 하는 문제는 많은 경험과 정교한 분석이 필요한 부분이다.

경계는 다양하게 존재한다. 우주의 경계조건, 지역 간의 경계조건, 기업 간 경계조건, 문제들 사이의 경계조건 등 문제해결을 위해 경계조건이 어떤가를 아는 것은 매우 중요하다.

11) 현장감 키우기

와튼 스쿨 학생들이 남극에서 경영학 수업을 받는다. 남극수업의 목적은 팀워크와 극한상황에서의 의사결정 방법이다. 똑똑한 학생들만 모인 곳이어서 각자의 주장이 강하다. 그렇다 보니 자칫 팀워크를 놓치기 쉽다. 그러나 남극이란 혹독한 상황은 팀원들끼리 힘을 합치도록 만들어준다. 또 한계상황에서 경영자들이 어떻게 해야 올바른 판단을 내릴 수 있는지도 체험한다.

학생들은 조를 이뤄 하루 20km씩 빙하와 설원 위를 행군하며 8박 9일 동안 지도를 보고 목표지점을 찾아간다. 체감온도는 섭씨 영하 10~20도가 기본이지만 잠은 가져온 텐트에서 자고 먹을 식량도 직접 지고 다녀야 한다. 빙하 위를 걷다가 크레바스에 빠지기도 한다. 얼굴은 화상을 입은 듯 검붉게 변하고, 피부는 바위처럼 갈라진다. 강한 햇빛이 눈에 반사되면서 이중으로 피부를 태우기 때문이다. 왜 이런 수업을 할까? 그것은 현장 감각을 키우기 위해서다. 특히 극한상황에서 어떤 결정을 내려야 할 때 이러한 경험은 효과를 발휘하는 데 깊은 통찰력을 갖게 한다.

12) 해석법을 달리한다

복잡한 세계를 해석하여 단순화한다. 우리는 세상을 바라볼 때 한 번에 너무 많은 것을 바라보려 하는 문제를 가지고 있다. 이것이 발생하는 이유로 자만심을 꼽을 수 있다. 사람들은 무시당하지 않으려, 혹은 다른 이보다 뛰어나게 보이려는 의도로 자신의 능력을 벗어나

무작정 넓은 것을 바라보려 한다. 그럼으로써 자신이 다른 사람에게 뒤지지 않고 오히려 뛰어나다는 것을 과신하고 싶어 한다. 그리고 자신은 그러한 능력이 충분히 있다고 자만하고 있다. 그러나 아무리 뛰어난 사람도 우리가 살아가는 이 복잡하고 변화가 심한 세계를 복합적으로 해석하지 못한다. 그중에서 가장 중시되는 것을 찾아내 단순화시켜 그것에 적용하여 일을 진행하여 성공에 이른다. 아무리 복잡한 세계라도 일정한 원칙은 늘 존재하기 마련이다. 그러므로 복잡한 세계를 해석함으로써 자신의 목적이나 목표에 맞는 하나의 원칙으로 단순화시키는 것이 필요하다. 복잡한 것을 이것저것 한 번에 하는 것보다 복잡함 속에서 하나를 선택하는 것이 훨씬 효율적이기 때문이다.

part 06

변화와 혁신

01. 혁신의 DNA가 있는 조직과 없는 조직
02. 드러커의 위대한 혁신
03. 존속적 혁신과 파괴적 혁신
04. 혁신을 위해 조직이 갖춰야 할 요소들
05. 혁신을 추진하는 방법들
06. 관리혁신
07. 기술혁신
08. 디자인 중심 혁신

01
혁신의 DNA가 있는
조직과 없는 조직

짐 콜린스는 우리에게 묻는다. "당신은 침팬지와 고슴도치를 키우고 있는가?" 침팬지는 호기심이 많다. 침팬지 조지는 미국 유명 동화 속 캐릭터이다. 미국인들은 간판이나 소파에 이 캐릭터를 두고 되새긴다. "호기심은 내 삶의 원동력이다." 고슴도치는 위험이 다가오면 몸을 말아 공처럼 변신한다. 이렇게 해서 교활한 여우를 매번 물리친다. 그는 나만의 고슴도치를 찾아 자신만의 필살기를 만들라 한다. 기업이 변화하는 환경에 앞서 가려면 호기심을 키우고, 스스로 변화를 추구해야 한다.

기본적인 경영의 틀은 이미 100년 전쯤 헨리 포드 같은 인물들이 다 짰다. 인사부서를 만들고, 성과급 제도를 도입하고, 자본예산이나 브랜드관리 개념도 도입했다. 그동안 변한 것은 별로 없다. 오늘날 조직의 과제는 어떻게 일을 효율적으로 하는가가 아니라 어떻게 하면 게임의 룰을 바꿀까 하는 데 있다. 기업들은 요즈음 서비스 혁신, 제품 혁신을 외치지만 주기적으로 혁신적인 아이디어를 내놓는 것은 어렵다. 혁신의 DNA가 없으면 자연 과거로 돌아가기 쉽다. 따라서 혁신의 DNA가 없는 조직은 망한다.

변신은 호암 이병철 경영의 특징이다. 그는 한국의 신유교주의와 일본식 경영시스템, 독일식 생산방식, 그리고 미국의 관리방식을 종합하여 독창적 경영모델을 창조했다. 그는 국내 최초로 공개경쟁 채용제와 비서실, 사업부제를 도입했다. 사업보국, 인재제일, 합리추구라는 경영이념을 제도 틀에 담아 거대한 조직을 운영할 수 있는 독특한 경영체제를 만들었다. 그는 무한 변신을 거듭하는 리더였다. 경제환경과 산업구조의 변화를 직시하고 그 속에서 영속하는 기업을 만들기 위해 혁신과 창조에 앞장서는 것이 기업인의 운명이라 보았다. 대규모이면서도 스피디하고 소유경영과 전문경영의 장점을 고루 갖춘 기업으로 재탄생했다. 그의 인재경영은 창업기부터 우수한 인재의 스카우트와 육성에 관심을 가졌다. 삼성은 인재의 채용과 육성, 등용 면에서 체계적이고 종합적인 제도를 구축했다. 그러나 현재의 삼성은 이병철의 경영체제에 안주하지 않는다. 늘 위기의식을 가지고 새로운 방향을 모색한다.

변화나 혁신은 대기업만 하는 것이 아니며 큰 행동에서만 출발하는 것도 아니다. 작은 행동 하나씩 모여 큰 변화를 가져온다. 혁신도 바로 그렇게 시작된다(트렌트, 2007). 경영자는 조직에 숨은 혁신 DNA를 찾아 바이러스처럼 퍼뜨리며, 360도 혁신 마인드를 자극하는 사람이다. 다른 기업에 대한 벤치마킹은 한계가 있다. 자기만의 혁신 전략을 모색하고, 혁신사례를 공유하며 새로움을 창출하라. 칭찬하고 박수치는 행사만으론 혁신이 나오지 않는다.

02

드러커의
위대한 혁신

드러커에 따르면 혁신이란, 공급의 측면에서는 자원의 생산성을 높이는 활동이며, 수요 측면에서는 소비자들이 느끼는 가치와 만족에 변화를 일으키는 활동이다. 이 두 가지를 종합해보면 혁신은 자원이 부를 창조하도록 새로운 능력을 부여하는 활동, 다시 말해 기존자원이 갖고 있는 잠재력을 높여 더 많은 부를 창조하도록 하는 활동이다. 혁신의 원천은 내부에 존재할 수도 있고, 외부에 존재할 수도 있다. 내부에 존재하는 혁신의 원천은 예상치 못한 성공이나 실패, 프로세스상의 필요, 산업 및 시장구조의 변화를 들 수 있다. 그리고 외부에 존재하는 혁신의 원천으로 인구변화, 인식이나 의미의 변화, 새로운 지식이 창출되는 것을 들 수 있다(드러커, 2006).

경영자들은 현상이 오랫동안 지속되면 그것이 정상적이고, 앞으로도 계속 지속될 것이라 믿는다. 예상치 못한 성공이 발생하더라도 믿고 있던 것과 모순되는 일이면 불합리하고, 비정상적인 것으로 판단하고 거부한다. 성과 보고서가 대부분 정량적이어 경영자가 이러한 사실에 대해 제대로 알아차리기 어려운 보고시스템을 갖고 있다. 이러한 기회를 잡기 위해서는 분석을 잘 해야 한다.

성공과 달리 실패했을 경우 이를 그냥 지나치지 않지만 혁신의 기회를 사용하려는 노력은 드물다. 실패했을 때는 현실이 변했다는 사실을 인정하고 직접 밖으로 나가 살펴야 실패의 원인을 바로 알고 혁신의 기회로 삼아 이용할 수 있다. 수요가 꾸준히 증가하지만 수익성이 악화되거나, 잘못된 가장으로 인해 현실과 행동 사이에 불일치가 일어나기도 한다. 불일치가 일어났을 때에는 복잡하기보다는 단순하고 명백한 혁신을 해야 한다. 다른 혁신의 원천들이 환경의 변화를 출발점으로 삼는 데 반해 프로세스상의 필요성은 과업에 초점을 맞춘다. 기존 프로세스상에서 약한 연결고리나 잃어버린 연결고리를 찾아 프로세스를 완결하거나 새롭게 디자인하는 것이다. 프로세스상의 문제를 해결하기 위한 조치들을 명확히 규정할 수 있어야 하고, 필요성이 파악되면 그 조치는 이용 가능한 것인지, 소비자들의 가치관에 부합하는 것인지 생각해야 한다.

산업이 변화하면 그 내부에 있는 사람들은 이를 기회가 아닌 위협으로만 인식하는 경향이 강하다. 하지만 산업구조의 변화는 다른 산업에 종사하는 사람들에게는 이것이 기회로 보일 확률이 높다. 대규모 시장이거나 일부 소수업체가 독점하고 있는 상황에서 변화가 일어날 때 선두주자는 이 변화를 무시하는 경우가 많기 때문에 성공적인 혁신은 이루기 쉽다.

인구구조의 변화는 외부에서 일어나는 가장 뚜렷한 변화로, 이로 인해 나타날 결과를 예측하는 것도 어렵지 않다. 먼저 통계자료들을 시작으로 예측 가능한 결과들을 토대로 혁신을 이루어야 한다. 인식이 변한 것을 발견하고 머뭇거리다가는 기회를 뺏기기 쉽다. 타이밍이 관건이다. 인구구조의 변화와 달리 인식의 변화로 말미암아 초래될 결과는 예측하기 어렵다. 변화가 일시적일지 지속적일지 모르기 때문에 소규모로 출발해야 한다.

사람들이 일반적으로 혁신이라고 말하는 것들은 지식에 기초한 혁신들이다. 이러한 지식들이 새롭게 창출될 때는 리드타임이 긴 것이 특징이다. 즉, 계획에서 설계, 완성, 사용하기까지 걸리는 시간이 길다. 사회나 고객은 이 지식을 받아들일 수 있어야 한다. 그리고 다른 혁신들은 이미 일어난 변화를 이용해서 존재하는 욕구를 만족시키지만 새로운 지식의 창출로 인해 생긴 혁신은 자체가 변화를 초래하고 새로운 욕구를 창출한다.

혁신을 위해서는 내가 옳다고 여겨 오던 것이 틀릴 수 있다는 열린 생각과 긍정적인 마음이 혁신을 이룰 수 있는 시작이다. 그 작은 것부터 시작하면 일상에서도 혁신의 기회는 많이 찾아볼 수 있고, 분석하고 노력하면 성공적인 혁신을 이룰 수 있다.

03

존속적 혁신과
파괴적 혁신

클레이튼 크리스텐슨(Clayton Christensen)에 따르면 기업에는 두 가지 형태의 혁신이 있다. 하나는 존속적 혁신(sustaining innovation)이고, 다른 하나는 파괴적 혁신(disruptive innovation)이다. 지속적 혁신은 과거보다 더 나은 성능의 고급품을 선호하는 고객들을 목표로 기존제품을 지속적으로 개선해 보다 높은 가격에 제공하는 전략을 말한다. 일반적으로 기존에 고객이 아니던 사람이나 덜 까다로운 고객들을 사로잡는, 간단하고 편리하고 저렴한 제품들을 출시하는 전략이 여기에 속한다. 우선 기존의 기업들은 제품의 질을 끊임없이 향상시켜야 한다. 이에 실패하면 기업은 도태된다. 이처럼 고객이 요구하는 기술이나 성능의 차이에 따라 이루어지는 혁신을 존속적 혁신이라 한다.

반면에 파괴적 혁신은 현재 시장의 대표적인 제품의 성능에도 미치지 못하는 제품을 도입해 기존시장을 파괴하고 새로운 시장을 창출하는 것을 말한다. 파괴적 혁신은 하위시장을 차지하는 데 끝나지 않는다. 지속적인 기술개발과 혁신을 통해 점차 상위시장을 잠식하게 된다. 이때 파괴적 기술이 도입된다. 기업들은 파괴적 혁신의 프로세스를 전략에 활용함으로써 파괴적 혁신 전략을 수립하고 추진할 수 있다. 이 혁신은 시장을 근본적으로 바꾸는 파괴(disruption)가 찾아올 경우에 행해지는 혁신이다. 그때는 기존 기업들은 다른 비즈니스 형태를 창출해야 한다. 새로운 시장의 리더와 경쟁해야 한다. 이렇게 하면 기존의 기업은 살아남을 수 있다. 주력시장이 요구하는 성능과는 전혀 차별화된 요소로 잠재적인 소비자층을 공략하는 혁신이기에 파괴적인 혁신이다(나카노 아키라, 2010).

SK 텔레콤은 휴대폰 전화서비스를 공급함으로써 사업을 확장했다. 휴대폰이 없던 시절, 보통 사람들은 집이나 직장에 설치된 전화를 통해서만 연락을 주고받았다. 이런 불편에 착안, SK 텔레콤은 누구나 쉽게 언제 어디서나 전화를 주고받을 수 있도록 하는 서비스를 시작했고, 엄청난 수익을 거둘 수 있었다. 즉, 새로운 수요와 소비를 창출해낸 것이다. 수요가 아직 형성되지 않은 새로운 시장에는 늘 성장의 기회가 도사리고 있다.

기업이 혁신을 키워드로 삼고 파괴적 혁신(destructive innovation)에 집중한 지 오래되었다. 그래선지 혁신의 역사도 조금 쓸 수 있게 되었다. 기록을 남길 만한 역사적 사례도 나왔다.

카메라의 경우 전통기술은 필름과 그것을 이용한 카메라였다. 그러나 지금은 이런 카메라를 찾아볼 수 없다. 디지털 카메라라는 혁신 제품으로 인해 시장이 바뀌었기 때문이다. 필름에 주력했던 코닥은 현재 파산위기다. 아그파포토는 이미 파산했다. 이 모두 디지털 카메라, 스마트폰 카메라라는 파괴적 혁신이 가져온 결과다. 집안에 있던 카메라 여러 대를 처분하던 날, 고물상은 단돈 천 원도 쳐주지 않았다. 치워주는 것만 해도 감사한 줄 알라는 태도였다.

휴대전화의 경우 일반 휴대전화는 전통기술에 속한다. 스마트폰이 혁신적 제품으로 나오면서 노키아의 실적은 추락했고, 모토로라는 구글에 인수되었다. 삼성의 갤럭시와 애플의 아이폰이 대세를 잡고 있다. 이것도 어떤 기술에 의해 대체될지 아무도 모른다.

서점의 경우 전통기술은 대형서점이었다. 그러나 인터넷 서점이 파괴적 혁신을 도모하면서 이제 기존의 서점은 빛을 잃어가고 있다. 미국 대형서점 보더스는 파산했다. 기존 출판사들도 전자책을 만들며 고군분투하고 있다. 예배 때 종이성경 대신 스마트폰 성경을 읽는 사람들이 늘어가고 있다. 학교 교육체계도 바뀔 조짐이다.

크리스턴슨에 따르면 국가경제 차원에서도 파괴적 혁신이 일어난다. 한때 일본경제가 기존의 미국경제를 붕괴시킨 적이 있었다. 과거 일본인들은 저가·저급 상품으로 세계시장에 등장했다. 도요타, 혼다, 소니, 캐논 등 세계적인 일본기업들이 모두 이 단계에서 출발했다. 일본제품은 서서히 품질을 높여 결국 가장 높은 단계에 진입했다. 일본제품들이 저가제품에서 고가제품으로 옮겨가면서 한국과 대만의 제품들이 그 빈자리를 채웠고, 이들 역시 질을 높여나가면서 보다 높은 단계로 도약하고 있다. 이제는 중국의 제품들이 그 뒤를 이어 같은 길을 밟고 있다.

파괴적 혁신은 제품에만 있는 것이 아니다. 사회도 파괴적 혁신을 하고 있다. 지금 세계는 전통기술이었던 독재가 민주라는 혁신기술로 인해 힘을 쓰지 못하고 있다. 독재자들이 물러나거나 죽었다. 사회가 변하고 있는 것이다. 앞으로 어떤 부분에서 어떤 혁신이 일어날지 아무도 모른다. 그러나 기대는 있다. 모두를 행복하게 할 수는 없다 해도 모두가 바라는 정치, 소비자들을 다 만족시킬 수 없다 해도 가끔 우리를 놀라게 하는 제품들이 나왔으면 좋겠다. 파괴적 혁신이 지금 우리 삶을 경이롭게 만들고 있다.

04

혁신을 위해 조직이
갖춰야 할 요소들

1) 혁신을 주도하는 리더십

혁신을 주도하는 리더는 태어나는 것이 아니라 후천적으로 만들어
진다. 혁신을 이끄는 리더는 실용적인 몽상가(pragmatic dreamer)여야
한다. 혁신 없이는 달성할 수 없는 비전을 세우고, 조직에서 서로 다
른 업무를 담당하는 종업원들을 통합한다. 성공할 가능성이 있는 혁
신과제를 추진하고 실패할 과제는 단호하게 자른다. 혁신을 제도화하
고 혁신이 일상적으로 일어나도록 격려한다.

2) 자율과 명령

스스로 혁신할 수 있도록 자율을 허용한다. 고어텍스를 만드는 고
어 앤드 어소시에이츠(Gore & Associates)가 있다. 이 기업은 플라스틱,
전자소재, 제약, 의료용품 등 1,000가지 이상의 제품을 만들며, 50년
이상 미국 200대 민간기업 안에 꾸준히 들어 있는 회사이다. 이 기업

은 지급이나 직무기술서는 물론 관리범위, 보고체계, 조직도 업데이트 등이 없다. 직속상사 개념도 없다. 직원들은 '어소시에이트'라 불린다. 업무는 프로젝트마다 소규모 팀이 결성됐다 해체되는 식으로 진행된다. 어소시에이츠들은 지위에 상관없이 팀원 채용결정권을 가진다. 중간 매개체 없이 직접 의사소통이 이뤄진다. 창립자 빌 고어가 고안한 격자형 경영구조에서는 권한이 고정되거나 할당되지 않는다. 조직원들은 팔로어에 의해 리더가 선택되어야 한다고 믿는다. 고어는 헌신과 자기규율, 성실함, 자율성을 토대로 이뤄져 있다. 이 외에도 브라질 회사 셈코가 있다. 이 회사도 고어 앤드 어소시에이츠와 유사한 정책을 사용하고 있다. 그렇다고 명령을 소홀히 해서는 안 된다. 자율과 명령이 함께 가야 바람직하다. "강력한 명령은 조직을 살찌운다" 리카싱 소유 청쿵그룹이 내세우는 캐치프레이즈다.

3) 개방과 소통

창조경영은 세상에 존재하지 않는 새로운 제품과 기술, 비즈니스 모델을 만드는 것이다. 이를 위해서는 개방과 소통을 기반으로 한 혁신이 필요하다. 한때 신제품이 없어 위기를 맞았던 P&G는 대학, 연구소, 벤처기업 등 외부와 협력하는 개방시스템을 구축하여 세계 최고의 혁신기업으로 변신했다. P&G는 혁신 창출문화를 위해 '4C'와 '1O'를 강조한다. 4C에는 용기(Courageous), 연계(Connected), 협력(Collaborative), 호기심(Curious)이 있고, 1O에는 개방성(Open)이 있다. 이를 위해 필요한 것은 대화이다. 혁신도 기업문화도 출발은 대화다. 이노베이션을 일으키고 새로운 기업문화를 끌어내려면 끊임없이 사원과 대화해야 한다. 부서 간 장벽은 혁신에 필요한 아이디어의 연계와 협력을 방해하므로 제거한다.

혁신적인 기업들의 공통점은 자유분방한 분위기에서 마지막 직원 한 명의 아이디어까지 모두 뽑아내 활용한다는 점이다. 사원들이 생각할 자유, 어떤 일에 참여할 자유를 최대한 높인다. 고어 앤드 어소시에이츠는 박스에 갇히면 모든 것이 끝난다고 생각해 스스로 박스에 갇히지 않도록 노력한다.

4) 깊은 열정: 고슴도치 콘셉트

변화와 혁신을 위해 짐 콜린스는 고슴도치 콘셉트를 제시한다. 이것은 자기가 깊은 열정을 가진 일, 당신이 세계 최고가 될 수 있는 일, 당신이 경제 엔진을 움직이는 것 등 이 세 부분을 합할 때 좋은 기업으로부터 위대한 기업으로 도약할 수 있다는 것이다. 내가 잘할 수 있는 일, 내가 깊은 열정을 가진 일, 그리고 내가 그 분야에서 최고가 될 수 있는 길을 찾아내 이 일에 몰두하는 것이 중요하다.

5) 타이밍

혁신은 타이밍이다. 캐논 사장 우치다 쓰네지는 타이밍을 중시한다. 듀폰은 혁신으로 성장하는 올드 기업이다. 98년 취임한 홀리데이 회장은 개혁을 모색했다. 나일론 제품이 정체되고, 매출이 13%나 떨어졌기 때문이다. 그는 듀폰의 상징인 섬유부문을 과감히 매각했다. 바이오 연료 등을 신성장 동력으로 채택했다. 시장과 가까이 하면서 연구 개발자에 특명을 내리곤 했다. 변화의 신호는 밖에 있기 때문이다. 성공신화에 안주하던 직원에게 시장에 가보라 명령했다. 지금은 32조 매출의 36%가 5년 이하의 신제품이다. 이 듀폰 혁명은 "오래 붙들면 썩는다. 너무 빨리 점프하면 추락한다"는 신조로 집약된다. 타이밍이 중요하다는 말이다.

6) 고객에의 초점

혁신의 초점을 고객에 맞춘다. 혁신을 위해서는 고객에 대한 이해가 중요하다. 고객의 니즈와 욕구를 혁신에 반영시켜 그들을 만족시키는 제품과 서비스를 개발해야 하기 때문이다. 이를 위해 고객태도 조사, 포커스그룹 인터뷰 등 기존방식 벗어나 새로운 방법을 도입할 필요가 있다. P&G는 고객을 이해하기 위해 고객의 집에 며칠간 함께 살면서 관찰하는 'Living It' 프로그램을 운영하고 있다. 경쟁사 제품보다 자사제품을 먼저 선택하도록 하고, 한번 고객이 계속 고객이 되도록 한다. 기업은 신기술 및 신제품 개발은 물론 비용절감, SCM 개선, 신사업 모델 등을 꾸준히 개발해야 한다.

7) 새로운 비즈니스 모델의 창출

"혁신적인 기업들은 먼저 당신 회사의 시장과 고객을 빼앗을 것이다. 다음으로 그들은 당신 회사의 가장 우수한 인재들을 빼앗고, 마지막으로 그들은 당신 회사의 모든 자산까지도 빼앗을 것이다. 그러므로 기존 비즈니스 모델을 개선하기보다는 그것을 해체하고 새로운 비즈니스 모델을 창출하는 데 집중하라." 게리 해멀의 말이다.

　그는『꿀벌과 게릴라』를 통해 지속적인 개선을 통해 기업이 경쟁력을 유지할 수 있었던 20세기는 지나갔다고 단언했다. 21세기는 비선형적이고, 불연속적이며, 돌발적인 변화가 본격적으로 나타나는 혁명의 시대다. 따라서 이 혁명을 리드할 수 있는 기업이 앞선다. 그는 기업들에게 '더 빠르게, 더 우수하게, 더 싸게'라는 전통적이고 점진적인 사고의 굴레에서 벗어나라 한다. 그러지 못하면 새로운 시대에 경쟁력을 잃고 패배자로 전락하게 되므로 비즈니스 모델을 혁신해나가야 한다. 착실하게 주어진 일만 열심히 수행하는 꿀벌과 같은 20세기의 사고방식에서 탈피해 창의력과 상상력으로 무장한 행동주의자이자 혁명가인 게릴라가 되어야 한다(Hamel, 2000). 해멀은 상자 속에 갇힌 꿀벌들이 아니라 놀라운 혁신을 이루는 게릴라들이 충만하도록 만들어야 최고로 효율적인 조직이 된다고 보았다.

8) 실패용인

　스티븐 잡스가 성공할 수 있었던 것은 그가 천재였기 때문이 아니라 애플이 실패를 용인했기 때문이다. 잡스는 뉴턴(1993년에 나온 최초의 PDA), G4 큐브(데스크톱 PC), 애플 TV 모두 실수의 연속이었다. 하지만 그는 결국 놀라운 성공을 거두었다. 이런 실수가 없어야 정상에 오를 수 있는 것이 아니다. 뉴턴이 완전히 잘못된 아이디어는 아니다. 다만 시대를 너무 앞서갔던 것뿐이다.

05

혁신을 추진하는
방법들

1) 1만 시간의 법칙

　말콤 글래드웰은 1만 시간의 법칙을 내세운다. 1만 시간의 법칙은
위대함에 이르는 진입단계의 수준이다. 일단 이 단계에 진입해야 독
창성과 결합해 진정으로 위대한 것을 창조해낼 수 있는 기회를 얻게
된다. 그러나 1만 시간 법칙만 따르고 다른 실험을 하지 않으면 유능
한 사람이 될지는 모르지만 두드러지지는 못한다. 반드시 독창성과
결합해야 한다.

2) 분석적 방법과 창조적 접근

　혁신을 추진하는 방법으로 분석적 방법과 창조적 접근방법이 있다.
분석적 방법은 6시그마, TOC 등 프로세스의 연장선상에서 기존의 질
서에서 얻어진 데이터를 분석해 문제를 해결하는 방법론이다. 이에
반해 창조적 접근방법은 인간의 두뇌활동이 갖는 특징인 창의성을

활용하는 접근이다(최인철, 2008).

3) 크로스 미디어 이미징

캐논의 발전전략은 크로스 미디어 이미징(cross media imaging)이다. 다양한 미디어의 유기적 결합으로 이미지의 효과를 끌어올리는 것이다. 캐논은 기업이념, 비전, 그 이념과 비전을 실현하는 사업내용, 개발, 생산, 판매 모두를 이미징(화상화)과 연관시켰다. 이것은 종래 한 미디어로 획일화된 모습에서 벗어나 여러 미디어를 통해 다양하고 역동적인 모습을 구축하는 데 도움이 된다.

4) 혁신방법의 혁신

혁신하는 방법을 혁신한다(Lafley & Charan, 2008). 기존의 폐쇄적이고 부서별로 분리되어 수행되던 혁신방법 자체를 혁신한다(innovating the way of innovation). 혁신바보는 제대로 혁신을 할 줄 모르면서 혁신을 외치며 흉내를 내는 사람들, 잘못된 혁신을 진행하고 있는 사람들이다(최인철, 2008).

06

관리혁신

　스타벅스가 재기전략에 나섰다. 구조조정 태풍 후 물러난 슐츠 회장도 복귀했다. 미국 내 매장 600개를 없애며 1만 2,000명이 감원되었다. 그는 기본, 곧 커피로 돌아가는 정책을 세웠다. 한눈팔던 사업에서 손 떼고 커피 품질을 높이자 선언한 것이다. 맥도날드와 던킨 같은 패스트푸드 업체들도 매장에 에스프레소 기계를 도입하고 커피 맛을 높여 강력한 경쟁자로 떠올랐다. 이것은 관리에도 혁신이 필요하다는 것을 보여준다.

1) 해멀의 혁신의 급

　경영자를 가장 행복하게 만드는 것도, 가장 괴롭게 만드는 것도 사람이다. 사람을 잘 다루는 것이 최고의 경영이다. 게리 해멀(G. Hamel)은 최고의 혁신으로 사람을 다루는 혁신, 곧 관리혁신(management innovation)을 꼽았다. 사람을 다루는 혁신이야말로 운영혁신이나 제품혁신, 비즈니스 모델혁신, 업계 구조혁신보다 윗줄에 있다. 그에 따르면 혁신에는 다음과 같은 급이 있다.

- 가장 밑바닥은 운영혁신(operation innovation): 직원들이 매일 부닥치는 조달, 판매, 유통, 서비스 채널 등의 혁신이다. 이 분야의 혁신은 큰 경쟁력이 없다. 경쟁사가 쉽게 베낄 수 있기 때문이다.
- 그 위는 제품혁신(product innovation): 벽걸이 TV와 터치 휴대전화 등 최첨단 제품 개발이다. 이 혁신도 중요하지만 이 경쟁력도 6개월 내지 1년을 버티다 사라진다.
- 그 위는 비즈니스 혁신(business innovation): 고객을 만족시키는 전혀 다른 방법의 사업을 구상했을 때 일어나는 혁신이다. 인맥 구축 사이트인 페이스북(facebook)이나 가구회사 이케아(IKEA), 패션회사 자라(Zara) 등에서처럼 전혀 다른 차원의 비즈니스 구상이다.
- 그 위는 업계 구조(industry architecture) 혁신: 이 혁신은 단지 한 회사나 한 사업 아이디어에 제한되는 것이 아니라 업계 전체를 뒤집는 혁신이다. 애플은 아이팟(iPod)과 디지털 음악서비스인 아이튠즈(itunes)를 통해 음반시장 구조를 일시에 재편했다.
- 혁신의 사다리 꼭대기에 있는 관리혁신(management innovation): 이 혁신은 직원들의 시간활용, 의사결정 구조, 조직구성 등 사람과 관련된 혁신이다. 회사 관리자들이 하는 일을 바꾸는 것이다. 부하 직원들을 관리하고, 팀을 꾸리고, 회사의 자원을 분배하고, 목표를 정하고, 파트너십을 구축하는 일이다. 이런 분야의 혁명은 한 기업을 거꾸로 뒤집어놓을 만큼 강력한 파장을 미친다.

기업의 지속성장과 발전의 원동력을 높이기 위해 관리혁신이 필요하다. 해멀은 여기서 임직원의 자율성을 확대하고, 격자형 조직구조를 활용하며, 참여기회를 늘리는 등 기업의 관리 활동 전반을 변화시킴으로써 기업구성원의 창조성을 향상시키고 구성원 전원을 혁신활동에 참여시키는 관리혁신이 필요하다고 보았다(Hamel, 2007).

2) 해멀이 본 관리혁신의 9가지 원칙

해멀은 관리혁신을 꾀하는 경영자가 명심해야 할 9가지 원칙을 다음과 같이 제시했다(Hamel, 2007; 김희섭, 2008b). 혁신은 우연히 생겨나는 것이 아니라 오랜 세월 꾸준히 밀고 나가야 이룰 수 있다.

(1) 근본문제를 파악한다. 조직시스템에 문제가 있다면 왜 그런 일이 발생하는지 문제의 뿌리를 이해해야 한다. 검시관이 시신을 부검하는 것처럼 문제의 핵심을 파고들어야 제대로 된 처방을 내릴 수 있다. 현실을 직시하기가 괴롭다고 해서 외면하면 안 된다.

(2) 구체제를 보완한다. 혁신 초기에는 기존 관리 프로세스를 완전히 부정하지 말고 당분간은 새로운 체제와 병행할 필요가 있다. 기다렸다가 많은 사람이 새로운 프로세스가 충분히 좋다고 확신하면 그때 전면적으로 이행한다. 새로운 시스템을 만들고 난 후에 조직구성원이 두 시스템의 차이를 깨달을 수 있도록 한다.

(3) 목표는 혁명적으로, 실천은 단계적으로 한다. 혁신적인 프로세스는 갑자기 나타나는 것이 아니다. 회사의 체질을 근본적으로 바꾸려는 시도에는 항상 저항과 후퇴가 있기 마련이다. 시행착오를 통해레고 블록처럼 한 조각 한 조각씩 제대로 맞춰가야 한다.

(4) 성공 여부를 측정하는 구체적 방법을 만든다. 혁신의 궁극적인

목표는 실적을 높이는 것이다. 혁신을 위한 혁신이 아니다. 혁신 프로세스가 연구개발, 제품설계, 판매전략 등과 더불어 최종적으로 회사 매출 및 이익에 어떤 이익을 가져올지 정확하게 측정하는 도구를 만들어야 한다. 구체적으로 보여줄 수 없다면 투자자나 고위 임원들로부터 지원을 받기 힘들다.

(5) 정치적 리스크를 최소화한다. 새로운 혁신 프로세스가 회사 전체 임직원의 급여나 보상체계에 영향을 미치게 될 경우 상당한 반발이 일어난다. 이런 혁신을 주도한 사람은 자칫 역풍을 맞아 심각한 타격을 입을 수도 있다. 우선은 자신이 맡고 있는 조직 안에서 혁신을 시작해야 외부의 간섭과 리스크를 최소로 줄일 수 있다.

(6) 자발적 지지자를 확보한다. 혁신의 초기에는 반드시 자발적인 지지자들이 필요하다. 혼자서 모든 것을 해결할 수는 없다. 지지자들은 혁신과정에서 수많은 어려움을 덜어주고, 자신이 미처 생각하지 못했던 새롭고 유용한 교훈을 줄 수 있다.

(7) 혁신은 즐거운 게임처럼 한다. 처음부터 파일럿 프로젝트(pilot project) 같은 거창한 이름을 붙여서 시작하는 것은 위험하다. 프로젝트 결과가 나오기 전에 일찌감치 반대파의 공격을 받을 수 있다. 비공식적인 게임처럼 가볍게 시작하고, 나중에 프로젝트 결과물이 다른 사람을 저절로 설득하게 만드는 것이 좋다.

(8) 반복해서 학습한다. 처음 혁신을 시도할 때는 적은 비용으로 시작한다. 한번 해보고 괜찮으면 다음번에는 투입비용과 시간을 늘려서 다시 시도한다. 그렇게 실험하고 학습하고 또 실험해야 한다.

(9) 절대 포기하지 않는다. 한 회사의 DNA를 개선하는 일은 오랜 시간이 걸린다. 혁신은 우연히 일어나지 않는다. 한 분기 앞도 내다보

지 못하는 근시안적인 경영으로는 혁신을 이뤄낼 수 없다. 혁신은 끊임없이 이어지는 것이다.

3) 관리혁신의 성공사례

해멀은 관리혁신의 성공사례로 고어 앤드 어소시에이츠, 유기농 식품점 체인 홀푸드마켓(Whole Foods Market), 구글을 꼽았다. 이 외에도 여러 기업들이 손꼽히고 있다.

(1) 고어 앤드 어소시에이츠

고어 앤드 어소시에치츠는 특수 등산복 고어텍스(Gore-Tex)를 제조하는 기업으로, 포천이 선정하는 '가장 일하고 싶은 100대 기업'에서 11년간 상위권에 올랐다.

- 1958년 빌 고어가 맥그리거의 Y이론에 대한 믿음을 바탕으로 이 기업을 세웠다.
- 이 회사의 조직은 상사가 없는 완전 수평조직이다. 모두가 동료(associate)로 불린다. CEO 켈리도 회사 바깥에서 회사를 대표할 뿐 내부에서는 동료다.
- 동료들에게 강력한 가치를 부여하고 강하게 믿는다. 영향력을 틀어쥐고 통제만 하려는 태도에서 벗어나야 한다.
- 색다른 리더십들 발휘한다. 힘을 넓게 배분한 뒤 리더가 카오스와 다양한 관점을 잘 참아낸다.
- 직위도, 서열도, 권위도, 보스도, 관리자도, 피고용인도, 표준화된 고정 업무도, 지시도 없다. 업무는 따로 정해져 있지 않아 자신이

스스로 일을 찾아야 한다.

- 모든 동료들은 프로젝트 기반으로, 그때그때 팀을 만들어 일한다. 좋은 아이디어가 생긴 동료가 제안하고, 이에 동조하는 동료들과 팀을 만든다. 팀 전체가 보스다. 직위도 직함도 없다. 직함을 부여하면 그 사람의 능력에 불필요한 한계를 지우고, 불필요하게 권위나 통제를 불러일으키기 때문이다. 유연한 팀을 기반으로 일하므로 신선한 아이디어가 나온다.

- 최고의 혁신은 다른 관점과 독특한 시각에서 나온다. 다양한 시각으로 구성된 팀이 적극적으로 도전하는 과정에서 혁신과 창조가 나온다. 예를 들어 의료사업 부문의 경우 의료 전문지식을 갖고 있는 동료보다는 관련 지식이 없는 동료들로부터 깜짝 놀랄 아이디어가 나오고 큰 수익으로 연결된다.

- 개인과 대화 존중의 문화를 실현한다. 너무 큰 공장에서는 이것이 어렵기 때문에 의도적으로 규모를 조절한다. 공장의 경우 직원 수 200명이 넘지 않도록 한다.

- 카풀을 통해 함께 출퇴근하면서 자유롭게 대화하고 아이디어를 교환한다. 상사와 부하라 하더라도 차에 합승할 때는 조직관계를 떠나 창의적이고 생산적인 대화를 하고, 새로운 에너지와 헌신과 아이디어가 넘쳐난다.

- 회사가 위기에 처해 태스크포스를 가동시킬 때도 카풀 때처럼 쓸데없는 규칙과 관계에서 벗어나 의미 있는 논의와 진전이 있도록 한다.

- 일주일 중 반나절은 직원들이 재미있게 할 수 있는 무슨 일이든 할 수 있는 장난시간(dabble time)이 주어진다.

- 동료평가로 연봉을 결정한다. CEO에 대한 보수도 동료들의 회의를 거쳐 결정된다. 발명과 혁신에 기여한 사람들에게 높이 보상한다. 승진도 동료들의 판단에 의해 결정된다.

(2) 홀푸드마켓

홀푸드마켓은 판매대의 모든 직원이 팀 단위로 일하며 고용과 해고, 물품구매 같은 재량권을 가진다. 어떤 물건을 구매할 것인지를 직접 결정한다. 동료들이 신규고용이나 해고에 대해 재량권을 가진다. 보통 한 매장은 수산물, 농산물, 계산대 등 8개 팀으로 이뤄져 있다. 이들은 어떤 물건을 들여놓을지부터 가격책정, 직원인사까지 결정할 수 있다. 월급도 팀 단위의 실적에 연동된다. 이렇게 재량과 정보를 충분히 제공함으로써 직원들의 열정을 성공적으로 이끌어내 '완벽한 음식, 완벽한 직원, 완벽한 지구'라는 회사목표를 달려갈 수 있었다.

(3) 구글

구글은 대학원 같은 회사, 분권화된 수평조직, 작고 자율적인 팀, 직원들의 자율보장, 급여 차등화 등을 통해 관료주의를 없애고 누구든 아이디어를 실행에 옮길 수 있도록 지원한다.

(4) 셈코

브라질의 셈코는 아주 특이하다. CEO 리카르도 셈러(Semler)조차 회사 직원이 정확히 몇 명인지 모른다. 본사의 본부조직을 아예 해체했기 때문이다. 셈코 스토리라는 책으로도 유명한 이 회사는 직원들이 스스로 일하는 시간을 결정하고 심지어 월급도 스스로 결정한다.

동료들을 납득시킬 수만 있다면 직원들이 여행도 마음껏 다닐 수 있다. 이런 별난 관리시스템을 통해 이 기업은 연평균 40%의 성장세를 이어갔다.

(5) P&G

기업혁신펀드(CIF: Corporate Innovation Fund)를 운영하고 있다. 벤처캐피털과 유사하게 고위험 고수익의 신사업을 검토하고 자금을 지원한다. 새로운 브랜드를 창출하는 전사 차원의 미래사업팀(Future Work), 외부의 사업기회를 탐색하는 외부사업발굴팀(External Business Development)을 운영한다. 개방형 기술혁신(open innovation)을 지향한다. 외부의 아이디어와 기술을 활용하여 신제품을 개발하면 시간과 비용을 줄이는 동시에 R&D 생산성을 높일 수 있다. 혁신으로부터 기대되는 수입과 그 비용을 중심으로 한 혁신중심의 예산제도를 운영하고 있다.

07

기술혁신

세계 최초로 휴대폰을 개발한 마틴 쿠퍼는 "머지않아 들고 다니는 휴대폰은 사라진다. 몸의 일부처럼 우리 귀에 심는다"고 주장했다. 사람 귀에 심는 전화기다. 인간의 몸과 하나 되는 기계인 셈이다. 귀에 심는 전화기뿐일까? 세상은 바야흐로 기술혁신 시대를 맞고 있다.

인텔의 앤디 그로브는 미래에 전개될 기술을 포함한 경영환경의 변화를 적극적으로 예측하고 이에 전략적인 대응을 해야 한다고 말한다. 그는 경영환경이 급변해 기업경영에 근본적인 변화를 가져오는 시점을 뜻하는 '전략적 변곡점'이라는 용어를 만들어냈다. 그리고 이를 경쟁기업보다 먼저 파악해 변화하지 않으면 망할 수밖에 없다는 경고의 메시지를 주기 위해 『편집증 환자만이 살아남는다』는 책을 썼다(Grove, 1996). 이것은 앞으로 기술의 변화가 얼마나 심할지를 보여준다.

(1) 핵심기술의 소유

핵심기술을 스스로 가져야 한다. 핵심기술이 경쟁력의 원천이기 때문이다. R&D 부문이나 공장도 손이 닿는 곳에 둔다. 핵심기술을 내제화(內製化)해 안에서 만들도록 한다. 이것은 내부성장(organic growth), 곧 외부기업을 M&A하지 않고 자체적으로 성장을 추구하는 방식이다. 그러나 그 기술을 가지지 못한 경우 그 기술을 보유한 다른 회사와 기꺼이 협력한다. 한국엔 숨어 있는 1등 기업도 적지 않다. 알려지길 원치 않아 숨은 기업이다. 규모는 작아도 세계 최강 회사들이다. 헬멧 제조업으로 세계 점유율 1위를 차지한 홍진HJC을 들 수 있다. 하나만 집중해 틈새시장에 파고들며 세계에 수출하는 풍력 발전기 회사 에네르콘이 있다. 이 기업은 전 세계 발전기 특허의 40%를 보유하고 있다. 이 기업들은 잘할 수 있는 일에 집중해 세계화로 시장한계를 극복했다.

(2) 자만은 금물

소니는 제2차 세계대전 후인 1946년 도쿄통신공업으로 시작했다. 이 회사는 일본 최초로 테이프 리코더와 트랜지스터라디오를 개발했다. 그 뒤 소니의 기술혁신에는 언제나 세계 최초, 일본 최초라는 수식어가 따랐다. 1979년에는 워크맨을 출시해 세계를 놀라게 했다. 이어 CD플레이어, 가정용 게임기 플레이스테이션을 내놓았다. 이런 소니가 2008년 회계연도에 약 4조 원에 달하는 적자를 기록했고, 2009년 초에는 약 1만 6,000명을 감원하는 조치를 취할 만큼 약화되었다.

소니의 추락원인은 한마디로 자만. 소니는 기술이라면 누구보다 자신했던 소니가 VTR시장에서 베타방식을 고집하다 시장에서 완전히 소외되었다. 소니 경쟁사들이 뭉쳐 베타방식을 외면하고 VHS방식을 택했다. 소비자들도 콘텐츠가 많은 VHS를 택하면서 소니는 VTR

시장에서 철수했다.

세계 최초 휴대용 음악기기 워크맨도 마찬가지였다. 카세트테이프와 CD플레어를 거쳐, 소니는 미니디스크(MD) 플레이어를 차세대 기기로 정했다. 광디스크 기술 세계 1위인 미니디스트를 세계를 지배할 것으로 판단하고 총력을 기울였다. 그러나 다른 업체들은 반도체에 음악을 저장하는 MP3를 택했다. 결국 휴대용 음악기기 시장은 애플이 내놓은 아이팟이 워크맨을 대체했다. 소니는 기술의 우수성을 강조해 광디스크에 수십만 곡을 저장할 수 있다고 주장했지만 애플은 인터넷상에 떠 있는 음악을 아이팟이 쉽게 다운받을 수 있게 하는 콘텐츠의 호환성을 강조함으로써 접근성에서도 앞섰다(김영수, 2009).

실패사례와 성공사례

뛰어난 기술을 가지고도 실패한 대표적인 사례로 콩코드 여객기가 있다. 콩코드는 1965년 디자인되었으며, 1976년에는 운행 가능한 기체가 제작되어, 에어 프랑스에서 운항을 하면서 신뢰성과 명성을 쌓아갔다. 콩코드는 음속 돌파 여객기라는 엄청난 성과를 달성했지만 속도를 내기 위해서는 엄청난 연료가 들었고, 기체의 균형 때문에 좌석 수는 일반 여객기보다 적었다. 이착륙 때 소음이 심한 것도 문제였다.

콩코드 여객기는 경이로운 속도로 운행할 수 있는 여객기로 알려져 있다. 하지만 뛰어난 기술이지만 결국 망할 수밖에 없었다. 우선 가격 측면에서 보면 런던과 뉴욕을 오가는 일반 여객기의 1등석 가격이 5,000달러 정도였지만 콩코드의 운임은 1만 5,000달러로 3배에 달했다. 탑승인원을 보면 다른 여객기는 평균 450명 가까운 인원을 태우지만 콩코드는 100명으로 한정되었다. 연료 소모 역시 다른 항공기에 비해 배에 가까울 정도로 심하다. 이착륙 때 발생하는 굉장한 소음도 실패의 원인이 되었다. 콩코드는 이렇듯 뛰어난 기술 한 가지만으로는 성공할 수 없다는 것을 보여주었다. 기술뿐 아니라 시대상황도 잘 파악해야 하며, 고객의 니즈도 빼놓을 수 없다.

콩코드와는 달리 사소하게 생각한 아이디어에서 크게 성공한 사례도 있다. 그것이 바로 이메일이다. 이메일은 레이 톰린슨이 1971년 두 컴퓨터 사이에서 이메일을 주고받을 수 있는 최초의 시스템을 개발했으며, 이듬해에 최초의 이메일을 보낸 것에서 시작되었다. 이메일은 처음 사내 의사소통을 원활하게 하기 위해 구축한 사내통신에 불과했지만 지금은 전 세계인이 사용하는 통신수단으로 자리를 잡았다.

칼 프랭클린은 기술혁신에서 쉽게 빠지는 여러 함정들을 지적했다.
- 기술에 현혹되어서는 안 된다.
- 기술을 개발할 때 사람들의 행동방식을 고려해야 한다.
- 언론이 말하는 효과를 실제효과라고 착각해서는 안 된다.
- 비용 대비 효과를 계산해야 한다.
- 회의론자 말에 귀를 기울이는 것도 중요하다.

현재 구글은 여러 분야에서 기존시장을 흔들어 놓고 있다. 특히 구글은 전통적인 광고시장의 질서를 재편했다. 신문 등 기존의 미디어는 고품질의 읽을거리를 독자들에게 제공하는 동시에 무언가 팔려고 하는 사람들에게는 좋은 광고수단이 되어 왔다. 하지만 차츰 많은 사람들이 무엇을 사기 위해 구글을 이용하고 있다. 이렇게 되면 무언가를 팔려는 사람들도 광고 수단으로 구글을 택할 것이다. 하지만 시장에 새로운 경쟁자가 진입할 경우 시장의 규모는 오히려 더 커지기 마련이다. 즉, 미디어의 위기가 오히려 미디어사업을 확장할 수 있는 기회가 될 수 있다. 뛰어난 기술은 물론 시대상황, 고객의 니즈, 사람들의 습관 등 모든 것을 고려해야 한다. 수천수만 가지의 아이디어 중에서 채택되는 아이디어, 또한 성공하는 아이디어는 몇 개 되지 않는다. 괜찮은 아이디어로 개발되어 프로세스의 중간단계까지 왔는데 갑자기 시대의 트렌드가 바뀌면 어떻게 할까? 프랭클린은 과감하게 버릴 것을 주문한다(프랭클린, 2008).

08

디자인 중심 혁신

로베르토 베르간티는 진정한 혁신은 고객과 시장의 의견을 좇는 이른바 '고객 중심 혁신'이 아니라, 직관을 바탕으로 시장과 고객이 아직 상상하지 못한 새로운 아이디어의 제품을 만들어내는 '디자인 중심 혁신(design-driven innovation)'이라 했다.

애플의 스티브 잡스는 매일 아침 거울을 보며 "너 지금 뭐하고 있니?"라고 묻는 것으로 시장조사를 대신했다. 이탈리아의 세계적인 조명 업체 아르테미데(Artemide) 역시 "우리는 고객의 요구나 니즈(needs)를 살피지 않고, 그저 고객들에게 제안할 새로운 무언가를 만들 뿐"이라고 혁신의 비결을 이야기한다.

베르간티는 애플의 매킨토시와 아이폰, 닌텐도 위(Wii) 게임기, 이탈리아의 디자인 업체들의 사례를 열거하며 디자인 중심의 혁신이야말로 '대박' 아이템을 만드는 지름길이라고 말한다. 이런 제품들은 고객을 깜짝 놀라게 하는 급진적 방법으로 미처 시장이 인식하지 못했던 새로운 소비의 욕망을 이끌어내 새로운 수요를 창출하기 때문이다(로베르토 베르간티, 2010).

디자인경영에서 놓치지 말아야 부분이 디테일 경영이다. 뭔가 크게 이룬 사람의 특징은 디테일에 충실하다는 것이다. 기업도 마찬가지다.『작지만 강한 디테일의 힘』이라는 책을 쓴 중국의 경영컨설턴트 왕중추(汪中求)는 100-1＝0이라 말한다. 100가지를 다 잘했어도 한 가지를 잘못하면 허사라는 말이다(왕중추, 2011). 패션 디자이너 조르지오 아르마니(G. Armani)는 완벽주의자다. 패션쇼의 소품으로 쓰이는 꽃 장식 하나, 패션모델의 발걸음 하나까지 챙긴다. 그는 말한다. "뭔가 인생에서 의미 있는 일을 이루려면 집요할 정도로 가장 작은 디테일에 몰두해야 한다."

part 07

인적 자원관리와 물적 자원관리

01. 인적 자원관리의 새로운 흐름들
02. 물적 자원관리의 새로운 흐름들

인적 자원관리의
새로운 흐름들

"누가 내게 와서 '다른 모든 것에 우선하는 한 가지 기술을 30초 이내에 답해 달라'고 한다면 저는 적합한 사람을 뽑아 적합한 자리에 앉히는 일이라 하겠다." 짐 콜린스의 말이다. 진정 위대한 기업을 만들고 싶다면 시간의 50%를 사람에게 쏟도록 가르친다. 이것은 인적 자원관리가 왜 중요한가를 보여준다.

1) 2012 다보스포럼과 인재주의

2012 다보스포럼에서는 토의주제를 인재에 맞췄다. 참가자들은 세계적으로 핵심인재의 부족하다고 말하고, 베이비붐 세대의 은퇴로 새로운 세대의 인재를 빨리 키우는 것이 중요해졌다고 주장했다. 그들이 새로운 대안으로 내놓은 것은 인재주의(talentism)이다. 지금까지 자본주의는 자본가들이 투기자본에 비해 가장 높은 이윤을 창출하기 위해 최적의 기업을 찾아내고 그 과정에서 경쟁을 통한 경제발전을 도모해왔다. 이에 비해 인재주의는 구성원 개개인, 나아가 사회 전체

의 만족과 창의성을 극대화해야 경제발전을 이룰 수 있다는 데 초점을
맞추고 있다. 그동안 비판받았던 포용성 부족, 윤리의식 부재, 일자리
창출 부족 등의 자본주의 문제를 이제는 해결해야 한다는 내용이다.

2) 사람을 포기하지 않는 기업

경제가 어려워지면 대부분의 기업들은 정리해고를 하고 채용을 줄
인다. 가장 먼저 사람을 포기하는 것이다. 과연 이러한 생각은 합리적
일까? 일본 컨설팅기업 HR인스티튜트의 노구치 요시아키는 『사람을
포기하지 않는 기업』에서 기업이 성과주의에 집착한 나머지 사람을
쉽게 포기함으로써 기업이 활력을 잃었다고 비판했다. 기업이 단기적
인 이익만을 추구하는 경영 때문에 단기적인 경영에 치중하고 임금
을 줄이기 위해 비정규직의 비율이 높아져, 기업에 대한 직원들의 애
착마저 사라지고 있어 문제다(요시아키, 2008).

그는 그 예로 혼다를 들었다. 혼다는 창업자 혼다 소이치로가 꿈과
인간 존중, 세 가지 기쁨(구매의 기쁨, 판매의 기쁨, 창조의 기쁨)이라
는 기업철학을 가지고 시작되었다. 그 결과 20여 년의 꿈이었던 '혼
다 Z'라는 당시로는 아주 혁신적인 차량개발을 시작으로 최근에는
'혼다 Asimo'라는 직립보행 로봇까지 만들어냈다. 그런데 이러한 혼
다가 성과주의를 도입하면서 경영난에 빠지게 되었다. 성과주의 도입
으로 단기적인 경영실적의 개선을 달성할 수 있었지만 무모함과 한
계를 돌파하려는 도전정신이 약화되었다. 약화의 원인에는 도전과 한
계를 극복하는 주체인 인간에 대한 포기에 원인이 있다. 그는 여러
사례를 통해 기업의 성공 여부는 결국 구성원인 사람에게 달려 있다

고 주장했다. 기업이 사원을 포기할 때 부정적 유전자가 만연하게 된다. 사원이 일한 보람을 느끼지 못하는 직장이 되면 기업은 더 이상 발전할 수 없다.

부정적 유전자가 만연하지 않은 기업이 되기 위해서는 어떻게 해야 할까? 그는 다음과 같은 원칙과 방법을 제시한다.

첫째, 인재육성을 위한 이념과 의지다. 대부분의 최고경영자는 사람이 제일이라고 쉽게 말한다. 그러나 말을 하는 것과 마음에서 진심에서 우러나와 그렇게 생각하며 실천하는 것은 다르다. 생각이 모든 사원들에게 받아들여져 오랜 시간에 걸쳐 실천되는 것과는 더더욱 차이가 있다. 사람을 중심으로 하는 가치를 조직에 침투시키기 위해선 톱 매니지먼트, 사람 중시의 신념의 존재, 그리고 침투가 중요하다. 톱 매니지먼트는 인재육성에 대한 최고경영자의 의식과 의지를 담고 있다. 예를 들면 경영의 신으로 불리는 마쓰시다 고노스케는 "마쓰시다 전기는 냉장고나 TV를 만드는 회사가 아니다. 사람을 만들고 있는 회사다" 했다. 이런 최고경영자의 이념에는 사람에 대한 가치관과 진실이 묻어난다. 최고경영자는 이러한 신념과 원칙을 가지고, 나아가 최고경영자 스스로 사람 만들기를 위한 기회를 만들어가야 한다.

둘째, 웨이(Way) 매니지먼트를 활용해 인재육성을 위한 유전자를 구조화시킨다. 웨이 매니지먼트란 도요타 웨이, 마쓰시다 웨이, IBM 웨이, 혼다주의 등과 같이 그 기업의 독자적 가치관과 문화, 유전자를 말한다. 그것은 그 기업다움이며, 그 기업만이 할 수 있는 것이다. 사람에 대한 철저한 기업만이 매니지먼트 시스템의 존재 유무와 그 깊이를 더 한다.

셋째, 모티베이션 엔진을 활용해서 의욕을 이끌어낸다. 이를 위해 커뮤니케이션 기반을 확충하고 진화하도록 한다. 모티베이션 엔진이란 기업을 구성하는 구성원이 자신의 주장을 펼치고, 팀과 조직을 위해 개선안과 아이디어를 활발하게 제안하며, 개인의 생각이나 집착이 팀과 조직에 융화되어 개인과 팀이 얼마나 시너지 효과를 낼 수 있는 구조를 마련하는 것을 말한다. 모티베이션 엔진의 우수사례로 P&G가 있다. 사람을 존중하는 이 기업의 핵심가치는 전 회장인 리처드 듀프리의 말에 잘 나타나 있다. "만약 자본, 건물, 브랜드를 남겼더라도 사원을 잃는다면 기업은 망할 것이다. 하지만 자본, 건물, 브랜드를 잃는다 해도 사원이 남을 경우 우리는 10년 이내로 모든 것을 재건할 수 있다." 마음은 직접적인 커뮤니케이션에 의해서만 길러질 수 있다. 최고경영자는 이러한 원리가 현장에 뿌리 내릴 때까지 이 원리가 실천되도록 해야 한다.

대부분의 기업은 초고속 성장을 추구한다. 이윤의 극대화를 위해 구조조정과 해고, 임금삭감도 불가피하다고 믿는다. 그런데 단 한 번의 구조조정 없이, 창업 이후 50여 년간 성장을 계속해온 회사가 있다. 일본 나가노 현에 있는 이나식품공업이다. 한천 식품업계에서 일본 내 시장 점유율 80%, 세계 시장 점유율 1위를 차지하고 있다. 이 회사를 지방의 영세기업에서 세계적 기업으로 키운 경영자가 바로 츠카코시 히로시 회장이다. 그는 직원의 행복을 최고 가치로 두고, '나이테 경영'을 추구하고 있다. 나무가 나이를 먹을 때마다 나이테가 하나씩 생기듯 기업도 순리에 맞게 천천히 성장해야 한다는 것이다. 기업이 오래가려면 천천히 갈 것을 권하고 있다(츠카코시 히로시, 2010).

3) 인재육성과 멘토링 프로그램

멘토링은 경험과 지식을 풍부하게 갖춘 사람이 구성원을 1대 1로 전담해 지도하고 조언해서 실력과 잠재력을 발현시키는 것을 의미한다. 이것은 핵심인재를 키우는 데 좋은 도구가 될 수 있다. 멘토링의 효과를 잘 보여주는 대표적인 기업이 바로 GE다. '바이탈 커브(Vital Curve)'라고 불리는 GE의 인재곡선은 A급 인재 20%, C급 10%, 그리고 가장 많은 비중을 차지하는 B급 인재를 B라는 말 대신 기업의 활력소가 된다고 해 바이탈 70%라 이름을 붙였다. 그리고 GE는 이 바이탈 70%를 위한 멘토링 프로그램을 개발해 이들이 부족한 역량은 개발하고 스스로가 조직에서 차지하는 중요성을 인식할 수 있도록 독려한다. 실제 1999년 이후 A급 인재로 진급한 사람 중 80% 이상이 이 멘토링 프로그램을 이수한 사람들이다.

멘토링 프로그램 외에도 세션 C 등 다양한 내부인력 육성시스템을 통해 B급 인재를 계발시킬 수 있다. GE의 웰치에 따르면 5%의 우수인재가 95%의 종업원을 선도하는 것은 사실이다. 하지만 조연 없는 주연은 없듯이 95% 종업원의 대다수를 차지하는 B급 인재가 없이는 5%의 우수인재는 물론, 기업 그 자체도 존재할 수 없다. 이들에 대한 육성도 중요하다는 말이다(김지유, 2010).

4) 월드소싱

월드소싱(worldsourcing)은 동서양을 넘나들며 우수한 부품, 인프라, 인력을 조달해 생산한다는 개념이다. 중국 컴퓨터사 롄상(聯想)은

2004년 IBM PC사업부를 인수했다. 당시 가장 큰 문제는 중국제품 품질은 나쁠 것이라는 인식의 불식이었다. 세계 PC시장에서 렌샹의 차별화였다. 렌샹은 새 출발을 위해 원래 영어 상호였던 Legend(전설)의 Le와 혁신(innovation)을 뜻하는 novo를 따와 Lenovo(레노버)로 바꿨다. 그리고 월드소싱이라는 새로운 비즈니스 모델과 함께 과감하게 레노버라는 브랜드를 밀어붙였다. 컴퓨터에 IBM을 함께 사용할 수 있는 기간이 남아 있었지만, 일찍 IBM이란 표기를 없앤 것이다. 그만큼 일찍 자체 브랜드 파워를 구축한 것이다. 이제 레노버는 세계에서 네 번째로 가장 큰 PC생산자가 되었다. 이 위치에 올라서는 데 걸린 시간은 2년이 채 되지 않는다. 이제 브랜드에서도 속도가 핵심이다.

5) 세그먼트 인적 자원관리

마케팅의 고객 세분화(segmentation) 전략은 고객을 위한 것이다. 마찬가지로 세그먼트 인적 자원관리는 종업원을 위한 것이다. 마케팅에서 성공을 거둔 개별화 전략을 회사 직원들에게 적용한 것이다. 직원 각자의 특성을 고려해 대우해줄 때 갖고 있는 특유의 강점을 극대화할 수 있기 때문이다. 이것은 효율성, 평등, 공정성이라는 명분 아래 단일 인사시스템을 고수하는 것과는 거리가 멀다.

세그먼트 인적 자원관리가 필요한 것은 업무형태의 변화 때문이다. 과거 공장 생산라인에는 업무가 표준화되었고, 인력은 쉽게 대체할 수 있었다. 하지만 요즘은 일의 양보다는 차별화되고 창의적인 아이디어로 경쟁하는 시대가 되었다. 아이디어를 가진 인재 확보 전쟁마저 벌어지고 있다. 따라서 기업도 직원을 내부고객으로 인식하고 근무장소, 시간자율화, 복지내용도 스스로 선택할 수 있도록 하는 것이 중요하다. 세그먼트 인적 자원관리는 조직 내 다양성을 존중하는 인사관리 기법이다.

세그먼트 인적 자원관리의 예로 결과중심 근무환경(ROWE, Results-Only Work Environments) 시스템을 들 수 있다. 이 시스템은 일의 과정 대신 성과로 업무수행을 측정한다. 그리고 직원들에게 근무장소와 시간에 대한 선택권을 부여하는 등 자율성을 최대한 존중한다.

스페인의 바네스토(Banesto) 은행은 I-CRM(Internal Customer Relationship Management)이라는 직원관리 시스템을 운영한다. 이 시스템은 직원들을 직무특성과 업무성과(저성과자 대 고성과자), 미래핵심인재 가능성, 채용구분(신입 대 경력직 입사) 등 다양한 기준에 따라 세분화한다. 그리고 개별화된 집단마다의 성과차이를 분석해 조직 구석구석까지 성과관리의 사각지대가 없도록 한다.

마케팅 커뮤니케이션 기업인 맥머리는 '탈레오(taleo)'라는 시스템을 활용해, 직원 개인의 과거경험, 관심분야, 성격, 전공 등 개별특성을 바탕으로 가장 적합한 정보를 맞춤화해 제공하고 있다.

혁신을 이끄는 기업에서 가장 중요한 자산은 사람이다. 세그먼트 인적 자원관리는 인재관리에 있어서 획일적 시스템을 무너뜨리고 그룹별로 세분화 전략을 수립하는 것이다. 능력, 업무방식, 선호도, 동기부여 방식도 다르기 때문이다. 인사, 복지, 관리, 교육, 급여에서 세그먼트를 적용한다. 그룹별로 특성이나 요구에 맞는 인사제도나 환경을 제공하고, 다양한 복리후생 메뉴를 제공해 스스로 선택하게 하며, 포괄적인 룰을 제시하고, 직원들이 서로의 지식을 공유하도록 한다. 세그먼트 인적 자원관리가 성공하려면 다양성을 흡수할 포괄적 룰을 통해 기업의 핵심가치를 정립하고, 사내외를 막론하고 가장 적절한 인사를 활용한다. 사외인사도 적극 활용한다. 오픈 이노베이션 시대에는 다양한 외부집단과의 협력이 필요하다. 그다음 공정한 룰을 만들고 투명하게 실행해야 한다. 그리고 네트워킹 기술을 바탕으로 개인의 참여를 높인다(최종연, 2010).

6) 사내교육

교육은 학교에서만 이뤄지는 것이 아니다. 기업에서 계속 교육이 이뤄져야 한다. 지식경영, 학습경영이 대세인 지금의 경우 사내교육의 충실화는 기업이 성장하고 성숙하는 데 버팀목이 될 수 있다. 사내교육이라고 해서 목표를 소홀히 해서는 안 된다.

영국의 사상가 존 로크(John Locke, 1632~1704년)가 1693년에『교육에 관한 몇 가지 단상』이란 책을 펴냈다. 이 책은 교육의 목표에 대하여 분명한 지침을 주고 있다. 300여 년 전에 나온 것이지만 지금도 영국교육의 지침을 제시해줄 만큼 그 위세가 대단하다. 그는 이 책에서는 교육의 목표를 다섯 가지로 제시하고 있다.

첫째 목표는 체력이다. 둘째 목표는 위기극복 능력이다. 학생들은 학업을 마치고 사회로 나간 후에 온갖 위기에 부딪힌다. 그럴 때마다 학생시절에 체득한 위기극복 능력이 인생을 개척하여 나가는 밑거름이 된다. 셋째 목표는 창의성이다. 자원이 없고 인구만 많은 나라에서 국민 한 사람 한 사람의 창의성이 국운을 결정짓는다. 넷째 목표는 담대함이다. 담대함은 자기 확신이요, 용기이다. 확신과 용기를 바탕으로 하는 담대함은 리더십의 필수다. 다섯째 목표가 앞에 언급한 네

가지 목표를 학습한 후에 여유가 있다면 지식을 가르치라는 것이다.

기업의 교육은 다양하다. 오프라인의 사내교육뿐 아니라 온라인교육, 사외교육까지 합하면 그 영역과 방법은 무궁하다. 교육의 방법뿐 아니라 질을 높이는 작업도 병행되어야 한다.

7) 유연근무제와 퍼플잡

선진국에서는 유연근무제가 서비스업과 제조업 등 다양한 산업군에 확산돼 있다. 영국의 최근 설문조사에 따르면 영국 전체 기업 가운데 69%가 유연근무제의 필요성을 느끼고 시행하기 위한 절차를 밟고 있다.

BMW의 경우 25년 전부터 레겐스부르크 공장에서 유연근무제를 도입한 것을 비롯해 딘골핑, 뮌헨, 베를린, 란츠후트 공장에서도 유연근무제를 실시 중이다. 레겐스부르크 공장에서는 9,000명의 직원이 2교대로 근무하며 일주일에 평균 나흘 출근한다. 주 5일 근무 때보다 직원들의 효율성이 눈에 띄게 높아졌다. 직원들끼리 일정만 잘 조정하면 가족과 며칠 여행을 떠나는 것이 가능해지자 직원 만족도와 충성도도 올라갔다.

P&G는 1998년부터 오전 8~11시 사이 자유롭게 출근하고 8시간 근무를 채우는 시스템을 도입했다. 2001년엔 일주일에 한 번씩 원하는 날을 골라 아예 집에서 근무하도록 제도의 폭을 넓혔다. 1년 이상 정직원이라면 누구나 누릴 수 있는 제도다. 회사가 이를 직원에게 적극 권장할 뿐만 아니라 재택근무일을 사용하지 않은 것으로 파악될 경우 강제적으로 명령을 한다.

미국 전자제품 유통업체인 베스트바이는 2003년부터 ROWE(Result Only Work Environment, 성과중심업무환경)를 하면서 성과만 낸다면 출퇴근이 완전 자율이고, 회의 참석도 자율적으로 선택할 수 있도록 했다. 이렇게 한 이후 이직률이 14%에서 1% 미만으로 떨어졌다. 미국 회사 일라이 릴리는 일상적으로 자유로운 출퇴근 문화가 정착돼 아예 '유연근무제'란 용어가 없어졌다.

유연근무제는 직원의 자기 계발이나 육아뿐 아니라 글로벌 경영환경에선 필수적이란 지적도 있다. 세계 곳곳에서 사업을 하는 기업들이 늘어나면서 해외의 동료직원 또는 고객과 실시간 응대할 일이 많아졌기 때문이다. 전체 직원의 35~40%가 유연근무제를 하고 있는 미국 다우코닝사의 에드 콜버트 인사담당 상무는 "중국 현지와 오후 9시 넘어 전화를 할 일이 많은데 기존 출퇴근 시간을 고집한다면 직원들의 스트레스가 훨씬 높아질 것"이라고 말했다. 글로벌 인사 컨설팅회사 휴잇의 '유연 업무 배치' 조사에 따르면 설문에 참여한 67%의 글로벌 기업이 "유연성이 업무 몰입도를 높였다"고 답했다. 채용활동에 도움이 된다고 응답한 기업도 절반을 넘었다.

다양한 유연근무제

유형	내용
재택근무제	부여받은 업무를 사무실이 아닌 집에서 수행한다. 개별적으로 수행이 가능한 업무, 장애인, 육아부담자, 원거리 출퇴근자에 적합하다.
원격근무제	모바일기기를 이용해 사무실이 아닌 장소에서 근무. 점검이나 조사업무에 적합하다.
탄력근무제	시차출퇴근제다. 1일 8시간(주 40시간) 근무체제 유지. 출퇴근시간을 오전 7시에서 10시 사이 자율적으로 조정한다. 모든 업무에 적합하며 특히 육아부담자, 퇴근 후 학원 수강자에게 적합하다.
선택적 근무제	1일 8시간에 구애받지 않고 주 40시간 범위 안에서 1일 근무시간을 자율조정, 즉 자유롭게 출퇴근시간을 조정한다. 연구직, 육아부담자, 원거리 출퇴근자에 적합하다.

| 집약근무제 | 총 근무시간(40시간)을 유지하면서 집약근무로 주 5일 미만 근무. 예를 들어 1일 10 시간 근무 시 4일만 근무한다(4~40제). 연구직, 원거리 출퇴근자에 적합하다. |
| 집중근무제 | 핵심근무시간(오전 10시에서 12시)을 설정해 이 시간에는 회의, 출장, 전화 등을 지양하고 최대한 업무에 집중하도록 한다. 기획업무 수행기관에 적합하다. |

(자료: 기획재정부)

퍼플잡(purple job)은 빨강과 파랑을 섞으면 나오는 보라색처럼, 기존의 정규직·비정규직이란 이분법적 사고를 뛰어넘는 다양한 근무 형태의 일자리를 말한다. 통상 주당 40시간을 근무하는 전일제 근무와 달리, 근로자 필요에 따라 15~35시간 범위 내에서 일하고 근무시간에 따라 보수를 받는 제도다. 시간제 근무, 탄력근무(출퇴근 시간 조정), 주 2일·주 3일 근무 등의 형태가 있다.

정보통신기술(ICT)을 이용해 시간, 장소에 구애받지 않고 일하는 스마트워킹(smart working) 근무율이 높아지고 있다. 스마트 워킹은 정해진 시간에 정해진 장소로 출근하는 기존 근로방식 대신 IT기술을 이용해 시간과 장소에 구애받지 않고 가정이나 집과 가까운 업무공간인 스마트워킹센터 등에서 일하는 형태의 근로방식이다. 스마트워킹은 크게 3가지 유형으로 집에서 일하는 재택근무, 스마트폰을 이용한 이동근무, 자택 인근 원격사무실에 출근해 일하는 스마트워크센터 근무로 나뉜다. 스마트워킹센터는 고화질 화상회의실과 개인별 업무 공간이 갖춰진 지역별 간이사무실이다.

KT는 육아 여성 근로자 등이 회사로 출근하지 않고도 가정이나 가까운 간이 업무공간에서 일할 수 있는 스마트워킹 제도를 도입했다. KT는 분당 본사의 화상회의실과 고양, 서초, 노원, 안양 등지에 스마트워킹센터를 두었다. 분당에 사는 광화문 사옥 직원이 분당 스마트

워킹센터로 출근하면 하루 출퇴근 시간을 161분에서 58분으로 줄일 수 있다. 이로 인해 아침에 일어나 무조건 사무실로 향하는 일은 없어진다.

퍼플잡이나 스마트워크는 우리 사회의 저출산·고령화, 낮은 노동 생산성 등 당면 현안을 해결하는 데 도움을 준다. 그러나 와이파이, 와이브로(휴대 인터넷) 서비스 범위를 늘려야 하며 현재보다 빠른 인터넷 서비스가 필요하다. 이러한 제도에 맞춰 근무관리 체계 및 조직, 인사제도를 획기적으로 바꿔야 한다.

8) 조직 커뮤니케이션의 활성화

인적 자원관리에서 조직 커뮤니케이션의 활성화는 중요한 일이다. 정준양 포스코 회장은 커뮤니케이션의 핵심은 최고경영자의 철학이나 경영방침이 현장직원들과 제대로 소통되느냐에 있다고 보았다. CEO가 하는 말은 보통 6~7개 단계를 거쳐 현장에 전달된다. 그런데 각 과정에서 부하직원이 받아들이는 각도가 5도씩만 벗어나더라도 30도 이상 달라지게 된다. 정 회장은 CEO와 현장 사이의 커뮤니케이션 오차가 5% 이내에서 유지되도록 하는 것이 바로 자신이 생각하는 소통이라고 말한다.

소통은 내 생각을 다른 사람에게 논리적으로 설득하기보다 남의 생각을 어떻게 하면 잘 이해하고 받아들일 것인가를 생각하고 실천하는 것이다. 그는 구동존이(求同存異) 방식을 택한다. 서로 입장이 다른 얘기만 하면 의견 일치를 볼 수 없다. 따라서 대화는 의견이 같은 부분부터 시작하고 의견이 다른 것은 나중에 해결하는 것이 좋다. 첫

대화에서 서로 공통분모인 70%에 대해서만 먼저 의견일치를 보고, 그다음 나머지 30%에서 같은 부분을 다시 찾는 식으로 계속 반복하다 보면 결국 소통하게 된다. 소통의 기본은 같을 것을 찾는 것이다.

9) 아웃플레이스먼트

아웃플레이스먼트(outplacement)는 실직자가 경쟁할 수 있도록 도와주는 서비스이다. 이것은 고기를 잡을 수 있도록 도와주는 방법으로, 이 서비스를 통해서 좀 더 오래 직장생활을 할 수 있도록 한다. 그동안 많은 사람들은 일직선형(linear)으로 살아왔다. 직장에서 한 가지 업무에 전문화되는 것이다. 하지만 그런 시대는 지나갔다.

02

물적 자원관리의
새로운 흐름들

1) 비즈니스 프로세스 리엔지니어링

비즈니스 프로세스 리엔지니어링(BPR, Business Process Reengineering), 우리말로는 업무 재설계라 한다. 기업의 생산, 판매 시스템은 아담 스미스 류의 분업이 기업인데, 이에 따른 지나친 세분화로 업무의 흐름, 즉 프로세스에 비효율이 발생하고 불필요한 비용이 발생한다는 비판이 제기되었다. 리엔지니어링은 이런 문제점을 해결하기 위해 업무 프로세스를 백지 상태에서 재점검하고, 정보기술을 활용해 기능별로 분화된 공정을 통합시키고, 조직도 재편된 프로세스에 따라 재구성하자는 발상이다. 이 이론은 발표 직후 기업들 사이에서 선풍적인 인기를 끌었고, 1993년에는 포천 500대 기업 중 65%가 이를 도입하거나 도입할 계획이 있는 것으로 조사될 정도였다.

맥도날드의 사례를 보자. 예컨대 하와이 호놀룰루에 있는 맥도날드의 드라이브 스루 코너에서 차에 탄 채 마이크에 대고 주문하면 스피커를 통해 응대하는 사람은 점포 안에 있는 직원이 아니다. 태평양

건너 캘리포니아에 있는 콜센터 직원이 주문을 접수해 다시 바다 넘어 하와이 맥도날드의 주방으로 송신하고, 주방에서는 햄버거를 만들어 대기하고 있는 고객에게 전달한다. 언뜻 비상식적이고 비효율적으로 보이지만 기발하고 혁신적인 아이디어가 깔려 있다. 드라이브 스루 코너에서 주문을 마친 차가 이동하기까지 대기시간은 10~20초이다. 가게 입장에서는 낭비(loss time)인데, 점포 하나로 보면 미미하지만 여러 점포를 합치면 큰 규모이다. 이것을 콜센터로 집중시키면 대기시간이 없어져 인건비를 줄일 수 있다. 또 드라이브 스루 코너를 이용하는 고객들은 히스패닉이 많아 부정확한 영어 발음으로 생겨나는 잘못된 주문도 골칫거리였는데, 콜센터 직원을 히스패닉으로 채용해서 이 문제도 해소했다. 이는 업무를 표준화하고 집중화해서 효율성을 높이는 혁신기법인 사례다. 그러나 많은 기업들이 리엔지니어링을 내세워 인원감축에 나섰고, 산업현장을 비인간적으로 만든다는 비판이 제기되기도 했다.

기업은 갈수록 더욱 효율적으로 운영하기 위해 끊임없이 비용을 줄여야 한다. 하지만 단지 비용을 줄이는 것으로 성공할 수 없다. 그와 동시에 더 많은 가치를 제공하지 않으면 안 된다. 즉, 기업들은 더 적은(less) 것으로 더 많은(more) 것을 만드는 법, 바로 레스 모어(less more)의 법칙을 배워야 한다. 리엔지니어링이 20년 전보다 더 필요하게 된 이유는 바로 레스 모어에 가장 효과적인 수단이기 때문이다.

1990년대 세계 경영계를 풍미한 이 이론은 기업의 비즈니스 프로세스를 백지에서 재검토해 가장 효율적으로 재설계하라는 주장을 담고 있다. 리엔지니어링을 하려면 사고가 자유로워야 한다. 리엔지니어링은 깨끗한 종이에 새로 그리는 작업이다. 기존 프로세스가 어떻게 돌아가는지 끄집어낸 뒤에는 이를 한쪽으로 밀어 넣고 새로운 그림을 그려야 한다. 이 이론을 바탕으로 델컴퓨터, P&G, 포드자동차 등 미국기업이 부활했다. 그리고 ERP, SCM 등 최신 경영이론도 여기에 뿌리를 두고 있다.

2) SPAC

기업 인수합병(M&A)을 목적으로 기업인수목적회사(SPAC, Special Purpose Acquisition Company) 설립이 붐을 이루고 있다. 이 회사는 기업의 인수합병만을 목적으로 하는 일종의 페이퍼컴퍼니로, 우량 비상장회사를 발굴한 뒤 M&A를 거쳐 상장시켜 이익을 얻으려는 목적으로 설립된다. 3년 내에 M&A를 성사시키지 못할 경우 자동으로 상장 폐지된다. M&A가 성사될 때까지는 매매차익을 기대하기 어렵고, M&A가 성사된다 해도 반드시 수익이 보장되지는 않는다.

3) 공짜경제학과 프리미엄 모델

크리스 앤더슨은 우리 시대를 가리켜 모든 것이 공짜로 되어가는 공짜 경제학(Freeconomics) 시대라 말한다. Free와 Economics를 합성한 말이다. 디지털화할 수 있는 모든 것은 마치 중력처럼 값이 공짜에 가까워지는 현상에서 벗어날 수 없다. 인터넷 공간에 널려 있는 그 많은 공짜 콘텐츠들이 그 보기다.

문제는 이러한 시대에 어떻게 살아남을 수 있는가 하는 것이다. 공짜경제를 피할 수 없는 현실로 간주하고 이 시대에 살아남을 수 있는 창의적 대안은 무엇인가? 그는 21세기 비즈니스 모델 가운데 하나로 프리미엄(Freemium) 모델을 제시한다. Free와 Premium을 합한 말이다. 95%의 범용 서비스는 공짜로 제공하되 나머지 5%의 차별화되고 개인화된 서비스를 소수에게 비싸게 팔아서 수지를 맞추는 것이다. 다음은 프리미엄 모델의 사례들이다.

- 세일즈 포스: 30일 무료, 그 이후 유료 전환
- 스카이프: 컴퓨터 간의 통화는 무료, 컴퓨터와 전화 간의 통화는 유료
- 대부분의 비디오게임: 데모용 소프트웨어는 무료, 완전판은 유료
- 잡지와 서적 등 많은 상품: 웹 콘텐츠는 무료, 인쇄 콘텐츠는 유료
- 구글의 북서치를 이용하는 출판업체들: 서적의 일부 콘텐츠는 무료, 서적은 유료판매
- 플리커: 사진 공유 서비스는 무료, 저장 공간이 더 필요하면 유료판매
- 맥킨지와 맥킨지 저널: 일반적인 경영정보는 무료, 맞춤 경영정보는 유료
- 세컨드 라이프: 가상 관광을 무료 제공하고, 가상 토지를 유료판매
- 넥슨: 게임의 기본 플레이는 무료, 각종 아이템은 유료

무언가 디지털화할 수 있는 것은 결국 공짜 버전이 나오고 만다. 숙제는 어떻게 공짜와 경쟁할 수 있느냐 하는 것이다. 따라서 공짜 버전이 제공하지 못하는 것을 제공하는 것이다. 애플의 온라인 음악 판매 아이튠즈가 제공한 것은 편리함이었다. 여전히 인터넷에서 공짜

로 음악을 다운로드 받을 수 있지만, 아이튠즈를 이용하면 편리하기 때문에 한 곡에 99센트를 주고 이용한다. 제품을 파는 시대에서 서비스를 파는 시대로 바뀌고 있다. 돈을 낼만한 가치를 제공하고, 기분 안 나쁘게 돈을 받기다.

4) 사급제도

사급(賜給)제도는 대기업이 물품제조에 필요한 원자재를 직접 구입해서 협력업체에 일정한 가격에 공급하는 것을 말한다. 협력업체 입장에서는 원자재 구입가격이 안정되기 때문에 가격등락에 따른 위험을 줄일 수 있다. 현대차그룹이 이 제도를 시행 중이며, 삼성전자도 이 제도를 도입했다. 이것은 원자재 가격폭등으로 경영에 곤란을 겪는 협력업체를 보호하기 위한 것이다. 나아가 삼성전자는 최대 1조 원 규모의 협력사 지원 펀드를 조성해 2~3차 협력업체에 경영자금을 지원한다.

5) QR코드와 마케팅정보

지금까지의 쿠폰은 오려가는 것이었다. 이젠 오려가는 쿠폰시대는 가고 담아오는 쿠폰시대가 열렸다. 아이폰, 갤럭시S 같은 스마트폰을 사용하는 스마트 쇼핑족을 위해 QR코드 활용이 늘어난 것이다. QR코드는 빠른 응답(Quick Response) 코드라는 뜻으로 흑백 격자무늬 패턴으로 정보를 나타내는 2차원 바코드다. 기존 숫자만 저장하는 바코드와 달리 문자, 이미지, 동영상 등 여러 정보를 저장할 수 있는 장점이 있다. 소비자들은 휴대폰 카메라로 이를 찍어 바로 쿠폰 등으로 사용할 수 있다.

쿠루쿠루(QrooQroo), 에그몬(EggMon) 등 QR코드를 읽을 수 있는 프로그램을 스마트폰에 다운받은 후 제품, 광고 등에 등장하는 QR코드를 스캔하면 간편하게 이용할 수 있다. 아웃백 스테이크하우스는 메뉴에 대한 상세한 정보와 사진, 할인혜택 등을 알리기 위해 매장 안내지에 QR코드를 넣었다. 동아오츠카는 포카리스웨트 고객 사은 이벤트에 QR코드를 적용해 경품을 받을 수 있게 했다. 현대백화점은 홈페이지와 신문광고에 QR코드를 넣어 스마트폰으로 언제 어디서나 세일정보를 확인할 수 있게 했다.

6) 팝업 경제와 팝업 스토어

팝업 스토어(pop-up store)는 인터넷 홈페이지의 팝업창처럼 한시적으로 문을 열었다가 사라지는 점포이다. 주로 트렌드에 민감한 소비자가 많이 모이는 곳에 1~2개월 정도만 오픈해 소비자의 관심과 체험을 유도한다. 적은 비용으로 신제품에 대한 소비자의 반응을 예측하거나 관심을 끄는 마케팅 수단으로 사용된다. 게릴라 스토어라고도 한다.

여러 군중이 특정장소에 모여 아주 짧은 시간 동안 황당한 행동을 한 뒤 순식간에 흩어지는 플래시 몹(flash mob)도 있다. 인터넷에 "제가 베플(베스트 리플의 준말)이 된다면 크리스마스이브에 명동 한복판에서 혼자 삼겹살을 구워 먹겠습니다"라는 메시지를 올렸고, 다른 네티즌은 "제가 베플이 된다면 00씨가 삼겹살을 구워 먹을 때 옆에서 노래를 불러주며 흥을 돋우어 드리겠습니다"라고 했다. 또 다른 네티즌은 "탬버린을 치겠습니다"라고 했다. 이들 모두 크리스마스이브에 명동에서 삼겹살을 구워먹고, 노래를 부르고, 탬버린을 쳤다. 수많은 네티즌이 이 광경을 보기 위해 모여들었다가 행사가 끝나자 사라졌다.

이 현상의 공통점은 한시성이다. 언제, 어디서, 무슨 일이 팝하고 일어났다가 사라질지 모른다. 이런 현상은 현대산업이 수요와 공급 모두에서 휘발성이 강해진 데 기인한다. 소비자의 변덕은 종잡을 수 없다. 플래시 몹의 군중처럼 빠르게 모였다가 미련 없이 흩어진다. 공급 측면에서도 빠른 기술혁신의 결과 파괴적 혁신이 상시화되고 있다.

팝업 경제에선 속도가 중요하다. 현대 소비자들은 순간의 논리에 강하다. 빠르게 변하는 소비자와 시장에 순발력 있게 대응하지 못하면 살아남을 수 없는 시대가 되었다. 현대는 분초를 다투는 팝업 경제시대다. 생존에 필요한 것은 스피드다(김난도, 2010).

7) 플래그십 매장

강남구 청담동이나 신사동에는 명품 브랜드들의 플래그십(flagship) 매장이 있다. 이것은 각 브랜드의 백화점 매장보다 훨씬 크고 화려하다. 플래그십은 원래 '기함'이라는 뜻이다. 선두에서 함대를 이끄는 기함처럼 브랜드의 역할을 하는 매장을 플래그십이라 한다. 요즘은 전시회 같은 행사가 열리는 문화공간으로 플래그십 매장을 활용하기도 한다. 이 매장은 매출을 높이는 것이 목적이 아니다. 브랜드의 색깔을 보여주고 이미지를 각인시키는 광고 및 홍보 효과가 있어 매출 이상의 의미를 둔다.

8) 핀셋 마케팅

핀셋 마케팅은 소수의 특정 소비자층을 선정해 벌이는 판촉활동·불특정 다수가 대상인 매스(mass) 마케팅과 반대 개념으로, 국내 마케팅업계에서 핀셋으로 집어내듯 정확하다는 의미로 통한다. 고급 백화점 등에서 시작돼 산업 전반으로 확산되고 있다.

현대, 기아차나 벤츠, BMW 등 수입차 업계는 극소수 VVIP 고객만 초청하여 차 값 추가 할인, 요트투어, 시승 등 밀실 행사를 한다. 국내외 자동차업체들이 의사, 변호사 등 전문직, 대기업 임직원이나 고소득층 등을 대상으로 일종의 핀셋 마케팅을 펼치고 있는 것이다. 이것은 연령층이나 성별 등에 맞춘 타깃 마케팅의 범위를 특정 직업군으로 좁힌 것이다. 실질 구매력은 물론 이들 구매층의 시장 영향력에 따른 연쇄효과를 기대할 수 있기 때문이다.

part 08

창조성과 창조경영

01. 창조적인 인물이 줄어드는 이유
02. 창조성 개념과 창조경영
03. 두뇌와 창조성
04. 창조성을 높이기 위한 방법들
05. 창의적 리더의 공통점
06. 창조경영의 원칙
07. 창조적 기업의 사례들

경로분석과 효과분해

01

창조적인 인물이
줄어드는 이유

스티브 잡스가 죽었을 때 많은 사람들이 그의 서거를 아쉬워했다. 그중에 하나는 그의 창조성에 대한 것이었다. 그가 정녕 창조적이었는가에 대해선 논란이 있지만 창조적 인물이 가는 것은 사회적으로 손해라는 인식이 강하다.

현대는 창조성을 강조한다. 창조성이 강조되지만 창조적 인물에 대한 욕구는 갈급한 상황이다. 그만큼 창조적 인물이 적기 때문이다. 왜 창조적인 인물이 줄어드는가? 미국의 경우 두 가지를 든다. 첫째, 교육문제다. 어릴 적에는 창의성을 발휘한다. 그러나 초등학교에 들어가면 대부분 창의성을 상실한다. 시험공부를 열심히 해야 하고, 공상에 잠기거나 신기한 질문을 하면 놀림감이 되기 십상이기 때문이다. 둘째, 독창적인 사람에 대한 부정적인 편견이다. 화가나 소설가 등 창조적인 전문가들을 미치광이, 마약 중독자, 경제적 무능력자로 치부하는 사회 분위기가 부정적으로 작용하고 있다. 이것은 창조적 인물을 양성하기 위한 교육을 강화하고, 창조적 인물에 대한 편견을 없애는 것이 중요하다는 것을 보여준다.

일본은 창조성을 강조한다. 하지만 많은 기업은 창조성을 발휘할 수 없다고 말한다. 여러 이유가 있지만 그동안 일본은 따라잡기 정신에 사로 잡혀 새로운 환경에 적응하지 못한 비만 공룡, 용기와 창조적 능력 부족, 토론을 통한 통합적 사고의 부재와 지식의 통합능력 결여, 그리고 과거의 성공에 집착하다 개혁의 모멘텀을 상실했다는 평가를 받았다. 여기서 우리도 창조성을 높이기 위해 적어도 어떤 기업환경을 만들어야 하는가를 읽을 수 있다.

02

창조성 개념과
창조경영

기업들이 창조경영을 도입해야 하는 이유는 정보사회에서 창조사
회로의 진입, 신성장 동력의 필요성, 경쟁방식의 변화, 융합과 컨버전
스의 가속화, 모방전략의 한계 등 여러 이유로 창의성과 상상력을 기
반으로 한 창조경영을 필요로 하게 되었다.

1) 상상, 창의, 창조는 구별된다

상상은 실제로 경험하지 않은 현상이나 사물에 대하여 무제한 공
간인 마음속에서 자유롭게 원하는 모습을 그리는 것이다. 상상은 자
유롭게 마음대로 생각해보는 발산적 사고이다. 창의는 상상을 통해서
이루고 싶은 것을 합리적인 생각을 통해 실현 가능한 유용한 생각으
로 만들어내는 것으로, 상상력에 합리성을 포함한 수렴적 사고이다.
창조는 창의적인 아이디어들을 기반으로 많은 시간과 노력 끝에 새
로운 제품과 서비스를 실제로 만들어내고 실행하는 일이다. 예를 들
어 인류는 오래전부터 하늘을 자유롭게 날아다니는 상상을 하며 살

아왔다. 하늘을 나는 상상을 해오던 인류는 새들의 나는 모습과 물리학적 지식을 기반으로 새와 같은 날개를 다는 아이디어, 풍선과 같은 도구를 이용하는 아이디어, 새들을 묶어 나는 아이디어, 엔진을 개발하는 아이디어와 같은 창의적인 아이디어를 개발하였다. 그러던 중 라이트 형제는 수많은 연구와 노력 끝에 하늘을 날 수 있는 비행기를 창조하였다(김상수 외, 2008).

2) 상상, 창의, 창조는 서로 엮어 있다

스필버그는 미켈란젤로의 벽화 '천지창조'를 보고 영화 ET의 명장면을 생각해냈다. 상상, 창의, 창조가 개념적으로 차이가 있다 할지라도 현재는 이 모두가 서로 얽혀 있고, 융합적으로 사용되고 있어 한계를 긋기 어렵다. 예를 들어 창조는 뭔가 새로운 것, 놀랄 만한 것만이 창조적인 것이 아니라는 주장이다. 그래서 창의력에 대한 오해에서부터 벗어나야 한다고 주장한다. 첨단기술이 없이도 제품을 남들과 차별화하는 기술, 모든 사람이 이해할 수 있는 평범한 내용을 쉽게 구현해낼 수 있는 능력도 창조적이다.

창조는 평범한 아이디어 속에서 진주를 찾아내는 작업이다. 웅진식품의 아침햇살, 초록매실, 가을대추 등 계속적인 히트상품은 모두 한 사람의 작품이다. 이 사람이 처음 쌀음료를 만들겠다고 했을 때 주변의 모든 사람들이 부정적이었다. 한국인이 세끼 식사로 먹은 것이 쌀인데, 누가 돈 주고 음료까지 쌀 제품을 사서 마시겠느냐는 것이다. 그러나 그는 자신의 주장을 밀고 나가 결국 시장에 출시했고, 10년이 지난 지금도 여전히 사랑받고 있다. 그의 혁신 포인트는 쌀,

대추, 매실 등 흔히 볼 수 있는 재료, 특별할 것 없는 기술로 만든 제품이지만 남들이 보지 못한 새로운 가능성을 보고 실행에 옮긴 것이다. 이점이 바로 그를 창조적인 사람으로 만들었다(최인철, 2008). 창의력은 디자인부서나 R&D센터에서만 담당하는 것이 아니다. 콜센터 직원이나 세일즈 직원도 창의력을 발휘해야 한다.

3) 창조경영의 시작 '왜'에서 시작된다

로드아일랜드 디자인 스쿨(RISD)의 존 마에다(J. Maeda) 총장은 정보기술의 괴리가 줄고 기술 수준이 평평해지면서 창조성과 예술성이 기업들의 새로운 전장이 되었다고 말한다. 그는 이 새로운 경쟁의 영역을 '포스트 디지털 르네상스'라 불렀다. 이런 시대에 어떻게 하면 창조적인 기업이 될 수 있을까? 그는 끊임없이 '왜'라고 묻고 변신에 늘 열려 있으라 한다.

덴마크의 블록 쌓기 왕국 레고(Lego)는 1990년대 컴퓨터게임기라는 뜻밖의 경쟁자를 만났다. 이때 돌파구가 된 것이 '왜'라는 질문이었다. "왜 레고는 움직여서는 안 되지?", "왜 어른은 레고의 고객이 될 수 없지?" 이 두 질문으로부터 움직이는 레고 로봇인 '마인드스톰'과 어른을 겨냥한 '스타워즈' 시리즈가 탄생했다.

4) 창조적 환경이 창조경영을 높인다

창의성을 높이기 위해서는 삶에 기운을 불어넣어 주는 경영(refreshing management)이 필요하다. 창의적 인물은 일상적 환경에 매여 무사안

일을 추구하지 않는다. 오히려 비일상적 환경을 수용하며 보다 나은 발전을 추구한다. 따라서 삶에 기운을 주기 위해서는 보다 유연하고 편안함을 주는 환경이 필요하다. 빠름보다 때로는 느림이 요구된다. 이것이 창조성을 유발하는 환경이다. 자연으로 돌아가 관조하고 생각한다. 독서를 통해 다른 사람의 생각과 만나 자기만의 우물 안 사고 틀에서 벗어난다. 필요하다면 휴가제도를 바꿔 이런 기회를 준다. 직원들이 창조적인 아이디어를 떠올릴 수 있는 업무환경을 갖추려는 노력도 시도되고 있다. 사무실 칸막이를 없애거나 딱딱한 분위기의 회의실을 카페나 놀이터처럼 꾸민다. 어떤 회사는 건물 옥상을 하늘 정원으로 만들기도 한다.

초록색이 사람들을 더 창조적으로 만든다는 실험결과도 있다. 로체스터대의 앤드루 엘리엇 교수는 창의성과 색상 관계 연구를 통해 자연의 색으로 통하는 초록색이 사람들의 창의성을 더 자극한다고 밝혔다. 빨간색을 자주 보면 위험을 느끼지만, 초록색은 긍정적이면서도 편안한 마음을 갖게 한다는 것이다. 사무실 가득 초록빛 식물로 채우기 어렵다. 그렇다면 실내 디자인에 초록색을 많이 접목시키는 것도 한 가지 방법이다.

사무실 천정 높이도 영향을 준다. 생명과학자 조나스 솔크는 1955년 오랜 연구에도 불구하고 소아마비 백신 개발의 고리를 풀어줄 아이디어가 떠오르지 않자 두 주간 이탈리아 여행을 떠났다. 여행 중 방문한 한 성당 안에서 불현듯 백신 개발의 단초가 될 아이디어를 얻게 되었다. 그는 이를 계기로 창의적 아이디어는 성당처럼 천장이 높은 곳에서 더 잘 나오는 것일지 모른다는 생각을 하게 되었다. 그는 1965년 솔크연구소를 세우면서 연구소 한 층의 바닥부터 천장까지의 높이를 다른 건물보다 60cm 정도 높은 3m로 만들었다. 그 결과 이 연구소는 지금까지 5명의 노벨상 수상자를 배출하는 성과를 얻었다.

미네소타대학의 조앤 마이어스-레비는 유사 실험에서 천장높이가 2m 40cm에서 2m 70cm로 30cm씩 높아질 때마다 사람들의 창조적 문제해결능력이 2배 이상 높아지는 것으로 나타났다. 하지만 창의성을 높이려는 대상이 팀 단위라면 다를 수 있다. 광고회사의 경우 사람들이 좁은 공간에서 서로 부딪치면서 커뮤니케이션하는 가운데 더 창의적 아이디어가 나오기도 한다(김진성, 2010).

5) 창의적 인물이 되려면 그에 따른 기술이 있어야 한다

디크리스티나에 따르면 창의적인 사람이 되려면 다음 4가지 기술을 갖춰야 한다(DiChristina, 2008).

첫째, 획득(capturing) 기술이다. 새로운 아이디어가 생각나면 기록에 남겨 보존하는 습관을 갖는다. 기록으로 남기지 않으면 잊어버리기 쉽다.

둘째, 도전(challenging) 기술이다. 가급적이면 어렵고 힘든 문제에 매달린다. 어려운 문제일수록 여러 해결방안을 궁리하게 되고, 여러 방안의 관련성을 분석하다 보면 새로운 아이디어가 떠오르게 마련이다.

셋째, 확장(broadening) 기술이다. 여러 분야에 관심을 많이 갖고 많은 지식을 꾸준히 습득하도록 한다. 머릿속의 지식이 다양할수록 여러 생각을 연결시켜 새로운 아이디어를 만들어낼 수 있기 때문이다.

끝으로, 환경(surrounding) 조성 능력이다. 천재는 홀로 지낸다는 것은 잘못된 고정관념이다. 천재는 남이 이룩한 성과로부터 영향을 받는다. 갈릴레이가 없었다면 뉴턴이 업적을 낼 수 없었고, 뉴턴이 없었다면 아인슈타인은 존재하지 않았을 것이다. 창의적인 사람은 남의 지혜를 활용한다. 다양한 지식을 가진 사람들과 네트워크를 구축해놓으면 새로운 아이디어를 얻는 데 효과적이다.

6) 지식기반 사회는 지식창조 능력을 요구한다

21세기 지식기반 사회에서는 새로운 지식과 기술의 창출능력이 국가와 산업의 경쟁력을 좌우한다. 지식창조 기업의 대표주자인 애플사는 매킨토시, 아이팟, 아이폰 등 세 가지 제품만으로 2009년 매출액이 42조 원이다. 애플의 시가총액은 212조 원으로 매출액 면에서 애플의 세 배 가까이 큰 삼성전자의 시가총액보다 약 90조 원 더 크다.

현재 세계에서 지식창조 능력이 가장 뛰어난 나라는 미국이다. 2009년 물리학, 화학, 의학 등 기초분야의 노벨상 수상자 9명 가운데 8명이 미국 국적이다. 이런 결과가 나온 것은 세계 최고의 대학, 연구소들과 그곳으로 몰려드는 우수인재 덕분이다.

한 나라가 지식창조 경쟁력을 확보하려면 무엇보다 대학이 지식생산 기지로서의 역량을 강화해야 한다. 로마는 출신지역과 성분을 가리지 않고 유능한 인재에게 로마시민권을 주었다. 그리고 그중 가장 유능한 시민, 즉 1인자를 황제로 삼을 수 있었기에 인류 역사상 가장 위대한 제국이 될 수 있었다. 미국 대학들은 20세기 초 전쟁과 박해를 피해온 세계 각지의 우수인재들을 받아들여 원자폭탄을 만들고 우주과학을 개척하면서 슈퍼파워가 되는 데 필요한 기반을 닦았다. 오늘날 미국 대학의 힘은 아인슈타인, 하이에크 등 위대한 학자들이

MIT와 하버드 등에서 연구하면서 남겨둔 업적 덕에 더 강해질 수 있었다. 풀브라이트 장학재단이 전 세계 젊은 인재들을 미국으로 초청해 대학 캠퍼스와 실험실에서 마음껏 재능을 꽃피울 수 있도록 한 것도 도움이 되었다.

03

두뇌와 창조성

1) 우뇌형 인간

좌뇌 쪽은 언어적, 논리적, 분석적이다. 이에 반해 우뇌 쪽은 시각적, 직관적, 통합적이다. 좌뇌가 논리를 대변한다면 우뇌는 감성과 창조를 대변한다. 알 리스(Al Ries)는 『경영자 vs 마케터』에서 좌뇌형 경영자와 우뇌형 마케터를 아래와 같이 구분했다(리스 & 리스, 2010).

좌뇌형 경영자와 우뇌형 마케터

좌뇌형 경영자	우뇌형 마케터
현실을 다룬다	인식을 다룬다
제품에 집중한다	브랜드에 집중한다
더 좋은 제품을 요구한다	차별화된 제품을 요구한다
브랜드 확장을 추구한다	브랜드를 줄이려고 한다
큰 시장을 타깃으로 한다	표적시장을 타깃으로 한다
추상적 언어로 표현한다	구체적 이미지로 표현한다
새로운 카테고리를 꺼린다	새로운 카테고리에 도전한다
경쟁업체를 따라간다	경쟁업체와 반대로 간다
쿠폰과 세일을 좋아한다	쿠폰과 세일을 싫어한다
단기에 집중한다	장기에 집중한다

미래학자 다니엘 핑크(D. Pink)는 "글로벌 경제 위기 탓에 어느 분야에서든 넓고 큰 시야를 갖고, 큰 그림을 그릴 줄 아는 전문가를 원하게 되었다. 이런 하이 콘셉트의 능력, 우뇌의 능력은 갈수록 가속화할 자동화가 결코 대체할 수 없어 더욱 각광을 받을 수밖에 없다"고 말한다. 그는 우뇌형 인재가 되기 위한 조건으로 5가지를 제시한다. 즉, 큰 그림으로 생각하라, 스토리를 만들라, 디자인이란 언어를 익히라, 공감하라, 플레이하라이다.

뇌졸중으로 좌뇌(左腦)가 멈춘 경험을 한 질 테일러(Taylor) 박사는 "우뇌를 주로 쓰는 훈련을 해야 하며, 우뇌를 쓰면 상황을 큰 그림에서 보고 최적의 상황으로 향할 수 있다"고 말했다.

좌뇌와 우뇌가 완전히 다르다. 좌뇌는 언어의 뇌로 과거와 미래에 집중한다. 걱정하고 내부에서 작은 비열한 목소리를 내고, 비판한다. 우뇌는 모으는 역할을 한다. 모든 것이 연결되어 있고 직조되어 있으며, 나는 그 부분임을 알게 한다. 영화처럼 시각적인 이해를 하도록 한다. 우리는 매 순간 어느 쪽 뇌를 사용할지 의식적으로 선택할 수 있다.

현대경영의 키워드는 창조경영이다. 여러 이론가들은 창조성이 우뇌와 관련이 있다고 주장한다. 창조성은 박스에서 벗어나 사고하는 것이다. 좌뇌는 박스다. 박스를 만들고, 이용한다. 우뇌는 박스를 인정하지만 자신을 거기에 가두지 않겠다고 말한다. 뭔가 다른 걸 생각하고, 재충전시킨다. 리모컨의 음소거 버튼을 누르듯 모든 게 조용해져 창조적인 생각을 하려면 우뇌 사용하는 습관을 들여야 한다(테일러, 2010).

좌뇌적 기업은 논리적이어서 다른 기업이 이미 성취한 결과를 분석해 기본적으로 이를 모방하며 개선하려 한다. 반면 우뇌적 기업은 통합적이고 형태적이어서 큰 그림을 떠올리며 지금까지 없었던 세상을 창조하려 한다. 소비자들은 제품을 구매할 때 좌뇌로 분석하고 평가를 하면서도 결국은 우뇌의 직관에 의존한다. 따라서 누가 소비자의 우뇌를 자극하는 브랜드가 되느냐가 중요하다. 기업은 고객과 우뇌적 교감을 창출할 수 있어야 한다.

2) 전체를 조망하는 하이 콘셉트와 우뇌

글로벌 위기는 큰 그림을 못 보고 조각만 봤기 때문이다. 전체를 조망하는 통찰력 하이 콘셉트(high concept)를 키워야 한다. 이것은 예술과 감성까지 아우른 통섭과 종합의 능력이다(Pink, 2006). 조각에 함몰되지 않으려면 이 콘셉트를 중시하고 개발해야 한다. 텍스트(text, 본문구절)에만 매몰되는 좌뇌보다 콘텍스트(context, 맥락·문맥)를 감지하는 우뇌를 활성화해야 한다. 우뇌의 능력은 공감하고 디자인하고 스토리텔링하는 것으로, 이것은 인간이 원초적으로 갖고 있는 능력이다. 스토리는 영화 산업, 게임 산업 등 많은 산업의 기초다. 인간은 타고난 이야기꾼이다. 너무 빠르고 너무 복잡한 세계, 그래서 위기가 왔다. 그래도 미래는 낙관한다. 인간은 늘 위기를 이겨왔다. 미래엔 도저히 양립하지 않을 것 같은 극단들이 공존할 것이다. 어느 분야든 디자인과 스토리가 점점 중요해진다. 전체를 조망하는 통섭과 종합의 능력이 주목받는다. 독수리의 눈을 가져라. 뛰어난 미래학자는 콘텍스트를 이해한다.

3) 브레인웨어

브레인웨어(brainware)는 융합형 두뇌를 말한다. IT, BT, NT 등 첨단 기술을 두루 흡수한 융합형 두뇌다. 고급 인재의 중요성을 컴퓨터의 핵심부품인 하드웨어와 소프트웨어에 빗대어 만든 신조어다. 전통적인 기술군과는 달리 브레인웨어가 만든 기술은 폭발적인 부가가치를 창출해낸다. 여러 기술을 흡수해, 혼자 힘으로 새로운 산업 하나를 창출해낼 수 있기 때문이다.

MIT는 융합형 인재를 양성하기 위해 학문의 융합을 모색한다. 그 중심에 스타타(Stata) 센터가 있다. 이곳엔 7개과 800여 명이 모여 인공지능 주제로 융합된 지식을 창출한다. 연구실을 과별이 아닌 프로젝트 별로 배치한다. 1층 로비 5곳에 대형칠판, 분필, 탁자를 비치해 학생들이 수시로 토론을 벌일 수 있도록 한다. 교수들로 하여금 지하 주차장에서 바로 연구실로 직행하게 하는 것이 아니라 걷게 해 학생과의 대화하도록 한다. 여성 연구원을 배려해 육아시설을 두고, 무인 도서 반납대, 카페테리아, 수영장, 헬스장을 설치해 건물 안에서 학업과 연구에 필요한 모든 것을 해결하도록 했다.

이러한 노력은 미국만 하는 것이 아니다. 유럽은 지식사회 건설을 위한 융합기술 발전전략(CTEKS)을 채택했다. 인지과학에도 인문사회과학까지 융합하는 것을 목표로 하고 있다. 호주국립대는 지구온난화와 지속 가능한 성장을 위해 융합과정으로 패너(Fenner) 스쿨을 세웠다. 기후학, 사회학, 천연자원학, 산림학, 지리학 등 5개 학과를 합쳐 하나의 교육과정을 만들었다. 세계는 지금 르네상스시대의 다빈치처럼 인재 한 사람이 화가, 건축가, 기술자, 작가 역할을 종합적으로 해낼 수 있는 방법은 지식의 융합임을 깨닫고 브레인웨어를 통해 21세기 다빈치를 키우고 있다(김정훈, 2009).

4) 왼손잡이와 멀티태스킹 능력

런던대 교수 크리스 맥마너스(C. McManus)는 왼손잡이가 오른손잡이보다 성취도가 더 높다고 주장한다. 왼손잡이들은 어릴 때부터 오른손잡이용 가위를 사용하는 것부터 잉크가 번지지 않게 글씨를 쓰는 것까지 왼손잡이들이 직면하는 모든 문제를 극복해야만 하기 때문이다. 생물학자 아마르 클라(A. Klar)는 왼손잡이들은 오른손잡이들보다 우뇌와 좌뇌를 골고루 사용해 사고의 틀을 깨는 감각을 발휘하기 쉽다고 주장한다. 왼손잡이들은 오른손잡이들보다 상대적으로 우측 뇌를 많이 사용하므로 멀티태스킹(한꺼번에 여러 일하기) 능력이 뛰어나 얽혀 있는 과제를 해결하는 데 유리하다.

5) 두뇌 리더십

프랑스 록시땅(L'Occitane)사 CEO 가이거(R. Geiger)의 좌뇌와 크리에이티브 컨설턴트 올리비에 보송(O. Baussan)의 우뇌를 합하여 놀라운 경영을 하고 있다. 가이거는 경영이 탁월하고, 보송은 화장품 개발이나 상품 디자인 및 아이디어 개발에 천재성을 가지고 있으며 창조적 능력이 뛰어나다. 이것은 두 사람의 역할을 뇌의 양쪽에 비유한 것이다.
천성이 상극인 두 남자는 이성과 감성의 조화라는 두뇌 리더십를 발휘하고 있다. 서로 믿고 상대방에 대해서 간섭하지 않는다. 그들은

자연주의 화장품사를 동업하면서 1994년 매장 3개로 시작해 현재 100
개국 1,500개로 키웠다. 자신이 갖지 못한 더 훌륭한 반쪽을 상대방에
게서 구하고 함께 성공을 일궈낸 것이다. 그들은 해마다 휴가도 같이
보내며 사업전략을 논의한다. 이견을 풀어가며 성장한다. 록시땅은
속도경영을 한다. 쉴 새 없이 신상품을 출시하고, 소비자가 외면하면
바로 거둔다.

6) 빈둥거림(뇌를 쉬게 함)

헤멀은 "근면보다는 차라리 나태한 창의력을 택하라"고 말한다. 낮
잠을 자는 등 짧은 휴식시간을 자주 갖는 것도 아이디어를 내는 데
도움이 된다.

인텔의 문화인류학자 제네비브 벨은 '지루함의 미학'을 통해 혁신
적 아이디어가 나온다고 주장한다. 그는 지루함을 느끼는 순간에 뇌
는 스스로를 돌아보고 새롭고 혁신적인 아이디어를 떠올릴 수 있도
록 한다고 주장한다. 지루함이 인간에게 이로움을 준다는 것이다. 그
가 말하는 지루함은 그저 멍하게 인터넷을 클릭하는 것이 아니라 말
그대로 온전히 하는 일 없이 뇌가 쉬는 시간이다. 샤워를 하거나 잔
디에 물을 주거나 운전을 할 때도 그렇다. 유독 시간이 느리게 간다
고 느끼는 시간들이다. 철학자 하이데거도 지루함을 잠재우려 하기보
다 지루함을 깨어나게 해야 한다고 했다.

IT 칼럼니스트 니컬러스 카도『생각하지 않는 사람들』에서 디지털
기기에 생각하는 능력을 아웃소싱하면서 뇌가 창의적인 생각을 찾아
내기보다 정보를 처리하는 데 급급하게 된다고 했다. 수많은 정보를

받아들이는 데만 쓰다 보면 뇌의 해당영역만 비대해진다. 이에 따라 일부는 본능적으로 디지털 기기들로부터 벗어나기 위한 노력을 하고 있기도 한다. 아무것도 하지 않아도 되는 시간을 일부러 만들며 스스로를 돌아보는 시간을 갖는다는 말이다. 벨은 일부사람이 지속적인 디지털 세례로부터 벗어나기 위해 인터넷 접속이 불가능한 장소를 찾고 있는 것을 발견하기도 했다(김현수, 2011).

<제네비브 벨의 지루함을 되찾는 법>

- 뭔가 늘 생산적이어야 한다는 집착 버리기
- 직장에서 이메일 확인시간을 정해놓고 그때에만 확인하기
- 집안에 IT기기가 없는 공간 만들기
- 다른 사람들과 함께 아무 일도 안 하고 빈둥거려 보기
- 인터넷 없이 주말을 보내보기
- 휴가지로 인터넷이나 통신에서 벗어날 수 있는 장소를 택하기
- 교회나 절 등 종교적인 장소를 정기적으로 찾기
- 갑자기 일이 한가해졌을 때 IT기기로 손을 뻗으려는 충동을 조절해보기

04

창조성을 높이기
위한 방법들

1) 꾸준한 노력

짐 콜린스는 창조성에 관한 한 "늘 칼끝에 서 있다고 생각하라. 성공법칙은 철저한 시간관리에 있다. 50은 창조적인 일에, 30은 가르치는 일에, 그리고 20은 어쨌든 할 일에 사용하라" 주장했다. 시간의 반이상을 창조적인 일에 할애하라는 것은 창조성을 높이기 위해선 꾸준한 노력이 필요하다는 것을 말해준다.

세계적 무용안무가 트와일라 타프(Tharp)에 따르면 창조성은 선천적인 것이 아니라 노력을 습관화하는 데서 싹튼다. 그는 『창조적 습관』이라는 책에서 말한다. "나는 매일 아침을 나만의 의식으로 시작한다. 새벽 5시 30분에 일어나 연습복을 입고 후드티를 걸치고 모자를 쓴다. 그리고 집 밖으로 나와 택시를 불러 세우고 퍼스트 에비뉴 91번가에 있는 헬스장으로 가자고 한다. 그곳에서 앞으로 2시간 동안 운동을 할 것이다. 내 의식의 시작은 바로 택시다." 지극히 일상적인 습관에서 창조성이 싹튼다는 것이다.

2) 생산적 강박관념

특정주제나 목표에 관해서 강박적으로 몰두하고 집중하면 효과적이다. 강박관념이라 하면 흔히 병적이고 부정적인 인상이 강하다. 그러나 창의성 훈련 전문가인 에릭 마이클 등은 오히려 강박관념을 잘 활용하면 얼마든지 생산적인 변화가 가능하며, 그렇게 각자가 자신에게 맞는 생산적인 강박관념을 만들어낼 수 있을 때 삶에 의미가 깃들고 활기가 넘치며 원하는 목표에도 이를 수 있다(에릭 마이클 & 앤 마이클, 2010)고 했다.

생산적인 강박에 쫓기면서 머릿속의 구상을 원고지에 옮기려 하거나, 남다른 성과를 올리기 위해 애쓰면서 회사를 운영해나갈 때, 또는 친구나 자녀가 난해한 과학문제를 이해하게끔 옆에서 도와줄 때 뇌의 힘이 발휘된다.

3) 적으라

기업이 커져 업무가 복잡해지고 생산하는 제품이 다양해지면서 기록의 중요성이 점차 커지고 있다. 지식산업의 최대자원은 기록이다. 적는 자가 살아남는 시대가 왔다. 그 기록을 인터넷에 올려 공유하면 지식의 축적 및 이용, 확대 및 창출이 가능해진다.

창조시대에는 적는 습관이 중요하다. 모든 것을 적어 기록으로 남기면 도움이 된다. 낭비를 제거하는 방법, 일 잘하는 방법, 홍보 잘하는 법, 가격 잘 결정하는 법, 수요동향 예측 잘하는 법, 배송기간 줄이는 법 등을 사내 인터넷 망을 통해 올리고 서로 사용한다.

LG전자에는 사내 엑스퍼트 제도가 있다. 각 사업부에서 추천을 받은 500여 명의 엑스퍼트가 직원들의 질문에 답을 한다. 다른 직원도 질문과 대답을 검색해볼 수 있다. 사내 인터넷망에 100만 건이 넘은 다양한 경영정보가 들어 있다. 이 회사가 높은 실적을 내는 이유 가운데 하나는 적는 문화 덕분에 업무효율이 높아졌기 때문이라는 평가다.

기록은 소프트웨어 업체의 중요한 자산이다. 국내 모바일 게임업체 게임빌은 '지엑스 라이브러리(GX Library)'를 운영하고 있다. 회사는 지난 10년간 게임을 개발하면서 적어놓은 노하우를 이 지식창고에 쌓아두었다. 예를 들어 국내외에서 사용하는 수백 종류 휴대전화의 특성과 모델별로 게임을 개발할 때 주의해야 하는 내용이 들어 있다. 이 지식 때문에 남보다 빨리, 오류가 없는 게임을 만든다.

4) 아이디어 3B 법칙

아이디어의 3B 법칙에서 3B는 욕조(bathtub), 침대(bed), 버스(bus)의 약자이다. 기발한 아이디어는 욕조에서 몸을 담그고 고개를 들어 휘휘 돌리다가, 침대에서 뒹굴다가, 버스나 기차를 타고 아무 생각 없이 창밖을 보다가 문득 떠오른다.

앞만 보는 긴장상태에서는 아이디어가 생기지 않는다. 어깨 힘을 빼고 고개를 들어 두리번할 때 창의성이 높아진다. 시선의 위치가 창의성을 좌우한다. 시선이 변하고 보이는 사물과 각도가 달라지면 생각도 다른 생각을 할 수 있다. 그래서 주변에 개발을 하는 열린 자세가 중요하다. 자투리 시간 10분이 10시간 효과를 낸다. 서류 검토, 토막잠, 독서뿐 아니라 정보 확인, 지시 같은 업무도 짧은 시간 이동하는 차 안에서 가능하다. 기다리는 시간을 기분전환의 기회로 삼고, 일에 착수하기 전 윤곽을 미리 그려놓으며, 짬짬이 떠오르는 생각을 메모로 정리한다(순도, 2010). 아이디어가 갑자기 떠오르는 장소로는 3B가 손꼽히지만 현장에서 기록하지 않기 때문에 각별히 노력할 필요가 있다.

5) 대화와 영상

작은 변화와 자극을 통해서도 조직구성원의 창의성을 높일 수 있다. 그 보기로 점화효과가 있다. 점화효과란 먼저 제시된 정보에서 연상된 개념이 나중에 제시된 정보를 해석할 때도 영향을 주는 것을 말한다. 독일 브레멘대의 옌스 푀르스터는 실험 참가자를 두 그룹으로 나누어 진행한 실험을 통해, 점화효과가 창의성을 높이는 데 영향을 준다는 것을 입증했다. 즉, 한쪽 그룹에는 자유와 일탈의 상징인 펑크족을, 다른 쪽에는 논리적이고 보수적인 공학자를 머릿속에 떠올리게 했다. 그 뒤 창의력 테스트를 했더니, 펑크족을 연상한 그룹이 훨씬 월등한 창의력을 보였다. 이것을 기업에 어떻게 적용할 수 있을까? 업무 시작 전에 그저 판에 박힌 듯 일하도록 하기보다 직원들에게 주제 제한 없이 자유로운 대화를 나누거나 다양한 그림 또는 영상을 볼 수 있는 시간을 마련해주면 효과가 높을 수 있다.

대화를 할 때 묻고 적어도 5가지 다른 생각을 내놓고 토론하도록 하라. 나아가 비판을 허용하는 태도가 중요하다. 남의 비판도 기꺼이 받아들일 마음가짐이 되어야 한다. 비판을 두려워하면 그 순간 창의적인 사고는 불가능해진다.

6) 스토리텔링

미국의 마스카라 브랜드 메이블린의 탄생 배경에는 이야기가 있다. "넌 얼굴이 예쁘지 않아"라는 핀잔과 함께 남자 친구한테 딱지를 맞은 여동생 메이블을 위해 오빠가 만들어낸 것이 마스카라다. 수십 년 전에 잠시 회자되고 말았을 이 에피소드는 '제2의 메이블을 찾습니다'라는 캠페인으로 부활했다.

창조성에서 자주 등장하는 것이 스토리텔링(Storytelling)이다. 스토리텔링이 중요한 이유로 다니엘 핑크는 말한다. "현재 우리에게는 팩트(fact, 사실)들이 넘쳐난다. 그런 팩트들을 스토리로, 문맥으로 엮어내지 못하면 팩트는 증발된다."

스토리텔링은 마케팅에서 아주 중요한 역할을 한다. 아기자기한 줄거리를 좋아하는 건 사람의 본성이다. 한정된 예산으로 마케팅 효과를 오래 지속시킬 수도 있다. 오리콤 브랜드 전략연구소가 국내외 100여 기업의 스토리텔링 사례를 다섯 달간 분석해 성공 마케팅의 비법을 뽑아봤다. 스토리텔링 마케팅의 성공 여부는 스토리를 잘 전달하는 기법보다 스토리 자체의 콘텐트에 달렸다. 많은 기업이 이 마케팅 기법을 구사하고 싶어 하지만 제대로 된 스토리를 찾는 게 어렵다고 말한다. 하지만 소재는 의외로 가까운 곳에 있다. 개발자와 소비자를 통해 현장의 목소리를 들을 필요가 있으며, 소비자의 반응도 중요하다. 자연스럽게 우러나오는 이야기가 아니면 거부감을 느낀다. 수시로 스토리와 연관된 이벤트를 벌이고 이를 과학적으로 평가하고 관리하지 않으면 아무리 재미난 스토리라도 잊힌다. 따라서 스토리 관리도 중요하다(최지영, 2009).

7) 비틀어 보기, 거꾸로 보기

음악은 듣는 것이고, 미술은 보는 것이다. 그러나 창의성에서는 그렇게 말하지 않는다. 음악을 보게 하고, 미술을 듣게 한다. 창의성은 통념을 깨뜨리고 시각과 청각을 오가게 한다.

번트 슈미트(Schmitt)는 성우(聖牛, sacred cow)를 죽이라 말한다. 힌두교에서는 성우를 신성시한다. 성우는 기업이나 조직이 절대로 반대할 수 없는 통념, 관행, 경영 신조다. 성우를 죽이라는 것은 인도에서는 상상할 수 없는 일이지만 비즈니스에서 한 번 저질러 볼 경우 반향이 다르다. 통념을 깨뜨리란 말이다.

한국 유학생들은 시험은 잘 보지만 창조적인 논문을 쓰는 능력이 부족하다는 평가를 받곤 한다. 외국교수들은 유학생 지도를 할 때 가장 큰 애로사항이 당당히 '아니오'라고 말하지 않는 소극적 태도라고 지적한다. 한 교수는 한국학생을 지도할 때 가장 먼저 하는 일이 지도교수인 자신의 의견이 틀렸다고 말할 수 있게 하는 태도를 갖도록 만드는 일이라 했다. 한 학생으로 하여금 이런 태도를 갖게 하는 데 3년이 걸렸다.

정준양 포스코 회장은 창의는 통찰에서 나오고 통찰은 관찰에서 나오는데 관찰은 비틀어 봐야 한다고 주장한다. 남과 똑같은 프레임 안에서 보면 다른 사고가 나오지 않는다는 것이다. 그런데 응용력이 없는 사람에게 창의력을 발휘하라는 것은 사실상 불가능하다. 바로 그 때문에 직원들로 하여금 응용력과 창의력을 키우는 교육을 시킨다. 그는 창의 놀이방을 만들고 미술작품 관람을 하게 한다. 사내 미술관에서 직원들이 다양한 아이디어로 한지공예와 은세공 등을 직접 경험해보는 프로그램을 가지기도 한다.

<거꾸로 생각하기>

"'NO'를 거꾸로 쓰면 전진을 의미하는 'ON'이 된다." 노먼 빈센트 필의 말이다. 요즘 거꾸로 이해하기에 대한 관심이 높아지고 있다. 창의성의 주요주제로도 등장한다. 이에 관련된 것을 모아보면 꽤 우리 생각을 바꾸게 하고, 보다 여유를 갖게 한다. 그것들이 무엇인가 어서 만나보자.

- 왕따는 외롭게 만든다. 하지만 "왕은 따로 논다" 생각하면 고까짓 것이다.
- 아내의 잔소리를 좋아할 사람은 없다. 고객의 불만사항이라 생각하라. 그것만 실행하면 인생살이 쉬워진다.
- 사람들이 나를 비웃는다. 생각을 바꾸라. "아, 이제 나를 질시하기 시작했구나!" 댓글에 시달리는가? 당신이 그만큼 뛰었다 생각하라. 마음이 편해진다.
- 조센징은 경멸적 언어다. 하지만 그렇지 않다. 조선은 이미 '선택된 민족(Chosen people)'이었다.
- 3D는 Dirty, Dangerous, Difficult라고? 고정관념을 버려라. 3D는 Dream, Dynamic, Different다.
- "생각 마라!/포기할/때가 왔다"고? 거꾸로 읽어보라. "때가 왔다/포기할/생각 마라!"

콜럼버스는 인도로 가는 반대의 항로를 찾다가 웨스트 인디에 도착해 신대륙을 발견했다. 피타고라스는 물질을 정신세계의 잣대로 재다가 '피타고라스의 정리'를 만들어냈다. 상식대로 생각하고 행동했다면 결코 얻지 못했다. 거꾸로 생각하라. 여기 동요 '거꾸로 보는 세상'이 있다.

"철봉에 거꾸로 매달려/세상을 바라보면 랄랄라/하늘은 파란 땅 땅은 큰 하늘/뱅글뱅글 재미있는 세상이지요/학교도 거꾸로 나무도 거꾸로/친구들의 야호 소리 호야 호야/거꾸로 거꾸로 생각해보면/미움도 사랑되고 웃음 되지요."

세상이 원래부터 이랬던 것은 아니다. 이 세상을 매일같이 아비규

환의 전쟁터로 만든 건 우리 자신이다. 생각을 바꾸라. 세상이 달라 보일 것이다. 거꾸로 걸어보라. 거꾸로 물어보라. 밀어서 안 열리면 끌어당겨 열라.

두부 한 모로 벤처 성공신화를 이룩한 일본 두부업체의 CEO 다루미 시게루는 말한다. "물과 공기를 파는 장사꾼이 돈을 가장 많이 번다. 두부에는 물과 공기가 다 들어 있다." 시게루는 두부 장사를 했던 어머니의 대를 이었다. 새로이 다시 시작하는 마음으로 사업에 임했다. 그리고 결심했다. 반드시 성공하겠다. 그는 남들이 하찮게 생각하는 두부 한 모에 자신의 신념과 경영철학을 담아 더 큰 회사로 확장시켰다.

성공의 비결은 거꾸로 발상법. 본질을 파고들어 거꾸로 생각한다. 새로운 상품을 개발할 때 가장 중요한 점은 기존 상식에 얽매이지 않아야 한다는 것이다. 오늘날 두부 소비의 주류를 이루고 있는 것은 연두부지만, 천연간수를 사용하면 연두부 특유의 매끈매끈한 느낌을 낼 수 없다. 일반두부처럼 거칠한 느낌이 남는다. 시게루는 이 점을 노리고 천연간수를 이용한 연두부를 개발했다. 그리고 최선으로 연두부를 만들었으나 콩으로 부유(윤택)하게 살아보자는 뜻에서 이름도 두부(豆腐)를 두부(豆富)로 바꾸었다. 거꾸로의 발상법이다.

거꾸로 발상법은 여기서 끝나지 않는다. 약점을 장점으로 바꾼다. B급 제품을 처음부터 B급 제품이라 밝히면 소비자들은 절대로 사지 않을 것이다. 그래서 일부러 B급 유부에 '못난이'라는 이름을 붙이고, 그 옆에 '된장국 전용'이라 덧붙였다. 조사에 따르면 두부와 연두부를 산 소비자들의 95%가 두부와 유부를 된장국에 넣는다 했다. 유부를 된장국에 썰어 넣을 거라면 아무리 모양이 들쑥날쑥해도 맛에는 전혀 지장이 없기 때문에 별 문제가 안 된다. 모양과 크기가 들쑥날쑥하다는 단점이 오히려 장점으로 바뀐 것이다.

8) 익숙한 것으로부터의 결별

1998년 12월 11일 플로리다의 케이프 케너베럴에서 화성 기후 탐사선이 발사되었다. 순조로운 출발로 문제가 없을 것 같았던 탐사선은 도착예상 시간이 되어도 통신이 되지 않았다. 탐사선을 결국 화성에서 잿더미로 변했다. 왜 이런 참사가 생겨난 것일까? 답은 의외였다. 바로 길이에 관해 표준이었던 미터법을 사용하지 않았던 것이다. 미국의 나사와 영국 및 여러 나라에서 공동으로 추진된 사업이었기 때문에, 길이에 대해 서로 다른 도량형을 사용했기 때문에 오차가 발생한 것이다. 우주항공 산업은 약간의 오차도 허용할 수 없다. 이 사건을 계기로 미국의 나사도 결국 오랫동안 사용해온 영국식 도량형의 단위인 피트를 버리고 미터법으로 교체하였다.

이렇듯 혁신적이라 생각되는 미터법을 전부 사용하는 것도 아니다. 그렇다면 왜 불편하고 오차가 많은 영국식 도량형을 고집해왔을까? 답은 간단하다. 사람은 익숙한 것을 쉽게 버리지 못하기 때문이다. 실리콘밸리에서 일하던 사람들을 상대로 조사한 결과 자신의 직업이 바뀌었어도 실리콘밸리를 떠나지 않겠다고 했다. 그 이유는 이사에 대한 비용보다 다른 곳에서의 적응을 싫어한다는 것이었다. 익숙한 것으로부터 결별하지 않으면 변화하기 어렵다.

<심리적 거리와 창조성>

천재 중에는 창조적 작업을 하는 과정에서 특이한 상황에 의존한
경우가 적지 않다. 칸트는 자기 방 창문에서 보이는 탑을 뚫어지게
응시하면서 영감을 얻곤 했다. 프로이트는 백 개비도 넘는 담배를
피우며 기분전환을 시도했다. 발자크나 플로베르처럼 술에 의존한
소설가들은 수도 없이 많다. 이러한 사례를 통해 창의성이 개인의
타고난 재능이긴 하지만 특이한 상황의 영향을 받는다는 사실을
확인할 수 있다.

사회심리학자들은 보통 사람들도 상황을 활용하면 창의적 능력을
끌어올릴 수 있다는 연구결과를 내놓았다. 사람을 때때로 창의적으
로 만드는 상황의 하나로 '심리적 거리(psychological distance)'가 손
꼽힌다. 심리적 거리는 해석수준이론(construal level theory, CLT)에
의해 설명된다. CLT는 심리적 거리가 어떻게 개인의 사고와 행동
에 영향을 미치는지 분석한다. 한마디로 객관적인 상황 자체보다
그에 대한 해석이 중요하다는 뜻이다.

뉴욕대 야코브 트롭(J. Teurop)과 텔아비브대 니라 리버만(N. Lieberman)
은 CLT를 발표하고, 사람은 동일한 사건에 대해서도 시간적 거리
에 따라 다르게 판단하는 성향이 있다고 주장했다. 이어서 이들은
시간적 거리는 물론 공간적 거리나 사회적 거리에 의해서도 동일
한 사건이 달리 해석된다는 이론을 완성했다. 인디애나대 심리학자
라일 지아는 공간에서 심리적 거리를 증대시키면 창의성이 향상된
다는 실험결과를 발표했다. 사물을 멀찌감치 두고 생각하면 좀 더
창의적으로 되는 까닭은 사물을 좀 더 추상적으로 보기 때문이다.
가령 옥수수를 가까운 거리에서 구체적으로 보면 낱알을 생각하며
식품으로밖에 여기지 않지만 먼 거리에서 추상적으로 보면 땔감을
연상하게 된다. 이를테면 옥수수가 생물연료인 에탄올의 원료로 각
광을 받고 있는 사실을 떠올리게 된다. 서로 연관이 없는 개념인
곡물과 에너지를 동시에 연상하는 것은 그만큼 창의적 사고를 하
게 됐다는 뜻이다.

이 연구결과에 대해 CLT 제안자인 니라 리버만은 일상생활에서 응
용할 만한 가치가 있다고 높게 평가했다. 리버만은 심리적 거리를
응용하여 창의성을 향상시킬 수 있는 간단한 방법을 열거했다. 먼
나라로 여행을 떠난다. 여의치 않으면 그곳에 가는 것을 꿈꾼다.
먼 훗날을 상상한다. 자신과 다른 사람들을 떠올려본다. 불가능해
보이는 문제에 봉착하더라도 쉽게 포기하지 않고 그 문제와 거리

를 두고 씨름하다 보면 언젠가 답이 나온다(이인식, 2011).

9) 색다른 경험에 노출시키기

『빅 싱크 전략』을 쓴 번트 슈미트는 큰 생각을 하려면 자신을 색다른 경험에 수없이 노출시켜보라 한다. 예를 들어 유명 첼리스트 요요마는 외교관 지망생이었다. 또 무용안무가 트와일러 타프는 사전에서 단어를 찾을 때 그 단어 바로 앞에 있는 단어와 다음에 있는 단어도 함께 읽는다. 다음번 좋은 아이디어가 어디서 올 것인가 모르기 때문이다. '놀부보쌈'과 '사월에보리밥'으로 유명한 외식업계의 대부 오진권은 한 끼 식사도 아무 데서나 먹지 않는다. 1년에 600여 차례 벤치마킹의 기회를 허비하지 않기 위해서다. 기업 역시 뭔가 아이디어를 짜내려면 전혀 엉뚱한 분야의 기업을 벤치마크하고, 전혀 연관성이 없어 보이는 것들을 연결시켜 보는 것이 좋다.

10) 자연과 가까이 하라

창조성은 책상보다 의외로 자연에서 얻는 수가 많다. 사람들은 자연을 즐기며 자연을 통해 많은 생각을 하게 된다. 다빈치도 가우디도 자연에서 소재를 얻고 상상을 하고 작품을 남겼다. 자연은 생각의 교과서다. 자연을 보며 그것과 대화하라. 풀릴 것 같지 않은 경영문제도 자연 속에서 답을 얻을 수 있다. 창조성에 관한 한 자연은 우리가 생각하는 것 이상으로 많은 수확을 얻게 한다.

<가우디의 사그라다 파밀리아>

가우디는 자연이 그의 교과서였다. 수학을 좋아하고 홀로 사색하기를 즐겼다. 결혼은 하지 않았다. 그는 탱고를 추는 여인을 보며 곡선의 아름다움을 깨달았다. 그는 곡선을 여러 건축물에 도입했다. 직선이나 직각이 인간의 선이라면 곡선은 신의 선이라 했다. 그리고 곡선이 구조적으로 가장 안정된 상태라 했다. 혁명적인 발상이었다.

자연의 영향을 받은 그는 몬세라트 산을 좋아했다. 6만여 개의 봉우리를 가지고 있는 이 산은 예수님이 십자가에 달리는 순간 태어났다는 전설이 있다. 신앙심이 깊은 그는 자주 이곳을 찾았다. 그는 자연을 가장 완벽에 가까운 구조로 보았다. 그리고 이 구조를 건축에 재현하고자 했다. 그 건축물이 바로 사그라다 파밀리아다. 마치 그 산봉우리들이 교회로 옮겨진 것 같은 형상을 하고 있고, 곳곳에 곡선의 세계가 펼쳐져 있다. 말년에 그는 이 교회를 짓는데 전념했다. 사그라다 파밀리아는 예수님의 탄생, 죽음, 그리고 부활을 상징으로 삼았다. 그의 나이 31세에 착공해 43년간 건축했지만 예수의 탄생부분만 그의 손으로 완성하고, 나머지는 아직도 진행 중이다. 예수의 죽음과 부활 부분이 완성되면 사그라다 파밀리아는 장엄한 건축물로 탄생할 것이다. 그는 교회를 지으면서 신의 은총이 가득한 빛의 공간이 되기를 바라면서 설계했다. 이 교회는 신이 머무르는 곳, 기도하는 곳이 될 것이며 종교를 올바르게 볼 수 있는 넓게 열려진 공간이 될 것이라 했다. 비록 자신은 고독하게 살았지만 사람들이 이곳에 와 위안 받기를 기원했다. 그에게 있어서 교회는 이처럼 신을 만나는 곳이자 신에게 닿는 곳이다.

말년에 그의 삶은 산책, 공사, 기도생활이 전부였다. 1926년 상념에 잠긴 채 무심코 건널목을 건너다 그만 자동차에 치이고 말았다. 죽은 지 3일이 되어서야 그의 죽음을 알게 되었다. 그동안 행려병자로 간주되었다. 위대한 건축가가 그렇게 가다니 가슴이 아프다. 그는 지금 사그라다 파밀리아 지하 묘소에 묻혀 있다. 그는 죽었지만 교회는 지금도 지어지고 있다. 고독하게 살았던 그지만 많은 사람들에게 하늘의 위로를 받을 수 있는 공간을 제공하고자 했다. 얼마나 아름다운 마음인가? 그는 건축물을 통해 교회는 무엇이어야 하는가를 가르쳐주고 있다. 가우디의 사그라다 파밀리아는 바로 이런 곳이다.

11) 마인드 맵

마인드 맵(mind map)은 사고력과 창의력을 키우는 데 아주 좋은 방법이다. 언론인 토니 부잔이 통합적인 사고를 위해 개발해낸 사고의 툴이다. 글로 쓰기보다 이미지화한다는 특징이 있다. 원래 가로로 된 종이에 손으로 그리는 것이 원칙이다.

- 가로로 된 종이의 중심에서 시작한다.
- 중심생각을 나타내기 위해 이미지나 사진을 이용한다(3가지 이상의 색).
- 전체적으로 색깔을 사용한다.
- 중심이미지에서 주가지로 연결한다. 주가지의 끝에서부터 부가지로 연결한다. 그리고 부가지의 끝에서 세부가지를 연결한다.
- 구부리고 흐름이 있게 가지를 만든다.
- 각 가지 당 하나의 키워드만을 사용한다.
- 전체적으로 이미지를 사용한다.

<상상과 창조를 일으키는 10가지 비밀>

유영만은 「상상하여 창조하라」에서 상상과 창조를 일으키는 10가지 비밀을 소개한다. 모든 것은 상상하는 대로 이루어진다. 행복을 상상하면 행복해지고 불행을 상상하면 진짜 불행해진다. 그는 창조의 원천으로 상상을 강조한다. 상상을 걷잡을 수 없는 공상이나 헛된 망상에 불과하다고 생각하는 사람들에게 일침을 가하며, 창의나 창조에 상상이 큰 역할을 한다고 주장한다. 특히 인간 존재의 조건은 창조이며, 어떠한 삶을 영위하든 모든 삶의 여정은 창조로 시작해서 창조로 끝난다. 그 끝은 또 다른 창조로 연결되는 영원한 시

작이다. "나는 상상한다, 고로 존재한다." 상상과 창조를 일으키는
그 비결(ImCreative Principles), 곧 상상과 창조의 행진곡은 다음과
같다.

- Watch! 눈여겨봐라(관찰, 관심, 호기심, 메모).
- Question! 마음으로 물어라(질문이 죽으면 호기심도 죽는다).
- Tolerate! 안 보여도 참아라(거시기의 무한함).
- Visualize! 이미지로 그려라(마인드맵 생각의 이미지화).
- Reverse! 뒤집고 엎어라(말 그대로 뒤집고 엎어라).
- Respect! 차이를 존중해라(모든 꽃이 한순간에 피지 않는다. 다름
  의 중요성).
- Embrace! 모순을 끌어안아라(아이러니와 패러독스).
- Combine! 이것저것 엮어라(구슬은 서 말이라도 꿰어야 보배다).
- Challenge! 좌우지간 저질러라(실패를 두려워 말자).
- Play! 신나게 놀아라(이왕 하는 거면 즐겁게 신나게).

12) 트리즈

트리즈(TRIZ)는 주어진 문제를 해결하는 과정에서 발생하는 모순
을 찾아내 그것을 극복할 수 있는 방법을 찾는 의사결정이론이자 창
의성이론이다. 트리즈는 원래 신제품 개발을 위해 발명되었지만 최근
엔 경영, 정치, 사회 등의 영역으로 확장되고 있다. 정부기관에서는
트리즈를 이용해 민원을 해결하거나 정책을 책정하고 있다. 트리즈는
무엇보다 기업에서 주목을 받고 있다. 신기술 개발을 스피드 있게 할
수 있고 시행착오에 따른 비용을 줄일 수 있기 때문이다.

트리즈는 구소련 해군에서 특허심사를 담당했던 겐리히 알츠슐러
에 의해 창안된 것이다. 그는 이 일을 하면서 세상에 있는 모든 문제
는 동일한 문제의 반복임을 알게 되었다. 그는 누구나 창의적으로 문
제를 해결할 수 있는 일반적인 문제해결 도구로 트리즈를 내놓았다.

문제는 크게 논리적 문제와 감정적 문제로 나뉜다. 그중 트리즈는 문제 하나의 답이 무한대인 창조형 문제와 감정적인 판단을 문제해결의 우선순위로 두는 가치형 문제를 다뤘다. 트리즈는 논리적인 사고가 필요한 창조적 문제와 감정적 사고가 필요한 가치형 문제 모두에 쓰이기 때문에 경영과 공학 외 여러 인문분야에서의 문제해결에 사용할 수 있다.

나아가 트리즈는 문제해결 시 규칙성과 모순성이라는 두 개의 관점을 사용한다. 물리적 모순을 완화시키는 전통적인 방법은 타협이다. 문제를 타협하려면 어느 정도 조건을 포기해야 한다. 하지만 트리즈에서는 타협이 아니라 양자를 동시에 만족시키는 대안을 찾는다. 기존의 문제풀이는 문제를 풀어가면서 시행착오를 겪지만 트리즈는 문제의 해결이 가져올 결과의 가짓수까지 모두 생각한 뒤에 문제를 풀어간다.

트리즈는 4단계의 과정을 거쳐 해법을 찾아낸다. 모순의 원인파악, 모순의 원인을 40가지 변수 중 적합한 것으로 치환, 변수들의 조합구성, 최적의 해결원리 도출이다. 모순의 원인들로 집중 또는 분산, 측정, 직접 또는 간접, 조건차이, 자원부족, 안정 또는 불안정, 방법오류, 관점오류, 균형 또는 비균형, 공간효율, 경직 또는 유연, 피드백, 차이, 유해요인, 설정오류, 명칭 또는 형상 등이 있다.

트리즈에서 가장 중요하고 실용적인 부분은 모순에 집중해 문제해결에 필요한 논리를 추론해나가는 것이다. 경계영역을 도식화하고, 모순을 도출하고 분석하며, 기능을 분석하면서 문제해결에 접근한다. 경계영역의 도식화는 문제상황의 영역을 도식화함으로써 본질적인 원인을 찾아낸다. 모순도출에서는 전 단계를 기반으로 문제를 일으키는 모순을 찾아낸다. 모순분석 단계에선 공간적, 시간적 모순으로 나눠 해결방법을 찾는다. 간단한 문제의 경우 이 단계에서 해결점을 찾지만 좀 더 고난이도의 모순을 해결할 때는 기능분석 단계를 거친다.

삼성전자는 1998년 트리즈를 도입한 이후 활발하게 사용하고 있다. 트리즈 추진 사무국을 두고 러시아 전문가도 영입했다. R&D 인력의 절반이 트리즈 교육을 받았고 계열사별로 트리즈 인력양성 프로그램을 추진하고 있다. 난관에 부딪친 문제를 혁신적으로 해결하는 데 도움을 받고 있다. 현재 트리즈는 신제품 이미지 개발, 상해, 환경재난 극복 문제 등 여러 분야에 확장되고 있다. 트리즈로 문제해결 연습을 많이 하다 보면 문제의 오류에 대해 고민하고 토론하게 된다. 모순된 문제를 찾고 해결하는 과정에서 창의성이 길러진다.

한마디로 트리즈는 이상적인 목표를 달성함에 있어서 이를 불가능하게 하는 모순상태를 트리즈를 이용해 푸는 것이다. 이 문제는 우리의 실생활 문제일 수 있고, 기업이 봉착한 난제일 수도 있다. 살아가면서 부딪히는 다양한 모순된 문제에 대해 고정관념을 벗어난 시각으로 문제를 보고 해결의 길을 찾는다. 문제의 해결점을 찾기 위해서는 평소 비판 없이 받아들이던 사회문제나 사물들도 새로운 시각으로 바라보게 된다. 창의성은 여기서 길러진다.

<신공항 갈등에 '트리즈 해법'을 적용하면>

한국산업기술대 교수 이경원은 신공항 갈등에 '트리즈 해법'을 적용하는 아이디어를 내놓았다. 최근 동남권 신공항 문제가 또 하나의 국가적 갈등문제로 불거질 전망이다. 정치권에서 '표(票) 표퓰리즘'에 의해 충분한 사전 검토 없이 신공항 건설을 공언했고, 결국 입지평가위원회에서는 국가 전체 경제성 등을 고려해 동남권 신공

항을 건설하지 않기로 결론을 내린 것이다. 해당 지역 주민과 관계자들은 정부 등을 성토하면서 사회갈등을 키워갈 것 같다. 상생의 길이 뭔지 차분히 고민해봐야 한다. 여기에 요즘 스마트경영, 창조경영을 위한 생각의 도구로 주목받는 '트리즈(TRIZ, 러시아의 창의적 문제해결이론)'의 모순 해소방법을 활용해보자.

동남권 지역발전을 위한 수단으로 신공항 건설을 해야 한다. 이 신공항 건설은 여러 지방 공항의 열악한 운영실태를 보면 경제성이 떨어지는 문제가 있다. 국가 전체 경제성을 위해서는 이 신공항 건설을 하지 말아야 하는 딜레마에 빠진다. 즉, 동남권 발전을 위해서는 신공항 건설을 해야 하고, 국가적 경제성을 위해서는 신공항 건설을 하지 말아야 하는 물리적인 모순의 상태이다.

트리즈는 이런 상황에 대한 여러 문제해결 원리를 제시한다. 그중 하나가 분리해서 다른 자원, 수단을 강구하게 하는 것이다. 지역 주민만이 아니라 모든 국민들도 지방발전을 통한 균형발전에 반대하지 않는다는 전제 위에서 관점을 좀 크게 해서 볼 필요가 있다. 동남권, 특히 이번에 상처를 많이 받은 지역의 발전을 위해 신공항 외의 다른 방안을 중앙정부가 지역과 함께 협의해서 대안을 찾고 신뢰를 잃지 않고 국가적인 지원을 하는 것이다.

이 방향으로 트리즈적 대안으로 창원, 울산, 구미, 포항의 성공 예처럼 친환경 공단 조성 또는 도로·철도 확충, 관광·레저·지역산업 육성 등의 다른 대안을 성공시키면 지역발전, 국가적 경제성 확보와 함께 국가 신뢰도 실추 방지라는 세 마리 토끼를 다 잡을 수 있을 것이다. 대한민국이 OECD 국가 중 사회갈등 지수가 최하위권이고 1년에 사회갈등 비용으로 300조 원이 낭비되고 있다고 한다. 이 사회갈등 비용은 국내 굴지의 한 대기업의 1년 순익인 15조 원의 20배에 해당하는 엄청난 비용이다. 정부에서 신공항 건설 중지 결정을 과감하게 했듯이, 서로 감정의 골이 더 깊어지기 전에 적극적으로 대안 마련과 대국민 설득에 나서 보자(이경원, 2011).

13) 열정과 즐겁게 일함

창의성은 누가 강제로 시킨다고 길러지는 것은 아니다. 열정만 있으면 누구나 창의 능력을 80%까지 늘릴 수 있다. 창의성의 기본은 즐거움이다. 그 일에 대해 즐거움을 느끼면 끝까지 해낸다. 직원들을 즐겁게 하라. 스스로 성과를 이루면 쉬라고 해도 나와 일한다. 중요한 일은 기분 좋을 때 하라. 자신만의 리듬을 찾아 절정의 순간 최대 능률을 요하는 일을 하라.

14) 냉정과 열정의 조화

아이디어 발상의 과정과 스님들의 마음공부. 스님이 깨달음을 얻고 어떤 경지에 오르기 위해서는 오랜 시간 창조자의 마음을 공부하는 과정을 거친다. 이것은 아이디어를 내는 일과 유사하다. 아이디어가 하나 떠올랐다고 해서 이에 들떠 급하게 일을 진행하면 사고를 치게 된다. 열정이 아이디어를 위해하게 만든다고 생각하는 사람들이 많지만, 사실 아이디어에서도 냉정과 열정이 적절히 조화되지 않으면 안 된다. 너무 열정을 가지면 아이디어는 끓어오르는 열기에 타서 흔적도 없이 사라지고 만다. 또한 너무 냉정한 사람은 아이디어에 비관적 견해만 찾기 때문에 한 걸음도 앞으로 나아가지 못하게 된다. 이런 문제를 겪지 않으려면, 좋은 아이디어를 하나 붙잡으면 차분하게 다듬어나가는 행위를 거쳐야 한다. 즉, 마음속에 아이디어 인큐베이터를 하나 만들어놓고 끝없이 생각하고 또 고민하다 보면 나도 모르는 사이에 좋은 아이디어로 성장해 있는 것을 보게 된다(최인철, 2008).

15) 인사이트 트립

현대카드, 현대캐피탈의 사장과 임원, 부서장들은 매년 함께 세계

여행을 떠난다. 통찰력, 곧 인사이트를 얻기 위해서다. 이른바 인사이트 트립(insight trip)이다. 신사유람단처럼 집단적으로 아이디어를 찾아다니는 관찰여행이다. 해외의 유명 마케팅 전문회사와 디자인 회사, 방금 지은 건물, 도시개발 현장, 박물관, 갤러리, 콘서트 홀, 성공한 식당이나 바, 가게, 콜센터 등 톡톡 튀는 아이디어로 소문난 곳이라면 모두 방문대상이 된다. 벤치마킹할 요소가 있는 기업도 업종을 불문하고 찾아간다.

배워서 꼭 일에 접목하려는 의무감은 없다. 긴장감 없이 재미있게 본다. 하지만 인사이트 트립을 하고 나면 자연스럽게 다른 기업의 성공 에센스를 이해하고 그 요소들을 사업에 어떻게 접목할 수 있을까 고민하게 된다. 평소 많은 것을 광범위하게 보고 알고 있는 회사와 그렇지 않은 회사, 고민하는 회사와 그렇지 않은 회사의 창의력 수준을 다르다.

05

창의적
리더의 공통점

해멀이 혁신적 비즈니스 리더 200명을 대상으로 조사한 결과 창의적 리더들의 공통점을 다음과 같이 발견했다.

1) 역발상을 하는 사람들(Contrarian)

창조적 리더는 역발상을 하는 사람들이었다. 보통 항공사들의 교과서적인 전략은 허브공항을 중심으로 자전거 바퀴의 살처럼 사방으로 뻗어나가는 운항시스템(hub-and-spoke system)을 개설하는 것이다. 하지만 버진 애틀랜틱항공을 설립한 리처드 브랜슨은 이 전략에서 과감하게 벗어났다. 그는 전 세계 교통량이 가장 많은 도시들만을 연결하는 직항노선(point-to-point) 전략을 택해 성공을 거두었다. 그는 창조경영의 전도사로 불릴 정도다.

마이크로소프트와 구글이 소프트웨어에 대한 접근방법도 역발상이다. 마이크로소프트는 소프트웨어 사업은 돈을 받고 파는 것이 유일한 비즈니스 전략이라 생각했다. 이와 달리 구글은 광고주들에게 광고를 파는 대신 유용한 소프트웨어를 사람들에게 공짜로 제공했다. 역발상을 하는 리더는 관례를 거꾸로 돌려 "이렇게 할 수밖에 없느냐" 되묻는 습관이 있다.

소니, 삼성, 델 등 처음 컴퓨터 시장에 뛰어들었던 기업들이 똑같은 부품 공급 망, 제품 구성을 가지고 있었지만 마이클 델은 "왜 그래야만 하지? 다르게 접근해보자" 했다.

2) 현재를 잘 관찰하는 능력

창조적 인재는 미래를 예측하기보다 오히려 현재를 잘 관찰하는 능력이 있다. 10년 뒤에 세상이 어떻게 변할까에 초점을 맞추기보다 지금 무슨 현상이 벌어지고 있는가를 잘 간파한다. 인맥관계 사이트 페이스북(Facebook)의 성공은 트렌드 파악에 적중한 것이다. 새로운 기술을 개발해낸 것이 아니라 이미 존재하는 인터넷 공간에서 젊은 이들이 어떤 식으로 소통하는지 파악한 다음 그 장터를 열어준 것밖에 없다.

3) 총체적 종합능력

창의적 리더는 세상을 레고 블록으로 보는 능력을 길렀다. 내 회사, 내 분야만 따로 떼어서 보는 것이 아니라 다른 것을 총체적으로 종합하는 능력이다. 창의력을 죽이는 잘못된 습관 중 하나가 자신의 사업을 자신이 만들어내는 것으로 규정하는 것이다. 예를 들어 컴퓨터 제조업, 자동차 회사, 은행 등으로. 그보다는 기저에 깔려 있는 능력에 초점을 맞추면 훨씬 넓은 세상이 보인다. 인터넷 쇼핑몰 아마존이 온라인에서 컴퓨터와 소프트웨어를 빌려 쓰는 클라우드 컴퓨팅(cloud computing) 사업을 하리라 IBM이 상상이나 했을까?

창조경영의
원칙

1) 소비자의 목소리에 귀를 기울이라

　미래사회의 가장 중요한 특징은 집단지성(collective intelligence)이다. 소수의 잘난 사람들이 조직의 의사결정을 전담하던 시대는 지나갔다. 최근 기업에 신제품을 개발하거나 새로운 디자인을 채택할 때 소비자들의 의견을 수렴해 최종결정을 내리는 크라우드소싱(crowdsoucing)을 사용하는 것도 그 보기다. 집단지성이 지배하는 사회는 자연히 감성사회의 특성을 갖게 된다. 의사결정 과정에서 많은 사람들의 마음을 움직여야 하기 때문이다. 논리와 이성으로 일을 해결하던 시대는 가고 이해와 공감이 절대적으로 필요한 감성시대가 도래했다. 정부도 기업도 당위성만 내세울 것이 아니라 사람들의 마음을 얻어야 한다.

　세계적 광고회사 사치 앤 사치의 CEO 케빈 로버츠(Roberts)는 일주일에 적어도 세 번 소비자와 만나야 한다고 말한다. 그는 고객의 생일파티에 초대되는 것을 목표로 하라는 구체적인 행동지침까지 제시한다. 그들과 친하게 놀면서 새로운 아이디어를 탐색할 수 있다는 것이다. 소비자의 소리를 직접 듣기가 쉽지 않은 경우 차선책은 바운더리 스패너(boundary spanner), 곧 외부와의 접점에 있는 회사 직원들의 말을 귀담아 듣는 것이다. 이들은 리더에게 고객의 변화와 새로운 트렌드를 전하는 현장의 전사들이다.

2) 상반된 아이디어를 접할 수 있는 시스템을 만들어라

불편해도 다양한 의견을 들을 수 있는 마음 자세를 유지한다. 다양한 시각을 접할 수 있는 자신만의 시스템을 만들어 활용한다. 리더가 자신과 같은 의견, 듣고 싶은 이야기에만 시간을 할애하면 그것은 시간낭비다. 상반된 아이디어를 다양하게 접하고 이를 통해 자신의 생각을 재조명하는 것이 필요하다. 인텔의 앤디 그로브는 이를 가리켜 '구원의 카산드라'라 한다. 카산드라는 그리스 신화에 나오는 여자 예언자다. 우리 각자에게도 구원의 카산드라를 가지고 있어야 한다. 이들이 애정을 가지고 직언해주고 있는지 확인해보라.

전자제품 유통업체 베스트바이(Best Buy)는 1999년 10조 원이었던 매출이 2008년 40조 원으로 늘었다. 성공비결은 브래드 앤더슨(Anderson)의 탁월한 리더십에 있다. 그는 가정형편이 넉넉지 못했고, 평균 이하의 성적 때문에 대학에 바로 진학하지 못하고 2년제 커뮤니티 칼리지를 졸업했다. 1960년대 후반 앤더슨의 칼리지 시절 학기 첫날 역사학 교수로부터 이해할 수 없는 과제를 받았다. 미국 남북전쟁 중 벌어진 어떤 전투를 기술한 두 권의 책을 읽고 학기말까지 감상문을 써오는 것이었다. 왜 동일한 전투를 이해하기 위해 두 권의 책을 읽으라는 것일까? 앤더슨은 학기 내내 두 권의 책과 씨름하면서 같은 사건을 이렇게 다른 관점에서 해석하고 평가를 내릴 수 있다는 사실에 큰 깨달음을 얻었고, 이 교훈은 그가 인생을 살면서 가장 중요한 철학 중 하나가 되었다. 하나의 사건을 다양한 시각에서 관찰하려는 그의 노력은 그가 회사의 CEO가 된 후 여러 어려운 결정을 내리는 데 중요한 역할을 하였다. 평균 이하였던 앤더슨을 성공한 리더로 탈바꿈시킨 비결도 여기에 있었다(정동일, 2008).

3) 체험과 함께 의미 있는 관계를 형성하라

누군가를 창조적으로 만드는 것보다 창조적인 것을 막는 것이 훨씬 쉽다. 누군가 뭔가 새롭고 다른 일을 할 때마다 벌을 주면 된다. 다른 사람과 똑같이 하라고만 하면 된다. 망하고 싶다면 이렇게 하라. "잘하는 사람을 따라 하라, 실패하면 벌하라, 권위자의 말을 믿어라." 그러면 망한다. 무조건 따라 하고 남의 말을 믿으면 실수도 없지만 발전도 없다.

노암 촘스키는 "나는 다른 사람들이 내게 말한 것을 결코 믿지 않았다. 항상 내 스스로 알아내려고 했다"고 말한다. 이 말은 어떤 권위자가 말했다고 해서 그냥 믿어버리면 당신 스스로 알아내려는 도전을 방해한다는 말이다. 창의성은 사람의 능력(IQ)보다는 오히려 성격이나 기질과 관련이 있다. 창의성은 도전하고, 실수하고, 스스로를 한번 바보로 만들어보며, 다시 추슬러 도전하는 것이다.

심리학자 하워드 가드너는 창조성이 개인 내부의 특성이나 소질에 있는 것으로 파악하는 전통적인 특성론(trait theory)의 관점을 거부한다. 그는 자신의 다중지능이론을 배경으로 창조성에 대해 자신의 관점을 전개한다. 그에 따르면 인간은 내부에 어떤 분야의 대가가 될 만한 소질을 싹으로서 가지고 태어난다. 하지만 이것만 가지고 그냥 창의성을 발휘할 수 있는 성인으로 성장해가는 것은 아니다. 우선 그런 소질을 심화하고 강화시킬 수 있는 적절한 일의 체험 기회, 곧 실습이나 연습, 훈련, 교육을 필수적으로 가져야 한다. 아울러 이런 체험의 과정 또는 그 이후에 타인들, 곧 가족이나 친구, 경쟁자, 후원자 등과 의미 있는 인간관계가 형성되어 있어야 한다.

4) 인문학적 사고를 접합하라

1929년에 시카고대학 총장으로 취임한 로버트 허친스는 "인류의 위대한 유산인 인문고전 100권을 달달 외울 정도로 읽지 않은 학생은 졸업을 시키지 않는다"고 선언했다. 이른바 시카고 플랜(Chicago Plan)이다. 이 플랜의 도입으로 당시 삼류대학이던 시카고대가 하버드대보다 더 많은 노벨상 수상자(73명)를 배출하는 세계적인 명문대학으로 발전했다.

중국과학원은 박사과정 학생들에게 노자를 통달하도록 하고 통과하지 않으면 탈락시킨다. 미시적으로 옹졸해져만 가는 학문적 사고와 시야를 거시적으로 펼쳐내는 수단으로 노자를 첨단과학에 접목한 것이다. "발가락 끝으로 서면 오래 서 있질 못하고 큰 보폭으로 걸으면 멀리 가지 못한다", "하늘과 땅 사이는 마치 대장간의 풀무 같은 것이다. 아무것도 없이 텅 비어 있으면서 무에서 우러나는 힘이 끊임없고 움직이면 움직일수록 그 힘이 커진다." 일상적인 말이지만 그의 말에서 많은 생각을 하게 한다. 이것은 인문적 사고가 중요하다는 것을 가르쳐준다.

이 인문학적 사고가 기업에도 중시된다. 삼성을 창업한 이병철은 "내 모든 경영비법은 논어(論語)에서 나왔다"고 했다. 빌 게이츠는 인문학이 없었다면 나도 없고 컴퓨터도 없었을 것이라 했다. 구글 부사장 테이먼 호로비츠는 IT 분야에서 성공하기 위해선 인문학을 전공하는 것이 유리하다 했다. 그리고 스티브 잡스는 자신의 상상력은 IT 기술과 인문학의 결합에 기초한다고 밝히면서 소크라테스와 점심을 함께할 수 있다면 애플이 가진 모든 기술을 내놓겠다 했다. 인문학에 대한 찬사가 대단하다.

인문학은 창의성과도 관계가 깊다. 인문학(humanities)은 문학, 역사, 철학 등 인간에 대한 탐구를 통칭하는 것으로, 사람에 대한 이해와 통찰력을 제공해준다. 수백, 수천 년의 인류역사를 통해 살아남은 지혜의 보고인 인문고전은 상상력과 무한한 창의력을 샘솟게 하는 샘물이다. 기업이 보다 선도자 역할을 하려면 상상력과 창의력으로 무장된 인재를 양성하는 일이 중요하다. 창의력과 상상력을 가진 인재 양성을 위해서 인문학 교육에 투자하고, 기업활동에 인문학적 사고를 접합할 필요가 있다.

5) 하드 싱킹과 소프트 싱킹을 조화시키라

창의성은 하드 싱킹(hard thinking)과 소프트 싱킹(soft thinking)의 조화가 필요하다. 하드 싱킹은 직선적이고 논리적이며 수치로 측정할 수 있고 가까이서 분석하는 사고방식이다. 이에 반해 소프트 싱킹은 부드럽고 직관적이며 멀리서 보는 사고방식이다.

하드 싱킹이 차이점을 꿰뚫는 관념이라면 소프트 싱킹은 전혀 다른 두 대상 간에도 교집합을 찾는 관점이다. 하드 싱킹이 흑백논리라면 소프트 싱킹은 무지갯빛 변주이다. 전자가 이성이라면 후자는 감성이고, 전자가 좌뇌라면 후자는 우뇌이다.

하드 싱킹은 논리적이고 구체적이며 정확하지만 시야가 좁고 상황이 달라지면 적용이 안 된다. 그러나 소프트 싱킹은 은유적이고 확산적이며 유머와 재미가 있다. 얼핏 모순되어 보이는 개념을 동시에 함축하기도 한다. 이 두 방식은 서로 대비되면서도 서로를 필요로 하며 조화를 이룰 때 예술적인 감흥을 준다.

루트번스타인의 '생각의 탄생'을 보면 역사 속에서 뛰어난 창조성을 발휘한 사람들은 '청각적 형상화'를 사용한다. 우리는 대부분 음악은 듣고 그림을 본다. 하지만 창조적 천재들은 음악을 본다. 머릿속에서 음악을 그리는 것이다. 다빈치도 패턴 인식을 통해 새로운 생각을 떠올리곤 했다. 그는 한 가지 형상에서 무한히 다양한 대상을 그려냈다. 그들은 마음의 눈으로 관찰하고, 머릿속으로 형상을 그리며, 모형을 만들고 유추하여 통합적 통찰을 얻었다.

아이디어를 싹 틔우는 시기에는 소프트 싱킹이 유용하다. 존재하지 않은 새로운 존재를 만들려면 과거에 얽매이지 않아야 한다. 하지만 다음 실행단계에서는 하드 싱킹을 발휘해야 한다. 숫자로 측정하고 논리적으로 실행계획을 세우며 솔루션을 정교하게 만들어야 한다. 소프트 싱킹만 하면 뜬구름만 잡느라 결실을 맺지 못하고, 하드 싱킹만 하면 새로운 흐름을 읽지 못하고 굴러온 떡을 차버리게 된다(우종민, 2011).

6) 실패를 허용하라

하버드대 에이미 에드먼슨 교수에 따르면 창조경영의 최대의 적은 실패를 처벌하는 문화이다. 아이디어를 내면 괜히 피곤하다거나 실패하면 나만 손해라는 인식이 팽배하면 회사는 정체되거나 후퇴한다. 실패를 용인하지 않는 완벽주의는 창의적인 혁신을 가로막기 쉽다.

창의적인 사람들은 실패를 두려워하지 않고 새로운 기회로 받아들인다. 실패가 창조성을 직접적으로 자극한다. 지나친 완벽주의는 창의적 혁신을 가로 막는다. 중요한 것은 실패에서 뭔가를 배우고 다시는 반복하지 않는 것이다. 실패를 처벌하는 문화는 창의의 싹을 죽인다. 실패를 허용함으로써 심리적 안정감을 심어주라.

<실패에서 배우는 법>

- 혼합하라. 디자인 회사 아이데오(IDEO)는 엔지니어, MBA, 언어학자, 심리학자, 생물학자 등을 한 팀에 모아 창의적 아이디어를 끌어낸다.
- 실패비용을 줄인다. 저렴한 모형이나 모의실험을 통해 가능한 많은 시행착오를 겪고 최선의 해결책을 찾는다.
- 실수는 실패가 아니다. 3M에서 실수로 만든 불량 접착제가 포스트잇이란 신상품으로 변신했다.
- 아이디어를 수집하라. 아이데오 직원들은 '테크 박스'란 상자에 자신이 경험한 실패담과 성공담, 각종 아이디어를 넣어 동료들과 공유한다.

제품의 역사를 보면 실패나 우연에서 얻은 교훈이 많다는 것을 알 수 있다. 다음은 그 보기이다(윤희영, 2012). 1920년대 미국의 한 음식점에서 요리사가 햄버거를 태우고 말았다. 당황한 요리사는 탄 부분을 치즈 조각 아래 감춰놓고 시치미를 뗐다. 이 사실을 모른 종업원이 그대로 손님에게 갖다 줬다. 손님은 되레 맛이 좋다고 칭찬을 했다. 이것이 소문이 나면서 치즈버거가 유명세를 타게 되었다.

전자레인지는 레이더를 연구하던 한 미국 엔지니어가 1945년 새로 나온 진공관으로 실험을 하던 중에 나온 아이디어였다. 주머니 속 초코바가 녹기 시작하는 것이 이상해 옥수수로 다시 실험을 해봤다. 팍팍 터지는 옥수수를 본 엔지니어는 그 원리를 요리에도 사용할 수 있겠다 싶어 전자레인지를 만들었다.

감자 칩은 1853년 뉴욕에서 불만에 찬 식당손님이 프렌치프라이가 바삭바삭하지 않다며 주방으로 돌려보내면서 탄생했다. 화가 난 주방장은 가능한 얇게 썰어 바짝 튀긴 후 소금에 처박았다가 다시 내보냈다. 주방장은 손님의 극찬을 받았다.

아이스크림콘은 1904년 세인트루이스 국제박람회 때 생겨났다. 와플을 팔던 상인이 옆 가판대의 아이스크림 판매상이 접시를 다 써버린 것을 보고, 와플 하나를 둘둘 말아 접시 대신 쓰게 해준 것이 계기였다.

비아그라는 심장약을 연구하던 과학자들에 의해 우연히 발견되었다. 실데나필이라는 성분으로 심혈관 약품과 혈압 낮추는 효능 실험을 했는데 실험 대상자들이 약을 되돌려주려 하지 않았다. 발기효과가 생기는 부작용이 좋았던 것이다. 이 밖에 우리가 잘 아는 합성섬유 가발이나 포스티잇도 이런 과정으로 생겨난 제품들이다.

7) 보상하라

　보상은 사람을 창조적으로 만드는 데 중요한 방법이다. 아이디어를 내는 데 있어 시장성의 원리를 도입하는 것이 중요하다. 좋은 아이디어 창출에 보상이 따른다면 사람들은 필요성에 의해 아이디어를 쏟아낼 것이다. 그러나 창의력이 뛰어난 사람은 자존심이 강하고 자신만의 원칙이 있기 때문에 돈만 가지고 그들의 마음을 움직일 수 없다. 당근과 채찍 대신 설득과 감동이 중요하다. 창조적 인재를 충분히 배려하고 그들을 믿어준다. 그를 믿고 기대하고 있다는 것을 느낄 수 있도록 시간을 할애하고, 그들의 생각을 존중하고 경청한다면 좋은 결과를 얻을 수 있다(최인철, 2008).

창조적
기업의 사례들

1) 교토식 경영: 모남과 다름

일본 교토에는 교세라와 일본전산, 롬, 무라타제작소, 호리바제작소, 옴론, 도세, 니치콘, 일본전지, 삼코가 있다. 주로 첨단 IT분야의 핵심 부품업체로 저마다의 분야에서 압도적인 시장 점유율로 세계 톱에 위치하고 있다. 교토에는 교토식 경영이라는 말이 나올 정도로 개성 있는 경영자가 많다. 맨손으로 창업한 기술자 출신의 오너가 많고 강한 개성과 카리스마로 리더십을 발휘하고 있다. 이나모리 가즈오 교세라 명예회장이나 나가모리 시게노부 일본 전산사장 등은 경영의 신으로 불리고 있다.[1]

교토기업의 특징은 무엇보다 다른 사람들의 영향을 받지 않고, 자기 철학, 자기 스타일을 확립해 밀고 나간 데 있다. 그리고 문제의 본질을 추구했다. '인간은 어떤 존재인가, 어떻게 해야 즐겁게 일하게

---

[1] 다음은 이나모리와 자신에 대해 언급한 나가모리 사장의 말이다. "이나모리 회장이 저보다 12살 위인데, 공통점이 3가지 있습니다. 첫째, 열심히 일하고, 둘째, 미래의 꿈을 보는 소년이었고, 셋째, 삼류대학 출신이라는 것입니다."

할 수 있나, 글로벌 경영환경에서 일본식 경영방식을 어떻게 바꿔야 하나' 이런 의문에 깊이 천착했다. 기득권에 안주하는 일본기업 중에 유일하게 그건 잘못되지 않았나 하는 비판정신도 갖고 있다. 사원들의 자주성이 강하고 매우 적극적인 것도 특징이다. 경영자가 권한을 위임하니 스스로 열심히 하고 획기적인 이노베이션을 하게 된다. 위에서 안 시키면 안 하는 일본의 다른 회사들과는 다르다.

일본식 경영과 교토식 경영

구분	일본식 경영	교토식 경영
경영자의 출신	현장 출신자의 내부 승진	기술자 출신 오너
사고방식	동질성 요구, 전체주의적	다양성 존중
사업구조	종합형, 다각화	전문 특화형
시장 지향성	국내시장 → 세계시장으로	세계시장 + 국내시장
자금 조달방식	간접금융(차입 경영)	직접경영(무차입 경영)
인사시스템	연공서열, 종신경영	성과주의, 유연한 고용
기업 간 거래	계열 중심 수직적 거래	개방형 수평적 거래

그중에 하나가 호리바 제작소다. 이 회사는 창의경영을 한다. 회사 사훈은 '재미있고 즐겁게'이다. 인생에서 가장 소중한 시간을 바치는 회사라면 재미있고 즐겁지 않으면 안 된다고 생각하기 때문이다. 혁신을 먹고 사는 벤처기업이 성공하기 위해서는 종업원이 회사에서 재미있고 즐겁게 일하지 않으면 안 되고, 그러기 위해서는 그들의 개성과 창의를 살려주는 것이 중요하다. 일은 힘들다는 전제는 바보 같은 생각으로 간주된다. 상사가 솔선수범해 즐거운 분위기를 만들어야 한다.

창업자인 호리바 마사오는 창의경영을 위해 모남을 강조한다. 모난 사람이 모나지 않은 사람보다 더 뛰어날 가능성이 높다고 보기 때문이다. 그는 신입사원 면접 때 "귀하는 다른 사람과 다른 것이 무엇이냐" 묻는다. 다른 사람과 똑같은 사람은 필요 없다는 말이다. 삐져나온 못은 더 삐져나오게 하라 한다. 심지어 그는 자기와 같은 생각을 하는 직원에게선 월급을 돌려받고 싶다고 한다. 그만큼 다름과 모남을 중시한다. 거기에서 창의가 나오기 때문이다.

2) 난타: 발상의 전환

난타는 주방에서 일어나는 재미나는 일화들을 한국의 전통가락인 사물놀이 리듬에 주방도구들을 사용한 독특한 공연 연출이다. 1997년 10월 첫 공연 때부터 국내 공연계에 이슈가 되어 당시 좌석점유율 110%의 경이적인 기록을 세우며 한국공연 사상 최다 관객 동원기록을 세웠다. 이러한 국내 성공분위기를 이어, 1999년 에딘버러 페스티벌에서는 최고의 평점을 받으며 해외무대를 시작해 미국, 독일, 러시아, 중국, 호주 등에서도 성공을 거두었다. 2004년 2월 아시아 공연물 최초로 뮤지컬의 본고장인 브로드웨이에 전용관이 설립되었다. 또한 한국관광공사는 서울의 10대 볼거리로 난타를 선정했다.

난타는 주장기구들을 두들겨 가며 수많은 리듬과 비트로 상황들을 연출하는 작품이다. 난타의 특별함은 리듬과 비트에 있다. 하지만 난타라는 이름처럼 권투에서 마구 두드리는 그런 리듬과 비트가 아니다. 이미 전 세계적으로 독창성을 인정받은 사물놀이에서 그 리듬과 비트를 가져왔다. 사물놀이 악기 대신 주방에서 흔히 사용하는 프라이팬, 냄비, 주걱 등으로 새로운 느낌의 리듬과 비트를 탄생시켜 다른 공연에서 경험하지 못하는 특별함을 느낄 수 있게 했다. 난타에는 대사가 없다. 대사가 없어도 많은 이들이 난타를 보며 신명나게 즐겁게 웃는다. 그 이유는 국내 작품들이 해외에 진출할 때마다 발목을 잡았던 언어의 한계를, 난타는 비언어 공연을 택하여 세계인과 자유롭게 공감할 수 있게 했기 때문이다.

난타는 초기 기획단계에서부터 세계시장을 목표로 만들어진 작품이다. 좁은 국내시장은 물론 세계무대에서도 통할 수 있는 공연을 만드는 것이 목표였다. 하지만 기존에도 많은 국내 공연들이 같은 목표를 가지고 준비하여 해외 무대진출을 시도했다. 그러나 한국어로 된 작품들은 외국인들에게 국내 관객에게 주었던 동일한 감정과 내용을 전달하는 데는 한계가 있었다. 이 언어의 벽에 맞서, 난타는 오히려 리듬과 비트, 웃음과 비언어를 선택하여 그 한계를 넘어서는 데 성공했다(김상수 외, 2008).

<다 빈치 다시 보기>

피렌체가 미켈란젤로의 도시라면 밀라노는 다 빈치의 도시다. 밀라노에 갔을 때 다 빈치는 살아 있었다. 도시 곳곳에 그의 창조가 빛나고 있었기 때문이다. 예술은 길다.
'최후의 만찬', '모나리자'의 작가 레오나르드 다 빈치. 그는 명성 못지않게 힘든 삶을 산 인물이다. 피렌체의 유명한 공증인 세르 피에르의 아들로 태어났지만 서자 출신이라 차별을 받아야 했다. 교육도 제대로 받을 수 없었다. 어린 시절 그는 학교 대신 밖으로 나가 철따라 변하는 자연을 만나고, 밤이면 하늘의 별을 세며 천체를 익혔다. 그는 자연을 교과서 삼아 삶의 궁금증을 풀어나갔다. 그의 과학적 지식과 예술적 감성은 그렇게 조금씩 키워졌다. 그의 창조성이 자연과 함께 있었다는 점에서 자연은 심성 키우기에 아주 좋은 친구라는 생각이 든다.
아들이 데생에 소질을 보이자 아버지는 그를 화가 베로키오 공방에 견습생으로 보냈다. 허드렛일부터 시작한 그가 어느 날 스승이 그리다 만 그림의 귀퉁이에 천사들을 그려넣었다. 스승은 제자의 솜씨에 놀랐다. 훗날 그는 "스승을 능가하지 못하는 제자는 무능하다"라고 했다. 그는 그만큼 다르고 싶었다. 공방에 있을 때 그는 보티첼리를 비롯해 유명한 예술가들을 보았다. 하지만 그는 그들의 방식을 따라 하기보다 자신의 방법을 개발해나갔다. 그는 말한다. "예술은 자연의 딸이다. 다른 예술가의 방식을 흉내 내지 말라. 그렇다면 예술은 자연의 딸이 아니라 자연의 손녀가 되고 말테니까." 모방만 하면 발전이 없다는 말이다. 그는 새로움과 함께 늘 변화를 꿈꾸었다.

베로키오의 공방에서 조각과 미술, 공예 등을 익힌 다 빈치는 일감을 많이 받지 못하자 돈벌이를 위해 피렌체의 베키오 다리 옆 '세 마리 달팽이'란 이름난 술집에서 일했다. 일한 기간은 잠시였지만 그의 요리 노트는 평생 계속됐다. 그가 추구한 요리는 간소하지만 혁신적인 것이었다. 나이 서른에 밀라노 대공 루도비코 스포르차의 궁에서 전속 화가로 일하며 17년 동안 머물렀다. 그는 그곳에서도 주방과 요리 혁신을 주장했다. 그는 무엇을 하든지 혁신적이었다. 사실 그는 채식주의자였다. 부유층들은 기름진 음식과 진수성찬을 즐겼지만 그는 샐러드, 과일, 채소, 면 등을 즐겨 먹었다. 그리고 "식탁을 떠나자마자 서 있자. 점심을 먹은 뒤에 바로 잠들지 말자. 술은 자주 마시되 적게 마시고 절제하자. 화장실에 가는 일을 미루지 말자"며 자신을 다스렸다. 절제도 창의력이다.

그는 예순 일곱의 나이에 세상을 떴다. 길이 남을 걸작과 엄청난 분량의 기록물을 남겼으면서도 그는 "나는 내게 주어진 시간을 허비했다"고 한탄했다. 하지만 조르조 바사리(Giorgio Vasari)는 그를 가리켜 이렇게 칭송했다.

"우리는 이따금 자연이 하늘의 기운을 퍼붓듯, 한 사람에게 엄청난 재능이 내리는 것을 본다. 이처럼 감당 못할 초자연적인 은총이 한 사람에게 집중되어서 아름다움과 사랑스러움과 예술적 재능을 고루 갖게 되는 일이 없지 않다. 그런 사람은 하는 일조차 신성해서 뭇 사람들이 감히 고개를 들 수 없으니 오직 홀로 밝게 드러난다. 또 그가 내는 것들은 신이 손을 내밀어 지은 것과 같아서 도저히 인간의 손으로 만들었다고 보기 어렵다. 레오나르도 다 빈치가 바로 그런 사람이다."

사생아라는 편견을 극복하고 자신의 결핍을 예술로 승화시킨 인물, 바닥 청소와 잔심부름에도 희망을 접지 않은 인물, 자신의 재능을 늘 혁신과 결부시켜 나간 인물, 그래서 결국 못하는 것이 없는 천재가 된 인물, 그가 바로 다 빈치다.

3) 3M: 자유와 실패에 대한 관용

3M은 광산에서 강옥(鋼玉)을 채취하다 도산한 회사다. 이 기업이
기사회생한 것은 돌이나 쇠를 갈고 닦을 때 사용하는 사포 같은 연마
재 때문이다. 연마재의 입자를 상어 이빨처럼 만들어 갈고 닦을 수
있게 한 것이다. 재료를 유리 깨듯이 조각내 연마재 입자를 만들고
서로 다른 모양의 조각들을 합했다. 연마과정에서 입자가 깨져도 상
어이빨 모양을 유지해 연마력을 높였다. 연마재는 재기의 발판을 마
련해준 창업제품인 셈이다. 3M은 1902년에 창립되었다. 기업도, 기술
도 100년이 넘었다. 하지만 연마재에 이어 스카치테이프, 포스트잇,
교통표지판의 반사소재, LCD TV용 광학필름, 청진기, 반창고 등 창의
제품은 계속 이어지고 있다.

포스트잇은 실패와 우연의 산물이다. 3M의 과학자 아트 플라이는
매주 교회합창 연습 때마다 불편을 느꼈다. 합창단이 부를 찬송가 페
이지를 표시하기 위해 찬송가책에 종이를 끼워뒀지만 종이가 자주 빠
지는 바람에 페이지를 놓치곤 했기 때문이다. 그는 "종이를 책에 임시
로 끼워둘 수 있는 방법은 없을까" 고민하기 시작했고, 3M의 한 연구
원이 발표회에서 소개한 접착제를 떠올렸다. 그 연구원은 강력한 접착
력을 가진 제품을 만들려고 했지만, 개발된 접착제는 접착력이 약하고
실용성이 떨어지는 실패작이었다. 하지만 플라이는 그 연구원과 임시
북마크 연구에 착수했고, 활용도를 메모지로 넓혔다. 그는 제품 견본
을 사내에 배포하면서 시장성을 설득했고 1980년 시판에 성공했다.

포스트잇 개발이 우연히 이뤄졌다고 해도 그것을 가능하게 한 3M의 환경은 결코 우연히 창조된 것은 아니다. 가장 대표적인 것이 15% 룰이다. 구글이 20% 룰로 벤치마킹한 시스템이다. 근무시간의 15%를 자신이 생각한 창조적 활동을 위해 사용하는 것이다. 15라는 숫자가 아니라 15% 룰이 갖는 자유라는 개념이 중요하다. 룰을 안 지켜도 그만이지만 중요한 것은 회사라는 자동차의 핸들에 자기 손을 조금이라도 얹어 자신이 조종하는 느낌을 갖게 하는 것이다. 그러면 도전하고 혁신적이 아니 될 수 없다. 이 기업에게 있어서 혁신은 일회성 이벤트가 아니다. 수천 번, 수만 번 계속된다. 혁신은 문화적 이슈이고 정체성, 가치, 생각하는 방식이다.

짐 콜린스는 3M을 세계 최고의 비전 기업으로 꼽았다. 그에 따르면 진화하는 기계다. 거북이처럼 지속적으로 성공 적응력을 지닌 기업이다(짐 콜린스, 성공하는 기업의 8가지 습관). 한 CEO가 GE의 '효율경영' 따라 해 실적을 올렸지만 직원의 창의력은 짓눌렀다. 다시 3M식 경영을 한 3년 뒤 GE는 무너졌다. 달에 첫 발자국 찍은 암스트롱의 부츠, 육상선수 존슨의 황금신발도 3M의 기술이다. 자유와 실패에 대한 관용, 그 본질이 100년간 누가 사장이든 3M을 키웠다.

4) IDEO: 세계 디자인의 심장

세계에서 가장 유명한 디자인 기업, 이노베이션 대학이란 별명을 얻은 아이디오. 이 회사는 27살의 청년 데이비드 켈리(D. Kelley)가 1978년에 창업했다. 카네기멜런 대학에서 전자공학을 전공한 그는 보잉사에 근무하다 개인의 창의성을 무시한 채 하루 10시간씩 일하는 조직에서 평생 일할 수 없다며 회사를 나왔다. 스탠포드 대학에서 디자인 과정을 이수한 뒤 실리콘밸리 심장부인 팔로알토에서 창업했다. 아이디오는 'ideology'의 앞 글자에서 따왔다. 창립 이후 총 350개의 디자인상을 수상했고, 1,000개 이상의 특허권을 갖고 있다. 2008년에는 구글과 애플, 페이스북, GE에 이어 세계에서 가장 혁신적인 기업 5위로 선정되었다. 창업자 켈리는 현재 스탠퍼드대 교수이자 아이디오의 이사회 의장으로 있다.

아이디오의 디자인 컨설팅 5단계는 관찰(observation), 브레인스토밍(brainstorming) 회의, 포로토 타입(시험용 모델) 빨리 만들기, 정선(refining), 그리고 실행(implementation)이다.

관찰은 사람들의 삶을 관찰하고 경험한다. 관찰에서는 미행하기(shadowing), 행위 맵핑(behavior mapping), 소비자 여정 쫓기(consumer journey), 카메라 일기(camera journals), 극단적 사용자 인터뷰(extreme user interviews), 스토리텔링(storytelling), 다양한 의견수렴(unfocus groups) 등 여러 방법을 사용한다.

미행하기는 인지과학, 인류학, 사회학 등 각 분야 전문가들이 의뢰 기업과 함께 소비자들의 실제 경험을 탐구한다. 사람들의 일상생활을 쫓아다니며 유심히 관찰한다. 행위 맵핑은 특정 공간에서 사람들이 어떻게 행동하는지 며칠에 걸쳐 계속 사진을 찍는다. 사진 일기는 소비자에게 특정 제품과 관련된 활동이나 경험들에 대해 사진 일기장을 만들게 하는 것이다. 극단적 사용자 인터뷰는 제품에 대해 매우 잘 알거나, 아무것도 모르는 사람과 이야기를 해보는 것이다. 스토리텔링은 제품이나 서비스에 관련해 소비자들의 개인적 이야기를 듣는 것이다.

브레인스토밍 회의에서는 한 시간을 넘겨서는 안 되며, 일곱 가지 규칙을 지킨다. 판단을 늦춘다(그 어떤 아이디어도 무시하지 않는다). 남의 아이디어를 발전시킨다('그러나'란 말을 사용해서는 안 된다. '그리고'라고 말해야 한다). 거친 아이디어도 장려한다(기존의 틀을 벗어난 아이디어가 해답일 수 있다). 많을수록 좋다. 쓰고 그려라(벽에 쓰거나 그려가면서 회의한다). 주제에 집중한다. 한 번에 한 가지 이야기만 한다(중간에 끼어들거나 남의 말을 무시하지 않는다). 아이디오의 브레인스토밍 회의에선 판단은 미루고 동료의 아이디어를 발전시킨다. 세상을 바꾸는 상상 놀이터에선 손으로 생각한다. 겁 없이 보스를 놀려줄 수 있어야 건강한 조직이다.

조악하더라도 시제품을 만들어본다. 시험용 모델을 만들면 원하는 해답을 찾기가 더 쉬워지고 의사결정과 혁신의 속도를 끌어올릴 수 있다. 뭐든지 만든다(제품뿐만 아니라 서비스나 공간 설계까지도 모형으로 제시한다). 비디오(videography)를 이용한다(소비자들의 경험을 설명하는 짧은 영화를 만든다). 빨리 움직인다(가능한 한 빠르고 싸게 만든다). 간명하게 한다(세부적인 것은 잊어라. 핵심 아이디어만 보여주면 된다). 시나리오를 만든다(이 제품이나 서비스를 사람들이 어떻게 활용하는지 보여준다). 직접 몸으로 체험(bodystorm)해본다(다양한 소비자를 가정해 그들의 역할을 해본다. 머리가 아닌 발과 눈, 손으로 혁신한다).

정선하기는 앞의 과정을 통해 뽑아낸 수많은 아이디어 중 최종 후보를 추려내는 것을 말한다. 짧은 시간에 집중적인 브레인스토밍을 해 가능성 낮은 아이디어들을 솎아낸다. 핵심 아이디어에 포커스를 맞춰 시험용 모델을 만들어보고 최적의 해답을 찾아본다. 최종 후보를 좁히는 과정에 고객을 적극적으로 참여시킨다. 선택과정에서는 욕심을 줄이고 무자비해져야 한다. 결과물에 집중한다. 모든 참여자들로부터 동의를 얻는다. 더 많은 고위 임원들이 "OK" 할수록 성공 확률도 높아진다.

그 다음 실행에 들어간다. 디자이너들이 작업을 할 때 이용했거나 영감을 얻은 물건을 서랍장에 넣어둔다. 이 회사에서는 이것을 '테크 박스'라 부른다. 아이디오는 패션회사처럼 일한다. 프로젝트 방식으로.

part 09

리더십과 팔로어십

01. 리더십과 그 유형들
02. 커뮤니케이션과 리더십
03. 팔로어십

01

리더십과
그 유형들

1) CEO와 리더십

CEO는 세 가지 역할을 한다. 꿈꾸기(dreaming), 실행하기(executing), 그리고 격려하기(motivating)다. 꿈꾸지 않는 리더는 죽은 리더이다. 비전을 말하는 리더는 많다. 하지만 그것을 효과적으로 실행한 리더는 많지 않았다. 진정한 리더는 실행에서 빛이 난다. 그리고 격려한다. 마이크로소프트 CEO 스티브 발머(Ballmer)는 전 사원 앞에서 원숭이처럼 소리 지르며 "나는 이 회사를 정말 사랑해요" 외친다. 숨이 넘어갈 듯 고함을 지르며 격려한다.

CEO는 자신에 대한 평가가 현재가 아닌 미래라는 사실을 기억해야 한다. CEO의 목표가 조직의 모든 사람으로부터 사랑받는 것이 되어서는 안 된다. 리더는 긍정적인 생각을 해야 한다. 리더의 긍정사고가 구성원의 자신감과 헌신을 이끌어낸다. 넬슨 만델라는 27년간 감옥에 갇혀 있으면서 인종차별이 없는 나라를 만들겠다는 긍정적인 사고로 고초를 극복했다. 농구선수 마이클 조던은 경기 시작 전에 경기에서 이기는 상상을 함으로써 스스로에게 긍정적인 기운을 불어넣고자 했다.

<박찬석 아버지 리더십>

리더십은 기업이나 국가에만 나오는 것이 아니다. 대다수의 리더십은 사실 가정에서 출발한다. 경북대 전 총장 박찬석 아버지 이야기다. 소작농 아버지는 가난한 형편에도 가난을 대물림하지 않기 위해 아들을 대구에 유학을 보냈다. 시험 성적이 나왔는데 68명 중 68등. 아버지를 실망시킬 수 없던 아들은 68/68을 1/68로 고쳤다. 아버지는 1등이란 소식에 하도 기뻐 집안에서 유일한 재산인 돼지 한 마리를 잡아 잔치를 벌였다. 이를 본 박찬석은 가슴이 미어지고 죽고 싶었다. 죽고자 했지만 그것도 쉽지 않았다. 그는 이를 악물고 공부했다. 그리고 17년 후 대학교수가 되었다.
45세가 되던 해 용서를 받고 싶었던 그는 부모님을 향해 입을 열었다. "어무이요, 저 중학교 때 1등은요" 옆에서 담배를 태우시던 아버지가 가로막으며 말씀하셨다. "알고 있었다. 그만하거라. 민우(손자)가 듣는다." 꼴등 아들을 둔 아버지는 늘 자식에게 희망을 안겨주고 싶었던 것이다. 희망만으로는 살 수 없다. 그러나 희망 없이는 살 수 없다.

CEO는 글로벌 마인드를 가지고 있어야 한다. 많은 기업들이 최고의 기술과 막대한 자본을 가지고도 글로벌 시장 진출에 실패했다. 가장 큰 요인은 글로벌 리더십의 결여다. 삼성이 야심 차게 발표한 비전 2020(매출 4천억 달러 달성, 글로벌 10대 기업으로의 성장)의 성공여부도 기술개발이 아니라 뼛속까지 글로벌화하는 데 있다. 글로벌 리더십은 문화와 언어가 다양한 사람들을 하나로 모아 원하는 목적을 달성하는 역량과 태도다. 각 지역 로컬시장에 대한 명확한 이해와 글로벌 리더십으로 무장한 인재가 없다면 월드클래스 컴퍼니가 되겠다는 비전은 허망한 꿈으로 끝날 수 있다.

<간디는 어떻게 리더가 될 수 있었을까?>

비폭력 하면 떠오르는 두 인물이 있다. 하나는 간디이고, 다른 하나는 마틴 루터 킹이다. 간디에겐 늘 고민이 있었다. 하나가 되지 못하는 국가에 대한 고민, 사랑이 없는 두 종교의 모습, 그리고 아내와 자식에 대한 끊을 수 없는 가정사. 인생사 모두 녹록치 않다. 리더가 어찌 쉬운 일이겠는가?

영국이 아프리카 줄루족에 대해 잔혹하게 지배를 하자 그는 크게 깨달았다. "혹시 나는 나의 아내에 대해 이렇게 하지 않았는가?" 그는 아내에 대한 자신의 모습을 생각하며 크게 회개한다. 그의 비폭력은 여기에서 시작되었다.

그는 비폭력으로 인도의 독립을 이끌어냈다. 인도가 영국으로부터 해방되었지만 힌두교인과 이슬람교인 사이에 폭력이 끊이지 않았다. 간디는 힌두교인을 향해 이슬람 사람을 포용하도록 했다. 1947년 간디의 뜻과는 달리 인도는 인도와 파키스탄으로 분리되었다. 분리는 생체해부라며 극구 반대했던 간디에게 슬픈 일이었다. 그마저 결국 힌두 청년에 의해 암살되었다.

간디가 죽자 그는 성자 반열에 오르고, 그를 미화시키는 작업이 일었다. 『인도에는 간디가 없다』는 책을 쓴 마크 톰슨은 간디를 가리켜 "그는 정치투쟁과 생활투쟁을 일치시켜 절대 진리를 향해 끊임없이 깨달음을 추구했을 뿐, 결코 결정적 이론을 만들려 애쓰지 않았다"고 말한다. 간디가 일생을 바쳐 추구했던, 그의 사상을 관류하는 것은 '아쉬람(공동체)'이다. 그의 비폭력은 단순한 평화주의가 아니라, 자기를 비워 고통을 이기고 세상을 바꾸려는 의지, 적극적으로 행동하는 비폭력 '사티아그라하(진리의 힘)'라는 것이다. 그는 비폭력을 통해 세상을 바꾸고자 했다.

마틴 루터 킹은 예수는 비폭력의 이론을 가르쳐주었고, 간디는 비폭력의 방법을 가르쳐주었다고 했다. 그는 겉옷을 달라하면 속옷까지 내어주고, 오른뺨을 때리면 왼뺨도 돌려주며, 오 리를 가자하면 십 리도 가는 정신이 바로 비폭력의 기본정신이라 했다. 평소 '기독교인은 싫지만 예수는 좋아한다'고 말했던 간디, 그는 사실 이 예수정신을 몸소 실천한 인물이었다.

그렇다고 간디가 늘 완전한 것은 아니었다. 간디에게는 아주 불량

한 아들이 있었다. 아들이 성적으로 문란하자 간디는 그를 아들로 치지 않았다. 이로 인해 "비폭력 선구자가 어찌 그럴 수 있는가" 비판을 받기도 했다. 그리고 어찌 가슴 아프지 않았겠는가? 속도 모르고 남의 가정사를 탓할 수 없는 일. 그러나 그것은 숨기고 싶지만 숨길 수도 없는 일이 되고 말았다. 그래서 오늘따라 그가 더 인간적으로 보인다. 인간적으로 약하고, 결점이 있고, 고민하고, 그래서 그는 더 우리의 리더가 될 수 있다.

2) 좋음을 넘어 위대함으로

짐 콜린스의『좋은 기업을 넘어 위대한 기업으로』(Good to Great)라는 책이 널리 익혀졌다. 지금이 좋음(goodness)이라면 위대함(greatness)으로 나아가야 한다. 지금 이 상태로 좋다고 안주하면 끝이다. 리더십도 좋은 리더를 넘어 위대한 리더가 되어야 한다.

팔로어도 마찬가지다. 직장인에는 세 가지 스타일이 있다. 첫째, 일이 주어지기만을 기다리는 사람이다. 일의 종류나 일의 분량, 그리고 일하는 방법 등을 하나하나 구체적으로 알려주고 감독하지 않으면 절대로 움직이지 않는 사람이다. 둘째, 시키는 일만 묵묵히 하는 무덤덤한 사람이다. 자신에게 주어진 일만큼은 나름대로 열심히 하는 스타일이다. 셋째, 창의적인 마인드로 일을 찾아 추진하며 일을 즐기는 사람이다. 일을 찾아서 움직이는 사람으로 조직의 성과 창출을 위해 헌신을 아끼지 않는다. 리더든 팔로어든 이제 우리는 좋음을 넘어서 위대함으로 나가야 한다.

<올림픽 경영학>

• 리더가 신뢰하고 위임하면 직원은 춤춘다. 임파워먼트 리더십을

하라. 김경문 야구감독은 권한 위임의 리더십을 보여주었다. 고비마다 선수의 의견을 경청하고 책임은 전담했다.

- 포기할 것을 잘 골라 과감히 포기하라. 포터-전략의 핵심은 하지 말아야 할 것을 선택하는 데 있다. 박태환과 스승 노민상 감독은 선수의 몸 상태, 경쟁 선수 등을 고려해 주 종목 1,500미터를 사실상 포기하고 자유형 400미터에 올인했다.
- 정글에서 살아남는 비법은 과학 지식경영이다. 장미란이 바벨을 들 때 좌우 밸런스가 맞지 않는 단점을 과학(좌우 근육량 맞추기)으로 해결했다.
- 배려하고 섬기는 서번트 리더십이다. 핸드볼 최종전에 임영철 감독은 고참 선수로 교체했다. 권위를 버리고 섬김의 리더십으로 무게를 이동한 것이다. 고참 선수들을 출전시켜 올림픽의 마지막을 코트에서 맞게 해준 것은 감독의 파격적 배려다.
- 위기가 기회로, 단점이 장점으로 바뀐다. 주의력 결핍으로 집중하기 어려운 아이 펠프스는 수영을 집중력 회복의 계기로 삼았다. 천식으로 숨쉬기 어려운 아이 박태환은 천식(단점) 극복과정을 오히려 장점(폐활량과 양쪽 호흡) 획득의 기회로 활용했다.
- 결과라는 미신에 빠지지 말라. 너무 메달에 집착하지 말라. 결과라는 미신에 빠지면 오히려 합리적 의사결정을 막을 수 있다. 한기주와 이승엽을 계속 내세웠던 뚝심과 신뢰의 김경문 감독의 야구가 만일 메달에 실패했다면 독선과 오기의 야구로 폄하되었을 것이다.

3) 짐 콜린스의 단계 5의 리더십

짐 콜린스는 단계 5의 리더십을 제시한다. 이것은 공은 남에게 돌리고 책임은 자신이 지겠다는 뚜렷한 소신을 가진 리더십이다. 모든 것을 자기 뜻대로 하는 것이 아니라 다른 사람들과 협력하여 강한 의지와 겸양으로 기업을 위대하게 만드는 것이다. 전에는 리더 한 사람이 잘하면 그 팀이나 그 기업이 잘 될 것이라 생각했지만 사실 리더만 잘한다고 모든 일이 잘 되는 것이 아니다.

짐 콜린스는 리더십을 5단계 계층구조로 설명했다.

1단계: 능력이 뛰어난 개인으로서 재능과 지식, 기술, 좋은 작업습관으로 생산적인 기여를 한다.

2단계: 합심하는 팀원으로서 집단의 목표달성을 위해 개인의 능력을 바치며, 구성된 집단에서 다른 사람들과 효율적으로 일한다.

3단계: 역량 있는 관리자로서 이미 결정된 목표를 효율적으로 추구할 수 있는 방향으로 사람과 자원을 조직한다.

4단계: 유능한 리더로서 저항할 수 없는 분명한 비전에 대한 책임의식을 촉구하고, 그것을 정력적으로 추구하게 하며, 보다 높은 성취를 이루도록 자극한다.

5단계: 단계 5의 경영자로서 개인적 겸양과 직업적 의지를 역설적으로 융합하여 지속적으로 큰 성과를 이뤄낸다.

5단계 계층구조에서 단계 5는 경영능력의 계층구조에서 가장 높은 수준이다. 좋은 기업에서 위대한 기업으로 도약한 기업들은 중대한 전환기에 예외 없이 단계 5의 리더십을 갖추고 있었다. 단계 5의 리더들은 자아의 욕구를 자신한테서 떼어내 큰 회사를 세우는 보다 큰 목표로 돌린다. 단계 5의 리더들이 자아나 이기심이 없는 것은 아니다. 그들은 믿을 수 없을 만큼 야심적이다. 그러나 그들의 야심은 자기 자신이 아니라 조직에 최우선으로 바친다. 그들은 차세대의 후계자들이 훨씬 더 큰 성공을 거둘 수 있는 기틀을 마련해주는 데 반해, 자기중심적인 단계 4의 리더들은 후계자들을 실패의 늪에 빠뜨리는 경우가 많다.

그들은 더할 수 없는 겸손함을 보이고, 나서기를 싫어하며, 말수가 적고, 지속적인 성과를 일구어 내고자 하는 치유 불가능한 욕구에 사로잡혀 광적으로 일을 추진한다. 그들은 회사를 키우는 데 필요한 일이라면, 그 결정이 아무리 엄청나고 힘들지라도 무엇이든 할 경의가 되어 있다. 그들은 일꾼 같은 근면함으로 보이고 쇼에 나가는 말보다는 쟁기 끄는 말에 더 가깝다. 그들은 창문 밖을 내다보며 자기 자신 외의 요인들에 성공을 돌린다. 그러나 일이 잘못될 때에는 거울을 들여다보고 자책하며 전적으로 책임을 진다.

4) 하워드 가드너의 다중지능 리더십

리더십은 인간을 다루는 통솔력이나 신비로운 카리스마가 아니다. 리더십이란 다른 사람의 사고, 감정, 행동에 의미심장한 영향을 미치는 능력이다. 따라서 누구에게나 리더십은 있다. 다만 그 영향력의 크기가 문제다. 어느 작은 중소기업 사장의 리더십이 있는가 하면, 간디와 같이 수억의 인도 민중을 휘어잡는 리더십이 있을 수 있다. 리더십은 타고난 잠재능력이 적절한 사회문화적 조건 속에서 연습되고 다듬어진 훈련된 능력이다.

이런 정의 속에서 그는 다중지능(multiple intelligence)과 리더십을 연결시킨다. 어떤 잠재능력이 어떤 조건 속에서 훈련되고 연습될 때 강력한 리더십이 발휘될 수 있을까 하는 것이 그의 관심사이다. 그는 다중지능 개념을 주창해 사람을 다루는 모든 학문 분야와 그 응용 영역에서 큰 반향을 불러일으켰다. 그는 소질과 적성의 발견 및 개발의 중요성을 일깨우면서 교육에 새 바람을 불러일으켰다. 또한 새로운 리더십과 창의성 이론을 제시했다. 그에 따르면 인간은 누구나 8가지 지능, 즉 신체운동지능, 인간친화지능, 자기성찰지능, 언어지능, 논리수학지능, 음악지능, 공간지능, 자연친화 지능을 가지고 있다. 각각의 지능마다 엄청난 개인차가 존재한다. 리더는 3~4가지 지능이 좋아야 한다.

- 언어지능이 뛰어나야 한다. 사람들에게 설득력 있는 스토리를 들려줄 수 있어야 하기 때문이다.
- 또 다른 사람을 이해하는 지능이 뛰어나야 한다.
- 그가 9번째 지능이라고 말하는 실존적 지능(existential intelligence)도 높아야 한다. 그래야 우리가 누구이고 어떤 일을 해야 하는지와 같은 큰 질문에 답할 수 있다.
- 자기 자신을 돌아보는 자성지능(intrapersonal intelligence)을 가져야 한다.

<하벨 리더십>

만일 대통령이 죽어서 국민들이 그의 죽음을 진정 애도하고 눈물을 흘린다면 그는 존경을 받아 마땅하다. 또한 그가 국민을 위해 탄압에 굴하지 않고 앞장서다 감옥에 갔고, 결국 국민을 억압에서 구출하고 자유를 주었다면 국민은 그를 애도하지 않을 수 없을 것이다. 나아가 문필가여서 한 줄의 글로서도 국민을 감동케 했다면 더 박수를 받지 않을까?

그가 누구일까? 바로 체코 대통령 바츨라프 하벨(Voclav Havel)이다. 김정일 사망 다음 날 죽어 우리는 그의 죽음을 기억하지 못했다. 하지만 프라하의 시민들은 부슬비가 내리는 궂은 날씨에도 검은 옷을 입고 거리로 나와 조국의 민주화를 이끈 영웅의 마지막 길을 배웅했다.

탁월한 동유럽 지성인, 하벨은 양심에 따라 진실과 조화의 삶을 살았고, 탄압을 두려워하지 않았다. 극작가인 그는 공산정권치하에서 개인의 자유를 옹호하는 작품들을 써 약 5년간 옥고를 치렀다. 1977년에는 동구 최초의 인권단체라 할 수 있는 '77헌장'을 만드는 핵심 인물로 활약했다. 1989년 공산독재 체제에 평화적으로 저항한 벨벳 혁명을 이끌며 소련으로부터 체코슬로바키아를 독립시켰다.

그해 그가 주도하던 시민연대운동이 공산세력을 몰아내자 대통령 직에 올랐다. 1993년까지 체코슬로바키아 대통령을 지냈다. 1993년 체코와 슬로바키아의 분리를 평화적으로 이끌어냈으며, 분리된 이후 2003년까지 체코 대통령으로 봉직했다. 그는 체코 공화국의 초대 대통령으로 재임하면서 도덕적 권위로서 세계의 민주화, 인권과 자유의 신장을 위해 헌신했다. 2007년 20년 만에 희곡을 발표해 극작가로 복귀하기도 했다.

그는 늘 이렇게 외쳤다. "진실과 사랑이 거짓과 증오를 이긴다." 이젠 그 말이 그를 대표하는 말이 되었다. 평소 북한인권문제에 관심을 가졌던 그, 인간의 얼굴을 가진 사회를 내세우며 힘없는 사람들에게도 희망을 가지도록 했던 그, '살아 있는 진실(living truth)'로 불리던 그는 한 나라의 대통령이라는 차원을 넘어 여러 부분에서 세기적인 리더로 인정받고 있다.

5) 골먼의 감성 리더십

1940년대 필립 셀즈닉(P. Selznick), 1950~1960년대 인간주의 경영학자 매슬로우(A. Maslow), 1970~1980년대 내재적 동기를 중심으로 직무재설계를 제시한 해크만(Hackman) 등은 감성지능의 중요성을 제시했다. 최근 창조경제시대를 맞아 감성지능이 주목을 받고 있다. 창조적 혁신은 감성지능에서 비롯되며, 창조적 공동체를 이루기 위한 협력과 공유도 감성에서 나오기 때문이다.

대니얼 골먼은 문턱을 넘기까지는 IQ가 필수이지만 문턱을 넘어서면 EQ가 중요하다고 말한다. 명령하는 지도자는 가장 하수이며 감성의 수프로 사람을 움직이라 주문한다. 비즈니스 리더들에게 필요한 것은 테크니컬 기술이 아닌 휴먼 전략이다. 그는 감성지능, 사회지능, 에코지능을 강조한다.

EQ(Emotional Intelligence, 감성지능)는 자신의 감정을 읽고 스스로를 정확하게 평가하면서, 파괴적인 감정과 충동을 통제하는 등 자신을 다스리는 능력이며, 동시에 다른 사람의 감정을 헤아리는 사회적 능력까지도 포함한다. 타고나는 게 아니라 교육과 훈련에 의해 길러질 수 있다.

SQ(Social Intelligence, 사회지능)는 감성지능을 복잡한 사회관계로 확대한 개념이다. 사회지능의 키워드는 감정이입이다. 감정이입을 통해 다른 사람들의 관점과 감성을 이해하고 그들과 공감하면서 타인을 배려하고 좋은 관계를 형성해나가는 능력을 말한다. 인터넷 세상에 울고 웃는 젊은 세대들은 대면접촉이 줄어 사람 대하는 기술이 취약하다. 학교교육 등을 통해 사회지능을 길러줘야 한다.

EQ(Ecological Intelligence, 에코지능)은 감성지능을 자연으로 확장한 개념이다. 부풀린 '그린 마케팅'이 난무하는 시대에, 제품이 생산되는 전 과정을 조망하면서 진정한 친환경 제품의 생산을 유도해낼 줄 아는 똑똑한 소비자의 능력을 뜻한다. 유기농 혹은 그린 마케팅은 신기루이다. 에코 지능을 키워 똑똑한 소비자가 되어야 한다.

<리더십 유형>

- 아기곰형 리더십: 윗사람에게는 아부하고, 아랫사람에게는 곰 발바닥으로 내리친다. 약한 자에게는 악하고, 강한 자에는 약한 척 하는 사람이다.
- 자라형 리더십: 무슨 일이 생기면 숨어버리고 피한다. 리더가 고난을 두려워하고 고난 앞에서는 모르는 척 피한다.
- 상어형 리더십: 조직성이 강하여 종업원들은 리더를 두려워하며 감히 리더 앞에서 자신의 의견을 말하지도 못하고 항상 두려움 속에 있다. 리더는 자신의 권력을 무기 삼아 늘 종업원들을 억압하고 공포를 만든다.

- 여우형 리더십: 때로는 친한 척, 관심 있는 척한다. 자신의 비위에 맞으면 엄청 배려해주는 척하다가도 일단 자신과 조금이나마 어긋나면 완전 무서운 짐승으로 변한다.
- 부엉이형 리더십: 종업원들의 모든 의견을 귀담아 듣고, 나중에 통합하여 알맞은 방안을 제출한다.

6) 그린리프의 섬김의 리더십

섬김의 리더십(servant leadership)은 AT&T에서 경영 관련 교육과 연구를 담당했던 로버트 그린리프(Robert K. Greenleaf)가 1970년 『리더로서의 서번트』라는 작은 에세이집을 내놓았고, 1977년에는 『섬김의 리더십』(Servant Leadership)을 내놓았다. 하지만 그리 주목을 받지 못하다가 1996년 4월 경영 관련 전문서적 출판사인 조시-배스(Jossey-Bass)사가 『섬기는 리더 되기』(On Becoming a Servant Leader)의 출간을 계기로 새롭게 주목을 받게 되었다. 그 후 피터 드러커, 스티븐 코비, 피터 셍게, 톰 피터스 등 여러 학자들에 영향을 주면서 세계적으로 인정을 받게 되었다.

섬김의 리더십은 군림보다 봉사와 헌신에 초점을 둔 사랑의 실천 양식이다. 종업원과 고객 커뮤니티를 우선으로 그들의 욕구를 만족시키기 위해 헌신하는 리더십이다. 부하와의 관계 관리를 중시한다. 부하를 중요한 존재로 보고, 부하에게 리더의 모든 경험과 전문지식을 제공하면서 부하를 섬기는 리더십이다. 감성리더에서 한 걸음 더 나아간 유형이다.

다음은 섬기는 리더들에게서 발견되는 공통요소들이다.

첫째, 경청하는 자세이다. 섬기는 리더는 말로 표현된 것이나 그렇지 못한 것 모두 수용적으로 귀를 기울인다. 경청은 외적으로 표현되지 않은 개인의 내면 깊은 곳에서 나오는 음성을 듣는 것을 포함한다. 묵상의 시간과 짝을 이루는 경청은 섬기는 리더를 올바르게 성장시키는 데 필수적이다.

둘째, 공감하는 자세이다. 섬기는 리더는 타인을 이해하고 그들과 공감하기 위해 노력한다. 사람들이 갖고 있는 각자의 독특하고 특별한 모습은 누구나 인정받아야 한다. 섬기는 리더는 이런 각자의 독특성을 인정하고 공감하는 자세를 가지고 사람을 대한다.

셋째, 치유에 대한 관심이다. 많은 사람들은 낙담한 영혼을 가지고 있으며 다양한 감정적 상처로 인해 고통 받고 있다. 섬기는 리더가 보여주는 가장 강력한 영향력 가운데 하나는 사람들이 갖고 있는 상처와 고통의 치유에 관심을 갖는 것이다.

넷째, 분명한 의식을 가지고 있다. 섬기는 리더는 무작정 섬기지 않는다는 점에서 종과는 다르다. 섬기는 리더는 상황에 대한 분명한 인식을 기반으로 근거 타당한 대안을 제시한다. 섬기는 리더가 보여주는 결정과 태도는 그의 분명한 인식을 통해 나타나는 것들이다.

다섯째, 설득이다. 섬기는 리더가 갖는 또 다른 특징은 지위의 권위에 의존하기보다 설득에 의존한다는 것이다. 섬기는 리더는 순종을 강요하기보다 타인을 납득시킨다. 이것은 전통적인 권위주의적인 모델과 섬기는 리더를 구분 짓는 확실한 차이점이다.

여섯째, 폭넓은 사고이다. 전통적인 리더는 단기적인 목표를 성취하기 위한 필요에 에너지를 소진한다. 그러나 섬기는 리더는 좀 더 넓은 사고를 통해 미래에 대한 비전을 가지고 현실에 적합한 조치를 취하기 위해 노력한다.

일곱째, 통찰력이다. 섬기는 리더는 통찰력을 통해 사람들에게 과거로부터의 교훈을 이해할 수 있도록 돕는다. 그 결과 그들로 하여금 현실을 제대로 인식하게 하며, 어떤 결정으로 인해 수반될 수 있는 미래의 결과에 대한 예측을 가능하게 한다.

여덟째, 청지기 의식이다. 섬기는 리더는 자신이 다른 사람들을 섬기기 위해 현재의 직분을 맡고 있다고 생각한다. 따라서 그들에게 있어서 최우선적인 일은 다른 사람들을 위한 헌신이다. 다른 사람을 섬기기 위해 통제보다는 개방과 설득의 방법을 주로 사용한다.

아홉째, 사람들이 성장하도록 헌신한다. 섬기는 리더는 사람들이 일하는 부분만큼의 실제적인 기여를 넘어서서 본질적인 가치를 갖는다고 믿기 때문에 다른 사람들의 발전이나 그를 돕기 위한 기금을 마련하기, 모든 구성원들이 제시한 아이디어와 제안에 관심을 갖기, 의사결정 과정에 직원의 개입을 적극 권장하기, 해고된 직원이 다른 일을 찾도록 활발히 돕기 등 여러 구체적인 활동에 참여한다.

끝으로, 공동체를 형성한다. 섬기는 리더는 조직 안에서 일하는 사람들 사이에 공동체 의식을 형성할 수 있는 수단을 찾기 위해 노력한다. 섬기는 리더는 참다운 공동체가 직장에서 일하는 사람들 사이에서도 형성될 수 있다고 생각한다.

3M, 인텔, HP 등에서 섬김의 리더십을 교육훈련 프로그램에 도입했으며 삼성, LG, 하나은행, 대교 등이 섬김의 리더십을 도입했다. 이상현 삼성전자 국내영업사업부 사장은 영업사원들의 발을 직접 씻겨주며 직원을 섬기는 자세를 보여 화제를 모았다. 삼성전자가 종업원 만족도와 인적 자원의 가치를 높이기 위해 이 리더십을 도입했다. 하나은행은 섬김의 리더십과 함께 '재미있는 일터 만들기'를 추진했다.

은행은 점포장들이 직원들의 생일파티를 기획하도록 하거나 사원들에게 편지를 쓰도록 해 상하 동료 간에 봉사와 사랑이 싹트도록 했다. 이런 점에서 섬김의 리더십은 새로운 기업문화를 만드는 데 도움을 준다.

"싸우지 않고 이기는 것이 진정한 승리다"는 명언이 있다. 그러나 이것을 실천하기는 어렵다. 그러나 섬김의 리더십은 이를 조직에서 실체화되는 데 도움을 준다. 명령과 획일적인 지위체계가 난무하는 조직에서 사랑과 헌신으로 서로가 융합함으로써 살맛나는 조직으로 만든다.

<이지함의 리더십>

토정 이지함은 아주 파격적인 사람이었다. 하지만 친서민적이었다. 하루는 지나가는 관리들의 길을 가로막고 누워 꼼짝하지 않았다. 포졸들이 끌어내려 해도 움직이지 않았다. 그리고 매 맞기를 자청하였다. 관리들의 횡포에 시달리는 백성들의 아픔을 몸소 체험하기 위해서였다.
그는 율곡의 추천을 받아 포천 사또가 되었다. 농토가 부족하고 자원을 개발하지 않아 가난을 면치 못하는 것을 보고 상소를 올렸다. "산과 들에 버려져 있는 은은 무엇이 아까워 주조하지 못하게 하며, 널린 옥은 무엇이 아까워 캐지 못하게 하십니까? 바닷속 고기는 무엇이 아까워 잡지 못하게 하시며, 갯벌의 소금은 무엇이 아까워 굽지 못하게 하십니까?" 자원을 개발해 부를 이루자는 상소였다. 그러나 조정은 받아들이지 않았다. 아쉬운 일이 아닐 수 없다. 이지함은 아산 사또가 되었다. 그곳 백성들에게 무엇이 제일 힘드냐고 물었다. 연못에 고기를 기르는 일이라 했다. 툭하면 한 겨울에도 물고기를 잡아 공물로 바치게 한 것이다. 그는 임금이 먹을 음식을 백성이 괴로워한다는 이유로 연못을 메우게 했다. 잘못하면 죽을 수 있었지만 그는 백성들 편에 서서 결단을 내렸다. 이지함의 리더십이 왜 새삼 그리워질까?

7) 코칭

코칭은 코치와 발전하려고 하는 의지가 있는 개인이 잠재능력을 최대한 개발하고, 발견 프로세스를 통해 목표설정, 전략적인 행동, 그리고 매우 뛰어난 결과의 성취를 가능하게 해주는 프로세스이다. 모든 사람에게 무한한 가능성이 있다. 그 사람에게 필요한 해답은 모두 그 사람 안에 있다. 해답을 찾기 위해서는 파트너가 필요하다. 코칭해주는 사람은 코칭받는 사람이 스스로 해결책을 찾을 수 있도록 이끄는 역할을 한다. 질문을 하는 방법으로 코칭받는 사람이 자기 안에 있는 잠재력을 하나하나 꺼낼 수 있도록 자문한다. 코칭받는 사람이 목표설정에 있어서 실현 가능한 것을 설정하고 구체적인 시간 안에 이룰 수 있는 목표를 세우는 것이 매우 중요하다. 예를 들면 "나는 책을 열심히 읽겠다" 이런 목표보다는 "하루에 몇 쪽씩, 일주일에 한 장을 끝내겠다"는 등 구체적인 목표를 세우는 것이 좋다.

그 목표를 이루기 위해서 정말로 중요한 것이 무엇이고 구체적인 실행계획을 세우는 것 또한 중요하다. 또한 목표달성에 있어서 어떤 장애요소가 있으며 그것을 해결하기 위해 어떤 노력을 해야 하는 것도 잘 모색해야 한다. 목표달성을 위해 실행계획을 중간 중간 체크하는 것이 중요하다. 실행계획에서 성과를 이루었을 때 칭찬을 해줌으로써 동기부여를 하는 것도 목표달성에 매우 중요한 역할을 한다.

성실하지만 실력 없는 부하의 경우 리더와 업무 코드를 맞추게 한다. 부하의 업무에 대한 불만을 솔직하게 말해준다. 열심히 일한 것에 대한 보상욕구는 공감한다. 근거와 사실에 바탕 해 칭찬을 한다. 코칭은 훈육하는 것이 아니라 스스로 길을 찾게 도와주는 것이다. "당신,

이렇게밖에 못하나?" 무작정 탓하면 반발만 산다. 실패한 부하가 툭 터놓고 마음껏 변명하도록 해야 한다.

코칭은 누군가를 자기 식으로 가르치는 것이 아니라 상대방에게 제대로 질문하고 그 말을 경청함으로써 스스로 길을 찾아가도록 이끌어주는 것이다. 제대로 된 질문을 통해 상대방의 마음속에서 하고 싶은 얘기를 끌어내는 것이 중요하다. 부하직원이 무엇을 하든 일단 지지해준다. 부하를 지지해야 조직도 큰다. 무엇이 문제인지 핵심을 파악하고, 가려운 곳을 긁어줘야 한다. 하지만 코치의 역할은 무엇보다 상대방의 생각이 변하도록 이끄는 것이다. 좋은 리더는 사람의 마음을 먼저 움직여야 한다. 하지만 좋은 코치는 따끔하게 피드백해줘야 한다.

8) 협력의 파트너십

리더에는 알렉산더 대왕처럼 홀로 백만 대군을 이끌고 백전백승하는 인물도 있다. 이런 기업가는 번득이는 지혜로 새로운 사업을 구상하고 역발상의 상품을 출시하여 시장에서 대박을 터트린다. 하지만 기업에서 이런 나 홀로 리더는 극소수에 불과하다. 오히려 협력을 통해 리더십을 발휘한다. 이른바 '협력의 파트너십'이다. 협치(協治)가 있다. 이것은 산소와 수소가 만나 물이 되는 이치이자 나비가 꽃가루를 묻혀 꽃을 번식시키는 덧셈의 통치방식이다. 로마에서는 집정관을 consul이라 한다. 이 말은 두 개의 수레바퀴에서 나온 것이다. 마차를 움직이려면 하나의 바퀴(sul)로는 안 되고 두 개의 바퀴가 있어야 한다고 믿었기 때문이다. 그래서 두 명의 집정관이 있었고, 홀수 날과

짝수 날을 번갈아 가며 다스렸다. 기업에서 필요한 것은 나 홀로 리더십이 아니라 협력의 파트너십이다.

9) 플레깅의 언리더십

닐스 플레깅은 강력한 카리스마와 추진력으로 경제를 이끌었던 수직적인 리더십의 시대는 끝났다고 선언하고 이른바 '언리더십(Un-Leadership)'을 주장했다. 언리더십이란 직원들을 자발적으로 일하게 하는 유연하고 개방적인 리더십, 수평적인 리더십이다.

언리더십은 리더십 자체를 부정하지 않는다. 현대경영에서 보편적으로 정의된 수직적이고 영웅적인 리더십에 반기를 든다. 유연하고 개방적으로 조직을 이끄는 21세기형 새로운 리더십이다. 이 책은 구글, 사우스웨스트항공, 고어 등 경제 위기 속에서도 성공적인 사업을 이끌고 있는 기업의 독특한 경영방식과 기업문화가 모두 언리더십으로 무장하고 있음을 보여준다. 상식과 고정관념을 파괴하는 언리더십은 비즈니스 생태계 진화를 주도하고 있다.

'부정'을 뜻하는 'Un'은 이전에 옳다고 믿었던 상식을 파괴하는 새로운 발상을 의미한다. 꿈의 기업이라 불리는 구글은 직원들을 통제하는 인재관리에서 벗어나 무한한(Un-limited) 창의력을 펼칠 수 있는 분위기를 제공했다. 저가 항공사의 신화인 사우스웨스트항공은 직원들이 현장에서 직접 여러 사안을 결정한다. '직원들의 생각이 곧 전략'이라는 지금까지 볼 수 없었던(Un-seen) 원칙을 고수하고 있는 것이다. 첨단소재기업인 고어는 직장 내에 직급이 존재하지 않으며(Un-management), 부서와 업무를 규정하지 않는다(Un-structure).

'언리더십'의 토대가 되는 학설은 경영학 교과서에 으레 등장하는 더글러스 맥그리거의 'XY이론'이다. 인간이 원래 게으르고 책임을 회피하는 존재라고 보는 X이론에 비해 Y이론은 인간을 의욕적이고 책임감 있는 존재라고 본다. X이론의 시대에서 Y이론의 시대로 패러 다임이 변화하는 게 필요하다고 역설한다(플레깅, 2011).

10) 창조적 리더십

리더십도 창조적이어야 한다. 스스로 할 수 없다면 교육을 받는 것도 한 방법이다. 창조적 리더십 센터(CCL, Center for Creative Leadership)는 기업 CEO 및 임원 리더십 교육 프로그램을 실시한다. 미국, 싱가포르 등 4개국에 캠퍼스를 둬 나를 깨는 리더십 프로그램이다. 110시간 교육을 통해 다시 만들어진 나를 보게 된다. 마지막 날 그들은 외친다. 변화는 시작됐다.

첫째 날은 자기인식(self-awareness) 시간을 갖는다. 자신의 리더십 스타일을 분석하고, 리더십 관련 퀴즈를 풀며 집단토론을 한다. 토론 때 녹화된 비디오를 함께 보며 코멘트를 한다.

둘째 날은 남이 보는 나(impact)를 확인한다. 4개 다른 부족의 댐 짓기 활동, 팀별로 눈을 가린 채 카드 맞추기 활동 등을 통해 동료들이 나의 리더십 능력을 평가한다.

셋째 날은 "어떤 의도였습니까?(intention)" 시간을 갖는다. 다리 만들기 프로젝트, 카메라 앞에서 서로의 코치 역할 해보기 등을 통해 변화에 대응하는 나의 스타일을 분석한다.

넷째 날은 내 것으로 만들기(integration) 시간을 갖는다. 전담 코치와 일대일 면담을 하고, 참가자들끼리 피드백한다.

다섯 째 날은 자기계발계획(development plannng)을 하다. 10주 후 달성할 목표 세우기, 10주 동안 해야 할 목표계획을 구체적으로 써낸 후 수료식을 갖는다.

이런 과정을 통해 내가 진정한 나일까 혼란 속에 깨달음이 온다. 가상회사를 세워 다리 짓는 프로젝트를 진행하며 리더로서의 면모도 다진다. 또한 360도 다면평가, 가상극, 집단토론으로 스스로 깨우친다. 자신의 강점을 유지하고 약점을 반복하여 보완하면 리더십이 근육처럼 단단해진다.

11) 역 멘토링

일반적으로 멘토링은 경험 많은 직장선배가 후배를 가르친다. 그러나 역 멘토링은 반대로 아랫사람에게서도 기꺼이 배우는 것을 말한다. 1999년 영국으로 출장 간 웰치는 우연히 만난 젊은 엔지니어로부터 인터넷의 중요성에 대해 설명을 듣게 된다. 자신이 미처 발견하지 못했던 새로운 세상이 열리는 순간이었다. 그는 출장을 마치고 본사에 돌아가 500명이 넘은 GE의 중역 모두에게 지시를 내린다. "각각 젊은 인재들로부터 인터넷을 1대1로 배우시오." 그것도 2주 내로. 이것이 바로 역 멘토링의 공식적인 출발점이다.

12) 팀 리더십

요사이 거의 모든 조직이 팀제로 구성되어 있다. 과거 위계와 서열이 강조되던 시대는 관료제(bureaucracy)가 주종을 이뤄왔지만 지금은 애드호크라시(adhocracy)다. 애드호크라시에서 조직은 팀을 선호한다. 팀은 한 가지 목표달성을 위해 끊임없이 도전하는 하나의 단위다. 태스크포스 팀, 프로젝트 팀 등 모든 것이 일 중심이요 문제해결 중심이다. 이를 위해서는 전문성이 요구된다. 과거에는 위계가 권력이었지만 지금은 전문성이 권력이다. 전문성이 높을수록 고개를 숙이고 배울 수밖에 없다. 팀 리더십은 바로 문제해결 지향, 전문성 지향이 특징이다. 그렇기 때문에 우리는 하루라도 먼저 배우고 익혀 자기 분야에서 최고가 되어야 한다. 그래야 인정을 받는다.

02

커뮤니케이션과
리더십

1) 설득의 리더십과 경청의 리더십

조직 커뮤니케이션에서 중요한 것은 설득의 리더십과 경청의 리더십이다. 경영자는 설득도 하고 경청도 해야 하는 중요한 역할을 맡고 있다. 조직을 혁신하고 큰 변화를 일으키고자 한다면 직원들에게 어떤 일을 해야 하는가? 하워드 가드너에 따르면 리더들이 효과적으로 일하는 방법은 설득력 있는 화법과 스토리를 만드는 것이다. 나아가 그런 설득력 있는 스토리를 리더 스스로 체화해야 한다. 예를 들어 위계구조가 엄격한 회사에 보다 수평적 문화를 도입하려고 하는 경우 리더는 이런 생각을 전달한 후 몸으로 실천해야 한다. 직원식당에 가서 같이 줄을 서서 밥을 먹고, 별도의 엘리베이터와 주차공간을 없애고, 자신만 특별히 더 받는 보너스를 없애야 한다. 말로는 수평적 문화를 말하면서 전용 엘리베이터에 전용기 등을 탄다면 신뢰받기 어렵다.

직원들 설득하는 데 리서치와 논리가 중요하다. 충분한 데이터를

part 09. 리더십과 팔로어십   305

제시하고, 왜 변화가 필요한지 설득해야 한다. 농담을 잘하거나 사람이 좋은 것만 가지고는 안 된다. 정치가는 편안감과 신뢰감이 중요하다. 유권자의 마음을 얻으려면 같은 편이란 느낌을 줘야 한다. 자녀들은 그들이 가장 존경하는 사람들 때문에 마음을 바꾼다. 부모일 수도 있고, 형제나 이웃, TV의 슈퍼스타일 수도 있다. 심리학에서는 이를 동일화(identification)라 한다. 자녀들이 보다 강력하고, 매력적인 상대와 동일시할 때 마음에 큰 변화가 일어난다. 사람들은 사람을 변화시킬 수 있는 방법으로 대개 보상과 처벌을 든다. 변화하면 보상을 해주고, 그대로 있으면 벌을 준다는 것이다. 하지만 보상과 벌로는 행동을 변하게 할 수는 있지만 마음을 바꿀 수는 없다. 보상과 벌을 제거하면 사람들은 곧바로 이전으로 돌아간다.

설득과 함께 가야 하는 것이 바로 경청이다. 기업환경이 어려울수록 소통이 중요하며, 소통을 위해 가장 중요한 것은 경청이다. 세계 최대 제약회사 가운데 하나인 화이자의 제프 킨들러(J. Kindler) 회장은 바지 주머니 속에 늘 동전 10개를 갖고 다닌다. 출근할 때 왼쪽 바지 주머니에 동전을 넣고 집을 나선다. 한 명의 직원과 대화하고 그의 고민이나 이야기를 충분히 들어주었다는 생각이 들면 왼쪽 주머니에 있던 동전 하나를 오른쪽 주머니로 옮긴다. 하루 동안 왼쪽 주머니에 있던 10개의 동전이 모두 오른쪽 주머니로 옮겨가면 그는 스스로 자신에게 '100점'이라는 점수를 준다. 매일 스스로에게 이런 숙제를 내는 이유는 최고경영자로서 무엇보다 가장 중요한 것이 직원들과의 대화라고 생각하기 때문이다. 실제로 조직의 많은 문제들은 리더가 잘 들어주기만 해도 풀리는 경우가 많다.

2) 커뮤니케이션 능력 향상과 히스의 스틱 메시지 전달법

비즈니스는 소통, 이메일이나 문자 대신 직접 이야기한다. 회사와 개인의 경쟁력을 소통능력에 달렸다. 컴퓨터만 쳐다보지 말고 복도에서 서로 얘기하라. 기업의 웨이(Way)는 쉽고 공감할 수 있어야 한다.

소통을 잘하기 위해서는 먼저 질문을 잘해야 한다. 노구치 요시아키에 따르면 그 비법은 세 가지다(요시아키, 2008). 첫째, 상대방이 대답하고 싶은 질문을 한다. 대답하기 싫은 질문을 아무리 던져봐야 답이 나올 리 없다. 둘째, 대답하기 쉬운 질문부터 한다. 쉬운 것부터 시작해야 대화가 활기를 띤다. 처음부터 어려운 질문을 던지면 점점 대화하기 힘들어진다. 셋째, 공통의 목표를 만들 수 있는 질문을 해야 한다. 서로 공감하고 몰입할 수 있는 뭔가가 없으면 소통이 제대로 이뤄지지 않는다.

스탠퍼드 대학의 칩 히스(Chip Heath)와 그의 동생이자 아스펜 연구소의 댄 히스(Dan Heath)는 뇌리에 착 달라붙는 강력한 메시지 비법으로 스티커(sticker)를 제안했다. 스티커 메시지는 고객이나 직원들의 마음을 사로잡아 실제로 행동하게 만드는 메시지다. 스티커 메시지를 만드는 여섯 가지 원칙은 다음과 같다(Heath & Heath, 2007). 이것을 보면 메시지는 단순하고 구체적이며 감성을 담아야 한다는 것을 알 수 있다.

(1) 단순성(Simplicity)

무자비할 정도로 곁가지를 쳐내고, 중요한 것만을 남긴다. 사람들이 원하는 것은 요약이 아니다. 단순함, 곧 핵심과 간결함이다. 많이 아는 사람의 말일수록 오히려 알아듣기 힘든 현상, 곧 지식의 저주 (curse of knowledge)가 있다. 전문가라면 일반 사람들보다 세 걸음쯤 앞서서 얘기하는 경우가 많고, 그러면 상대방은 전혀 알아듣지 못하게 된다. 특히 교수나 최고경영자처럼 많이 아는 사람의 말일수록 알아듣기 힘들다. 이미 알고 있는 상태에서 다른 사람들이 '모르는 상태'를 상상하기 어려운 것이다. 지식의 저주를 피하기 위해서는 무엇보다 듣는 사람의 입장에서 생각해보는 의도적인 노력이 필요하다. 이 지식을 벗겨내야 뇌리에 착 붙는다.

저널리즘 용어 가운데 '핵심을 묻어버린다(burying the lead)'는 말이 있다. 가장 핵심내용을 첫 문장이 아니라 중간쯤에 놓아버리는 실수다. 그래서 기자들은 첫 문단에서 핵심을 뽑는 데 익숙하다.

사우스웨스트 항공 허브 켈러허 회장은 언제나 간단하고 일관된 메시지만 말한다. 우리는 무조건 저가항공사라는 것이다. 이 메시지는 직원, 하청업체, 고객 등에 변화를 가져왔다. 어느 날 마케팅 업체 직원이 고객조사를 해보니 우리 비행기는 음식을 안 줘서 배가 고프다 말한다며 치킨 샐러드를 제공하는 것이 어떠냐고 물었다. 그때 그는 "우리는 저가항공사야. 치킨 샐러드가 저가항공사를 만드는 데 무슨 도움이 되나?" 물었다. 그 이후 직원들은 비용절감이라는 원칙 아래 움직였다. 비행기 착륙 후 짐 꺼내는 작업이 지연되면 스튜어디스들이 짐 내리는 일까지 한다. 조금이라도 연료비용을 줄이기 위해서다. 다른 항공사에선 상상도 못할 일이다. 그러나 이 회사는 채용대신 입양이라는 단어를 사용할 정도로 가족적이고 편 경영으로 즐거운 문화를 만들어내고 있다.

(2) 의외성(unexpectedness)

사람들의 예상을 깨뜨려라. 직관에 반하는 결론을 내세운다. 허를 찔러 긴장감을 높이고 이목을 집중시킨다. 사람들은 예상치 못했던 것에 쇼크를 먹게 된다. 스티브 잡스가 의외성을 자주 사용한다. 애플이 초경량, 최고 얇은 컴퓨터를 선보일 때 그는 퍼포먼스를 선보였다. 스테이지에 서류봉투를 배달시키고 그 봉투를 뜯은 다음 그 안에서 컴퓨터를 꺼낸다. 사람들은 작은 서류에서 컴퓨터가 나오리라 예상이나 했겠는가?

미국 고급 백화점 노드스트롬은 "고객이 메이시(경쟁사)에서 구입한 제품도 기쁜 마음으로 포장해주는, 겨울에 고객이 쇼핑을 끝내기 직전 고객의 차를 데워놓는, 타이어체인을 팔지도 않지만 고객이 원하면 타이어체인도 환불해주는 노드스트롬입니다" 광고한다. 고객은 "이런 것도 해줘?" 하며 놀라게 된다.

(3) 구체성(concreteness)

메시지를 구체적이고 상세한 이미지로 가득 채운다. 우리의 뇌는 구체적인 정보를 기억하도록 만들어져 있다. 빌 클린턴의 "문제는 경제야, 바보야"라는 슬로건과 케네디 대통령의 "10년 내에 사람을 달로 보내겠다"는 연설은 구체성의 대표적 예다. 달 연설은 수많은 이슈 중에서도 10년 안에 사람을 달로 보내겠다는 것으로 과학과 경제, 사회의 발전을 가져오겠다는 목표를 구체적으로 설정했다.

(4) 신뢰성(credibility)

세부적 묘사와 통계, 그리고 자신이 겪은 최고의 경험을 메시지에 버무린다. 통계는 인간적이고 일상적인 언어로 풀어내면 더 효과적이다.

(5) 감성(emotion)

상대방이 무언가를 느끼게 만든다. 특히 당신의 메시지가 그들이 각별히 여기는 무언가와 긴밀한 관계가 있음을 보여주는 것이 좋다. 마더 테레사는 의미 있는 말을 했다. "나는 대중을 구하기 위해 일하지 않는다. 하지만 한 사람을 위해서는 무엇이든지 할 수 있다."

NGO단체가 "아프리카 가난을 퇴치하는 데 성금을 보냅시다"라 하면 효과가 없다. 하지만 어느 마을에 사는 실제 어린이를 보여주면서 이 아이가 학교에 가도록 도와주자 하면 성금이 쏟아진다.

처음 MS의 광고는 "경쟁사보다 우리 제품 기능이 더 많다"는 것을 강조하는 것이었다. 반응이 없자 창의적인 일을 하는 사람을 타깃 그룹으로 정하고 "우리 제품은 당신들처럼 창의적인 사람들만이 이해할 수 있다"며 마케팅을 했다. 이것은 B2B 마케팅 중 최고로 흥행이 되었다. 감성에 호소하라.

공익광고에서 시꺼먼 간을 보여주면서 "담배를 계속 피우면 당신 간도 이렇게 된다"고 하면 보는 사람은 담배를 끊던가 아니면 다시는 그 광고를 보지 않게 된다. 하지만 광고 중에 10대 청소년들이 나와서 담배회사 앞에 1,800개의 모래주머니를 쌓은 뒤 확성기로 "당신들이 만드는 담배로 인해 매일 1,800명이 죽고 있다"고 소리치는 장면을 보면 "내 친구를 담배로부터 구해야겠다"는 마음을 불러일으킨다.

(6) 스토리(story)

메시지를 보다 일상적이고 생활에 가까운 형태로 만들어 보여준다.

청취자는 그 스토리의 상황이 닥치면 곧바로 그에 맞게 행동할 준비를 갖추게 된다.

이솝우화가 2,500년을 지금까지 살아남는 것은 스토리를 통해 교훈을 주기 때문이다. 비겁한 변명으로 실패를 합리화하지 말라는 메시지를 신 포도와 여우 이야기로 절묘하게 풀어낸다. 사업가가 자기 제품을 설명할 때 매번 스토리를 가지고 나갈 수는 없다. 그럴 땐 다른 구체적인 사례를 드는 방법이 좋다.

3) 공감과 사회지능 높이기

사회지능을 높이기 위해서는 공감, 조화 조직에 대한 이해, 영향력, 조직원의 능력개발, 동기부여, 팀워크 등 다양한 분야에서 능력을 키워야 한다.

공감: 다른 사람들, 종종 배경이 다른 여러 사람들에게 동기를 부여하는 방법을 알고 있고, 다른 사람의 니즈에 민감하게 반응한다.

조화: 다른 사람의 말을 경청하고, 사람들이 어떻게 느낄 것인지에 대해 생각한다. 다른 사람의 기분에 잘 맞춘다.

조직에 대한 이해: 그룹이나 조직의 문화와 가치를 이해하는 것뿐 아니라 소셜네트워크와 그 무언의 규범을 이해하는 것까지 포함한다.

영향력: 토론을 통하거나 개인의 이익에 호소해 다른 사람을 설득시킬 수 있어야 한다. 핵심인물로부터도 지지를 얻어야 한다.

조직원 능력개발: 열정을 갖고 부하직원을 코치한다. 개인적으로 시간을 투자해 조언을 해준다. 다른 사람의 직무능력 발전에 도움이 되는 피드백을 준다.

동기부여: 강한 비전을 분명히 제시한다. 그룹의 자긍심을 세우고 긍정적인 감정을 조성한다. 조직원들이 능력을 최대한 발휘하도록 이끈다.

팀워크: 팀원으로부터 정보를 열심히 얻는다. 팀원들을 뒷받침하고 협력을 이끌어낸다.

03

팔로어십

1) 팔로어십

조직의 성공에 리더가 기여하는 것은 20% 정도이고, 나머지 80%는 추종자들의 기여이다. 리더십은 팔로어십(followership)이 얼마나 잘 받쳐주느냐에 따라 빛을 낼 수 있다. 즉, 조직의 성공은 리더십만 필요한 것이 아니라 팔로어십도 필요하다.

우리는 지금까지 조정자에 지나지 않은 리더에게 너무나 많은 책임과 부담을 지어왔다. 그러나 진정한 주인인 추종자 문제는 등한시 되어 왔다. 이제는 리더-추종자라는 이분법적 사고가 미래에 대한 해답이 될 수 없다. 그러므로 서로 조화와 협력을 통해 조직을 발전시켜야 한다. 리더-추종자 관계의 본질적 측면은 공동의, 혹은 최소한의 공유된 목적을 추구함에 있어서 기술이나 서로 다른 동기수준이나 잠재적 파워를 가진 사람들의 상호작용이다. 리더와 추종자가 윈-윈 할 때 조직도 발전할 수 있다(신인철, 2007).

Follow는 "돕다, 후원하다, 공헌하다"는 뜻을 가진 고지대 독일어

'Follaziohan'에서 유래되었다. 켈리에 따르면 팔로어는 나뭇잎과 같으며, 나뭇잎은 나무의 일부분인 동시에 나무 전체를 구성하므로 조직 전체의 정신, 목적, 방향을 구체화하는 것은 바로 팔로어다. 바람직한 팔로어는 나무와 숲을 동시에 보는 통찰력과 다른 사람과 잘 융합할 수 있는 사회적 역량을 지니고 있고, 지위와 상관없이 활동하며, 어떤 목적을 달성하기 위해 적극적으로 참여하고 노력하려는 의지를 보유하고 있다. 조직에서는 나무와 함께 숲을 볼 수 있는 비전, 남들과 잘 어울려서 함께 일할 수 있는 사교력, 성격적 강점, 다른 어느 한쪽에 부담을 주는 일이 없이 개인적 목표와 기업의 목표를 추구할 수 있는 도덕적이며 심리적인 균형 감각을 소유하고 있는 팔로어십을 필요로 한다. 그리고 공동의 목적을 달성하기 위해 단체 노력에 참여하고자 하는 의욕이 있어야 한다.

하버드대 교수 바버라 켈러먼은 팔로어십에 주목하였다. 그동안 리더십의 그늘에 가린 팔로어십이 그 모습을 보이고 있다. 구성원(constituent), 동료(associate), 멤버(member), 부하(subordinate) 등 다양하게 불리던 것이 팔로어로 새롭게 단장하고 리더십과 함께 한 축으로 등장하고 있는 것이다.

<시리우스와 동반성>

시리우스(Sirius)는 '빛나는 자'라는 뜻을 가지고 있다. 별 가운데 큰 개자리 α성의 고유명사이기도 하다. 우리가 볼 수 있는 하늘에서 가장 밝은 별이다. 태양보다 23배 더 밝아 청백색을 띠고 있다. 고대 이집트에서는 이 별이 나일 강 삼각주 홍수가 시작될 무렵 일출 직전 뜬다는 것을 알고 천랑성(天狼星, Sothis)이라 불렀다. 또한 로마인들은 이 별이 태양과 함께 출몰하면서 1년 중 가장 더운 시기

가 된다 하여 그 시기를 '개의 날(dog days)'이라 불렀다. 시리우스가 '이글거리는' 것으로 해석되는 것은 이 때문이다.

그런데 이 별은 자신보다 10등이나 어두운 동반성(同伴星)을 가지고 있다. 그 이름을 시리우스 B라 한다. 가장 밝은 별이 자신보다 훨씬 어두운 별과 동반하며 하늘을 날고 있다니 놀랍다. 그렇다고 동반성을 격하시킬 이유는 하나도 없다. 이 동반성은 주성 시리우스의 약 30만 배의 평균밀도를 가지고 있다. 이것은 물의 13만 배, 철의 1만 6,000배라는 고밀도 물질로 이루어졌다는 것을 의미한다. 이런 종류의 항성을 백색 왜성(白色矮星)이라 하며, 그 크기가 지구만 하다. 하지만 표면중력은 지구의 5만 배나 될 만큼 중력이 크다. 그래서 아인슈타인의 상대성이론을 설명하는 데 크게 도움을 주었다. 별이라고 해서 다 같지 않음을 보여주는 것이다.

우리 주변에는 시리우스처럼 빛나는 사람도 있다. 박수를 받기에 마땅한 사람이다. 그러나 그 사람 주변을 보면 그 곁을 지키며 오늘도 밝게 빛나는 동반성을 볼 수 있다. 주성은 동반성이 있어 외롭지 않고, 그로 인해 주성이 더 빛을 발할 수 있기 때문이다. 아니, 동반성이 없다면 주성은 의미를 잃어버릴 수 있다. 주성은 언제나 동반성을 보며 산다. 동반성도 마찬가지다. 리더와 추종자가 이렇듯 서로를 지켜보며 빛을 발하고 산다면 이 땅에서의 삶도 살만할 것이리라.

2) 켈러먼의 5가지 팔로어 유형

켈러먼은 팔로어를 크게 무관심자(Isolate), 방관자(Bystander), 참여자(Participant), 운동가(Activist), 완고주의자(Diehard) 등 다섯 가지로 구분하고 역사적·사회적 사건 속에서 그들의 역할을 분석했다.

무관심자는 문자 그대로 아무 관심 없는 사람으로 가장 나쁜 팔로어다.

방관자는 무임승차 형으로 자신이 속한 조직에서 문제가 되는 유형이다. 나치의 유대인 학살에 대해 방관한 독일인과 유럽, 미국의 정치인들이 여기 속한다. "악이 승리하기 위해 반드시 필요한 것은 선한 자들의 침묵"이라는 에드먼드 버크의 격언에 해당하는 사람들이다. 참여자는 집단의 이익을 위해 진실을 은폐하기도 한다. 켈러먼은 미국의 제약사인 머크(Merck)를 예로 든다. 이 회사는 1990년대 말 관절염 치료제 바이옥스를 시판했다가 심장질환 유발을 이유로 엄청난 송사에 휘말렸다. 이 회사의 하버드 박사 출신 간부 등은 부작용 가능성을 알면서도 축소했다. 켈러먼은 이들을 '나쁜 참가자'로 규정한다. 기술적·의학적으로 문외한이었던 리더(CEO)를 잘못 안내했기 때문이다. 물론 이들은 머크사가 이 약의 개발에 너무도 많은 투자를 한 것을 알고 있었고, 리더의 지시를 따르기보다는 "반드시 1등을 해야 하고 성공해야 한다는 참여자들 스스로의 신념 때문에 발생했다"는 분석이다.

운동가는 잘못된 기존 질서 바로잡으려는 신념가이다. 미국사회를 발칵 뒤집어놓았던 가톨릭 성직자들의 아동 성학대 사건을 공개한 이들이 그 예다. 성직자의 권위와 위계질서가 엄격한 가톨릭 사회에서 "백발에 단정한 옷차림으로 나긋나긋한 말투를 지닌 사람들이 대부분(254쪽)"이었던 '신념자의 목소리(VOTF)'라는 단체는 결국 관련자들을 사퇴시키고 유죄판결을 이끌어내는 등 잘못된 기존 질서를 바로잡았다.

완고주의자는 죽음을 각오하는 사람들이다. 상황에 따라 리더보다 더 리더 같은 역할을 한다. 전장에서의 군인이 대표적이다.

고위직에 있는 사람들이 고상하게 앉아서 그들이 원하는 방식으로 그들이 바라는 것을 하는 날은 이제 끝났다. 팔로어를 무시하고 그들의 존재를 잊은 리더는 위험을 각오해야 한다. 리더가 팔로어에게보다는, 팔로어가 리더에게 더욱 중요한 존재다. 그는 팔로어에게 리더와의 공동책임을 강조한다. 팔로어는 때로는 리더보다 더욱 높은 도덕성과 판단력, 책임감이 있어야 한다는 것이다. 요컨대 방관하지 말고, 리더를 옳은 길로 인도하고, 내부고발도 하고, 자기 일처럼 열심히 해야 좋은 팔로어다. 좋은 리더 되기도 힘들지만, 좋은 팔로어 되기도 쉽지 않다(켈러먼, 2011).

3) 팔로어십에 요구되는 7가지

팔로어십에는 헌신, 방향성 통일, 몰입, 용기, 표현, 대안제시, 보충 및 보완 등 7가지가 요구된다.

(1) 헌신(self-sacrifice)
헌신은 '제물을 바침' 곧 자기희생을 의미한다. 헌신의 주체는 바로 그 자신이다. 헌신의 진정한 의미는 '자발적'이라는 단어에 있다. 진정한 팔로어들은 자발적인 동참을 통해 조직과 자신을 일치시켜 조직의 발전을 위해 자신을 발전시키고, 그 발전을 통해 조직을 발전시키는 상호발전의 선순환을 이루고자 한다.

리더는 조직원들의 헌신을 이끌어냄에 있어서 물질적 보상도 중요하지만 비물질적 보상만이라도 제대로 이행할 필요가 있다. 추종자의 경우 어떻게 하면 나를 잃지 않고 조직에 헌신할 것인가 생각한다. 눈앞에 보이는 대가보다는 본인이 얻게 되는 본질적 가치를 중시하고, 자기의 중심을 잃지 않아야 한다. 리더보다 조직을 보며, 시야를 넓고 길게 보아야 한다.

<교황청 근위대는 왜 스위스인가?>

로마 교황청 근위대의 신병들이 오면 바티칸에서는 용병 신고식을 한다. 그들은 성베드로 광장에서 충성 서약식을 한다. 중요한 것은 1506년 창설된 교황청 근위대는 정원 100명이 모두 스위스인으로만 구성된다는 사실이다. 1527년 5월 6일 신성로마제국의 샤를 5세가 교황청을 공격했을 때 스위스 용병 147명이 교황 클레멘트 7세를 끝까지 지키다 전사한 후 용맹성과 충성심을 인정받아 생긴 전통이다. 당시 스위스는 가난해 용병을 많이 파견했다. 스위스도 창을 맞아 죽어가는 사자 상을 만들어 당시 그들의 충성됨을 기리고 있다. 현재 근위병으로 선발되려면 미혼의 가톨릭 신도여야 하고 키 174cm 이상에 수염을 기르지 않아야 한다. 충성과 신뢰는 언제나 인정을 받는다.

(2) 방향성 통일(unity)

성공적인 조직은 갈등의 상황, 위기 순간에 얼마나 효율적으로 그 문제를 해결하고 정상을 되찾느냐가 중요하다. 조직에서 리더와 추종자는 서로 다양성을 존중하고, 리더의 결정에 대해 보다 나은 방향은 없는지 논의하고 의견을 조율할 필요가 있다. 그러나 역량을 발휘해야 할 시기나 경쟁해야 할 시기, 위기상황에서는 일사불란하게 방향성을 통일시켜야 한다. 성공적인 조직은 평상시가 아니라 갈등, 위기상황에서 얼마나 빨리 그 문제를 해결하고 정상을 되찾느냐로 판가름 난다. 리더가 추종자에게 수시로 그 상태나 방향을 이야기하고, 지속적으로 방향성 일치훈련을 하며, 리더 스스로 일관된 방향을 유지한다. 추종자도 방향성을 통일시키기 위해 리더와 끊임없이 대화를 시도해야 하고, 개인이 아닌 조직의 시각에서 자신의 업무를 다시 검토하는 습관을 기르며, 리더에 집중하지 말고 조직에 집중해야 한다.

<링컨은 독재자인가?>

링컨은 미국뿐 아니라 세계 모든 사람들이 존경하는 인물 가운데 하나이다. 그런데 가끔 그에 대한 공격적인 글들을 마주하면 그도 한 인간이었구나 하는 생각도 들고, 한 인물에 평가도 이렇게 하기 어렵나 하는 생각도 든다.

인요한의 글이 인터넷에 회자되었다. "링컨 대통령이 박정희 대통령보다 백 배 더 독재했습니다. 신문사 300개가 문을 닫았어요. 주의회 의원을 재판도 안하고 연금을 시켰어요. 대법원장 불러 가지고 당신 까불면 감옥에 넣어 버리겠다고 했어요. 남북이 나눠지고 전쟁이 날 것 같으니까 링컨조차도 그런 극단의 처방을 냈어요." 링컨도 독재를 했다는 말이다. 그런데 그는 이 말만 가지고 링컨을 나무라지 말라 한다. '시대성'을 감안하면 충분히 이해할 수 있다는 것이다. 그가 말하는 시대성이란 연방의 와해를 눈앞에 두고 대통령으로써 특단의 조치를 취하지 않을 수 없었던 상황을 말한다. 연방의 대통령이라면 이보다 더한 일도 할 수 있다는 말이다.

내부의 반발도 있었다. 오하이오 주 출신 민주당 연방국회 하원의원 클레멘트 밸런디검은 링컨을 왕, 독재자라 부르면서 남부연맹 편을 들었다. 그러자 화가 난 링컨은 그를 남부로 내쫓아버렸다. 남부가 그리 좋으면 거기서 살라는 것이다. 남부로 쫓겨난 밸런디검은 캐나다로 도망해 그곳에서 반링컨 운동을 벌렸다. 링컨도 쉽지 않았음을 보여준다. 링컨은 연방유지를 최우선으로 했던 실용의 정치인이었다는 평가를 받고 있다. 하지만 당시 미국 각주는 연방을 자유롭게 탈퇴할 권리가 주어져 있는데 링컨은 이를 반역으로 간주해 유혈사태까지 이끈 독재자라는 비판도 있다.

또한 링컨은 인간평등을 주장하고 노예를 해방시키려 했던 순수한 정치가는 아니었다는 주장도 있다. 그는 초기에 노예제를 찬성하지도 반대하지도 않았다. 그런데 전쟁이 나 많은 사람들이 죽고 남부가 영국의 도움으로 승승장구하자 노예제 폐지를 선언해 전쟁의 방향을 노예제로 바꿨다. 노예제 폐지는 전략적 선택이었다는 말이다. 이로 인해 당시 노예제를 금지한 영국이 더 이상 남부를 도울 수 없게 되자 승기는 자연히 북부로 돌아갔다. 노예제 문제도 해결되고 연방의 와해도 막게 되었다.

링컨은 처음부터 미국이 하나의 연방으로 뭉쳐 잘사는 나라로 만들고자 하는 야심을 가지고 있었다. '잘사는 나라.' 어느 나라든 잘사는 나라를 꿈꾼다. 이처럼 평범하고 진솔한 이상은 없다. 과정이야 어떻든 결과적으로 노예제를 폐지함으로써 인간평등의 가치도 구현했다. 이 모든 것에 공감했기에 미국인들도 링컨의 잘못을 덮고, 그를 위대한 지도자로 인정했다. 지도자의 나라사랑 앞에 국민은 그의 잘못을 덮는 아량으로 답한 것이다. 얼마나 인간적인가?

(3) 몰입(concentration)

추종자의 조직에의 몰입은 리더와 함께 무엇인가를 성취할 수 있다는 강한 의지와 조직의 성공에 대한 무의식적인 확신을 가져온다. 마이크로소프트사의 직원들은 그들 자신이 만든 제품을 가리켜 '세상을 바꾼다(change the world)'고 말한다. 단지 돈을 벌기 위해 일하는 것이 아니라 세상을 바꾸는 보다 가치 있는 일을 하고 있다고 스스로 인식시키며 자신의 업무를 대하는 것이다. 정신과 가치에 몰입하여 함께 커왔기 때문이다. 그들은 일에 수동적으로 끌려가는 것이 아니라 능동적으로 내 일에 대하여 새로운 가치를 부여하고, 그 일과 나와의 관계를 끊임없이 고찰하여 나의 능력과 가치를 투입한다. 그래서 그들은 자신을 일 중독자가 아니라 일 애호가라 말한다. 몰입은 그 자체로도 엄청난 에너지를 발휘하여 역량발휘와 가치창조에도 기여하지만, 열정이라는 또 다른 모습으로 성취에 대한 강한 의지와 확신, 그리고 엄청난 성과를 가져오게 된다.

조직원들을 조직과 업무에 몰입시키기 위해 리더는 명확한 목표제시, 적절한 직무배치, 조직기여도 재강조, 그리고 몰입촉진 요인을 잘 관리하는 것이 중요하다. 추종자는 모든 일을 단순하게 생각하고, 창의성을 위해 업무시간의 15%는 반드시 업무를 떠나 생각할 필요가 있으며, 시야를 나무 뒤에 두는 것이 좋다.

(4) 용기(courage)

리더의 힘과 용기는 자기 자신을 있는 그대로 추종자들에게 솔직하게 보여줄 때 가장 크게 나타난다. 추종자들이 가장 어렵게 생각하는 장애요인이 바로 용기문제이다. 이것은 건전한 팔로어십 발휘를 가능하게 하는 원동력이다. 용기는 남이 주는 것이 아니고 쉽게 얻는 것도 아니다. 도저히 용기를 낼 수 없을 것 같은 상황에서 용기를 내는 것이 바로 진정한 용기이다.

용감한 추종자를 만들기 위해 리더는 먼저 솔직함으로 무장할 필요가 있다. 리더 또한 추종자들이 용감하게 다가오기를 기다리고 있다. 따라서 추종자는 리더를 찾아가 바라는 바를 솔직하게 이야기하는 것이 좋다. 진솔함이 서로 통할 때 모두 신뢰와 용기를 가지고 나갈 수 있다.

(5) 표현(expression)

자신이 원하는 바를 정확하고 즉각적으로 리더에게 알려주고 표현할 수 있는 능력이 팔로어십의 중요한 요소이다. 추종자도 다양하다. 자기 표현적이면서도 개인적 목표에 충실한 드리머와 생활방식 유형의 추종자, 자기 표현적이면서도 인간관계를 중시하는 충성파와 동지형 추종자, 자기 개혁적이면서 인간관계를 중시하는 멘티형 추종자, 그리고 도제와 멘티의 중간 위치에 있는 신봉자형 추종자가 있다. 즉, 우리 사회에는 여러 유형의 추종자와 팔로어십이 존재한다. 따라서 리더와 리더십에도 수많은 형태가 있다. 따라서 표현이 중요하다. 자신이 원하는 바를 정확하고 즉각적으로 리더에게 알려주고 표현하는 능력이 요청된다.

리더는 추종자들이 어떻게 자유로운 표현을 이끌어낼 수 있을까를 궁리한다. 작은 대화를 많이 만든다. 반드시 피드백을 주되 즉각적인 피드백은 삼간다. 추종자는 리더에게 자신의 뜻을 전할까를 생각한다. 리더는 외로운 사람이라는 것을 명심하며, 리더의 언어로 표현한다.

(6) 대안제시(second plan)

추종자나 리더나 조직에 대한 몰입은 리더와 함께 무엇인가를 성취할 수 있다는 강한 의지와 조직 성공에 대한 무의식적인 확산을 가져온다. 제2차 세계대전 시 처칠 행정부가 전쟁에서 승리할 수 있었던 이유를 묻는 질문에 각료 중 한 사람이 말했다. "히틀러의 부하들은 '좋습니다'라는 말밖에 할 줄 몰랐기에 패배할 것이 뻔한 전투에도 병사들을 밀어 넣었다. 하지만 처칠의 사람들은 '아니오, 제 생각에는'라고 말할 수 있었기에 승리할 수 있었습니다." 실제로 앨런 브룩은 처칠과의 전략회의에서 가장 말을 많이 했고, 잘못된 부분이 무엇인지와 그에 대한 올바른 대안이 숨겨 있어서, 고집불통으로 알려진 처칠도 그 의견을 받아들였다. 이렇게 해서 수정된 전략이 그들에게 승리를 가져다주었다.

리더는 어떻게 대안을 제시하는 추종자를 육성할 것인가에 관심을 두어야 한다. 의도적으로라도 대화의 장을 마련한다. 비판과 비난보다 수용과 수긍을 한다. 좋은 제안에는 적절한 보상을 한다. 추종자는 어떻게 가치 있는 대안을 제시할 것인가에 관심을 둔다. 대안 제시는 싸움이 아니며, 대상이 자신의 리더라는 것을 잊어서는 안 된다. 건설적인 의견을 제시하되, 공동의 목표와 조직의 발전에 초점을 맞춘다.

<루이 하우 이야기>

프랭클린 루즈벨트의 참모로 루이 하우(Louis M. Howe)가 있다. 작은 키에 남을 쏘아보는 눈빛, 섬뜩한 얼굴 흉터에 매 마른 목소리, 심한 천식에 연신 피워대는 담배로 외적으론 따뜻한 곳이 없어 보이지만 참모로서는 최고였다. 사람들은 말한다. "하우가 없었다면 루즈벨트도 없었을 것이다."

하우는 지방지 기자로 일하다 루즈벨트를 만났다. 그런데 루즈벨트는 주 상원의원 선거를 목전에 두고 장티푸스로 쓰러졌다. 자기를 도와줘야 할 부인마저 병들자 선거를 포기해야 하는 상황에서 루즈벨트는 하우에게 손을 내밀었다. 하우는 병석에 누워 거동도 못하는 루즈벨트를 대신해 선거운동에 뛰어들어 상대후보를 압도해 주 상원의원에 당선시켰다. 잘 나가던 시절 루즈벨트가 바람을 피웠다. 부인에게 들통이 나자 이혼을 결심했다. 그의 어머니까지 말렸지만 요지부동이었다. 마침내 하우가 나섰다. "이 시점에서 다섯 아이가 있는 부인과 이혼하고, 가톨릭교도인 그녀와 재혼한다면 이제 당신의 정치생명은 끝납니다." 이 한 마디로 루즈벨트는 이혼결심을 철회했고, 바람을 가라앉혔다.

루즈벨트가 또 갑자기 쓰러졌다. 소아마비였다. 곧 회복될 것이라는 기대와는 달리 7년을 투병해야 했다. 사람들은 루즈벨트를 미래의 대통령으로 생각하지 않았을 것이다. 하지만 하우는 그를 포기하지 않았다. 7년 내내 루즈벨트를 떠나지 않았고, 정치적으로 끝난 사람이 되지 않도록 세심하게 배려했다. 하우는 그를 주지사에 당선시켰고, 대통령으로 만들었다. 대통령이 된 뒤에도 하우는 루즈벨트가 방심하지 않도록 견제하고 경계하고 설득했다. 대통령이 아이디어를 내면 하우는 그것을 조각조각 내고, 있을 법한 모든 결점을 샅샅이 찾아내는 등 비판자 역할을 담당했다. 루즈벨트는 하우의 모든 비판을 방어하고 나서야 비로소 오케이 사인을 할 수 있었다. 하우는 말한다. "참모의 예스는 먹기 좋은 독약입니다. 가장 경계해야 할 것은 예스맨 무리입니다." 잘못된 방향으로 흘러가는 조직의 비극은 "노!"라고 말하는 참모가 없기 때문이다. 위대한 지도자 뒤엔 역시 위대한 조력자가 있다(이철희, 2009).

(7) 보충 및 보완(supplement)

조직에 있어서 결정은 리더가 내리고 책임도 지지만 그 결정의 순간까지 추종자들은 자신의 의견을 통해 리더가 보지 못한 부분, 리더가 고려하지 못한 사항을 보완해야 한다. 진정한 추종자라면 그런 활동을 통해 조직에 기여하는 인물이 된다.

리더는 어떻게 리더를 보완하는 추종자들을 육성할 것인가를 고민한다. 이때 추종자를 리더처럼 보고 리더처럼 판단할 것을 강요하지는 않는다. 추종자는 어떻게 리더를 보완할 것인가를 생각한다. 리더는 모든 면에 완벽한 존재가 아니다. 보충과 보완이 요구된다. 리더의 부족한 면이 보이면 도움을 제공한다. 또한 그 보완을 통해 업무를 추진하고 배운다.

리더십은 팔로어십과 함께 간다. 리더십이 성공하려면 추종자들이 필요한 모든 자원을 제때에 제공해주어야 한다. 그들이 스스로 움직이려면 추종자들의 기존적인 욕구가 충족될 필요가 있다. 그래야만 더 높은 단계로 나아갈 수 있다. 경영자는 직원들이 자신의 특장을 발휘할 수 있는 기회를 창조해주어야 한다. 조직을 활성화시켜 뛰어난 아이디어를 연구하도록 기회를 만들어주어야 한다. 직원들의 노력을 인정해주고, 그에 따라 자주 격려와 칭찬을 한다. 직원들에게 끊임없는 관심을 준다. 리더의 관심 있는 말에 감격하고 사기가 높아진다. 이것이 작업효율에 영향을 준다. 사람은 언제나 다른 사람에게 인정을 받기 원한다. 직원들이 진보할 수 있도록 격려해준다. 직원들의 의견을 중시한다. 직원들이 조직 내에서 학습하고 성장할 수 있는 기회를 마련하고, 전체 조직이 합할 수 있도록 한다.

part 10

고객관리와 마케팅

01. 마케팅 활동의 역사와 변화
02. 고객 중심의 마케팅 활동
03. 마케팅의 신기법들

마케팅 활동의
역사와 변화

마케팅(marketing)의 역사는 로마 역사로 거슬러 올라간다. 로마는 제국을 통치하면서 강력한 법을 가지고 있었고, 모든 것을 로마로 통하게 하는 도로를 마련했다. 그때 상인은 로마의 법 아래서, 로마를 통하는 도로를 이용하여 거래를 하게 되었다. 로마정부는 법과 정치권력을 사용하여 시장을 통제하였고 공정한 가격(Justum Preicum) 유지와 재화의 적합한 공급을 위해 노력했다.

고대 이탈리아인으로 불리는 에투리아인들(Etruscans)은 자기 나름대로 통용되는 에투리안 규율(Disciplina etrusca)을 가지고 있었다. 이규율은 로마법의 기본적 골격을 이루는 데 기여했으며, 이것은 당시상법이자 기업법이라 해도 과언이 아니다. 물론 로마 이전에 밀레투스, 로도스, 칼타고, 고린투스 등 소아시아 지역에서 상거래가 있기는했지만 본격적인 상행위는 그 규모에서 있어서나 제도에 있어서 로마에 비교할 수 없다.

마케팅의 원어는 라틴어로 동사형 '메르카리(mercari)' 또는 명사형 '메르카투스(mercatus)'가 있다. 메르카리는 '구매하다' 또는 '거래하다'는 뜻을 가지고 있다. 메르카투스는 거래 또는 시장을 의미한다.

로마시대 사장은 희랍시대와 마찬가지로 생활의 중심을 이루는 곳이었다. 희랍시대에는 아고라(agora)라 하는 지정된 장소에서, 로마시대에는 포럼(forum)이라는 군중집합장소에서 상행위가 이뤄졌다. 이곳은 상품의 교환뿐 아니라 정치, 법, 종교 등 여러 사회적 목적을 수행하는 중요한 장소였다(Mund, 7). 희랍이나 로마는 이 시장을 통제하기 위해 재화의 수요와 공급에 관심을 가지게 되었고 공정한 거래가 이뤄지도록 했다. 미국의 표준국이나 연방통상위원회(FTC)는 철학적으로나 기술적으로 고대 아테네의 시장통제와 로마의 법제도를 따르고 있다. 그 후 여러 나라에서 미국의 제도를 따랐다.

20세기 이전에는 마케팅이라는 용어 대신 교역(trade), 상업(commerce), 유통(distribution)이라는 용어를 사용했다. 20세기에 들어서면서 유통과 소비 개념으로 경제학의 한 영역에 자리 잡았다. 유통거래에 대한 조사가 시작되면서 1910년부터 마케팅이라는 명칭이 사용되기 시작했다(Bartels, 160). 당시만 해도 마케팅은 재화와 서비스가 생산자에서 소비자로 유통하는 과정으로 소개되어 유통 측면을 강조하는 것에 불과했다. 그 개념이 원시전통사회에서는 발생하지 않은 것으로 보았으며 공산세계에서의 마케팅 개념 적용을 의문시했다. 마케팅은 자급자족경제와 교환경제를 거쳐 근대에서 현대로 이어지고 있다. 자급자족경제는 역사적으로 보아 봉건체제의 경제단계로, 농업과 임업이 주종을 이뤘다. 노동의 분화가 덜 이루어지고, 마케팅의 핵심이 되는 거래와 교환의 필요성이 강조되지 않았다. 관리 면에서도 특화가 이루어지지 않았다. 자급자족경제를 주장한 아리스토텔레스는 공동사회의 생존적 필요를 위해서는 자급자족 정도가 자연스러운 것이며 교환은 공동사회의 선의와 형제애를 공고히 하는 데 목적이 있다 했다. 따라서 사회의 결속을 깨뜨리고 사회의 행복을 방해하는 이익추구의 상행위는 비생산적으로 보았다. 교환경제는 자급자족보다 발전된 단계다. 일부는 생산에 중점을 둔 단계로, 생산은 소량의 주문생산이 대부분이다. 교환이 발생하므로 생산자와 소비자 사이의 중개역할을 위한 중간상인이 나타나게 되고 마케팅 역할이 보이기 시작한다. 중간상인의 출현은 커뮤니케이션 기능을 필요로 하게 되었다.

근대의 마케팅은 산업혁명과 관련이 있다. 산업혁명은 노동의 분화, 공장산업화, 그리고 인구의 도시집중화라는 특색이 있고, 이 특색은 마케팅 역할을 증대시켰다. 제품의 공급보다는 시장수요가 커짐에 따라 대량생산을 촉진시켰고, 급기야 대량판매의 문이 열리기 시작했다. 잉여개념과 과잉생산이라는 생산개념, 산업화에 따른 부의 편재와 기계문명의 발달로 인한 인간성 상실 등 여러 사회문제가 발생했다. 마르크스는 잉여가치론에서 자본가의 이윤, 곧 잉여가치 취득은 노동자를 착취한 대가로 보았으며 가치결정에 있어서 수요의 역할을 중요하지 않게 다룰 뿐 아니라 도매나 소매 같은 배급기능을 낭비로 간주했다. 또한 상거래에 투자하는 자본을 비생산적으로 보았다. 마르크스의 반마케팅이론은 초기 공산국가에서 엄격히 적용되었으며, 심지어 마케팅을 악마로 취급했다.

자본주의가 부의 축적과 함께 불운의 축적도 커져 결국 프롤레타리아에 의해 부르주아 계급이 타파되면서 자본주의가 몰락하리라는 마르크스의 예언이 성취되기를 기다리던 많은 공산주의 이론가들은 1929년 대공황 때 이 예언이 적중된 것으로 생각했다. 경제적 혼란이 왔을 뿐 아니라 마케팅 행위도 수그러들었기 때문이다. 그러나 예언된 위기는 마르크스의 생각과는 달리 극복되었다. 그리고 마케팅의 활동영역은 더 넓어지게 되었다. 한 예로 바거(Harold Barger)는 1870년과 1950년을 비교하여 같은 기간 미국의 생산노동자 수와 마케팅, 특히 도소매에 종사하는 사람들의 수를 검토했다. 그 결과 그 기간 생산에 종사하는 노동자 수는 3배로 증가했지만 도소매업에 종사하는 사람의 수는 12배로 증가했다.

1965년 이후 마케팅은 전성기를 맞았다. 미국은 이 시기에 경제적으로 발전했으며 다른 산업국들도 급성장했다. 1980년에는 미국의 노동인구 중 4분의 1 내지 3분의 1이 마케팅 관련 업무에 종사했다. 마케팅 활동의 성장과 더불어 마케팅 비용 또한 커졌다. 그럼에도 불구하고 경쟁은 지속되었고, 이 과정에서 마케팅은 높은 생활 수준을 전달하는 매개역할을 했다. 이 과정에는 자동차, 패션, 교육, 저축뿐 아니라 빈민가, 하수도 시설, 공해문제와 같은 도서 서비스도 포함되었다. 갈브레이스(J. K. Galbraith)는 자원의 할당문제를 논하면서 "우리는 너무나 많은 분량을 사물에 투자하고 있다. 우리는 생산위주에서 벗어나 우리가 생산한 것을 어떻게 더욱 합리적으로 사용할 수 있는가에 관심을 돌려야 한다"고 주장했다. 이것은 합리적 소비 내지 에너지 절약이 필요하다는 말이다. 이 전제 아래 1970년대에는 탈마케팅(demarketing) 개념이 태어났다.

마케팅과 벽을 쌓고 살아온 공산국가들은 국제적인 분업화와 전문화, 자원의 분배, 국제무역의 증대, 그리고 경제 활성화의 필요성에 따라 마케팅 개념을 재평가하고, 마케팅 활동에 적극적으로 파고들었다. 지금 마케팅은 생산자중심에서 소비자중심으로, 특히 고객중심으로 바뀌고 있다.

02

고객 중심의
마케팅 활동

1) 고객

영어에서 고객(customer)은 조직과 무언가 습관적으로 관계를 맺고 있는 사람이다. 그러나 한자의 고객을 보면 다르다. 고(顧)는 '뒤돌아보거나 보살피다'는 뜻이다. 고객은 습관적인 관계를 넘어 우리 조직이 잘 있는지, 혹시 어려움이 없는지 항상 관심을 가지고 보살펴주는 손님이다. 그러므로 고객에 대한 우리의 생각이 바뀔 필요가 있다.

고객에 대한 우리의 관점을 바꿔준 인물로 필립 코틀러가 있다. 그는 고객을 고객이 아닌 파트너로 간주한다. 파트너로서의 고객개념은 서로를 생각하는 면이 있다. 그는 파트너로서의 고객에 공동창출(co-creation) 개념을 적용한다. 고객과 함께 생각하고 제품도 함께 만들어낸다. 덴마크의 블록 장난감 기업 레고(Lego)가 아주 잘하고 있다.

2) CRM과 파트너십

CRM은 고객과의 파트너십이다. 고객과 기업 간에, 상호 간의 믿음을 바탕으로 장기적인 파트너십을 개발하고 유지해나가는 과정이다. 고객에는 3가지 차원의 고객이 있다. 첫째는 자사의 제품이나 서비스를 구매하는 보편적인 의미의 고객이다. 둘째는 기업이 고객 개개인의 신상과 구매내역, 취향을 파악할 경우의 고객으로, 식별고객(identified customer)이다. 끝으로 핵심고객(core customer)이다. 핵심고객은 기업의 수익에 공헌도가 높고, 지속적인 관계를 유지하며, 다른 사람에게 추천까지 하는 고객이다.

핵심고객은 단순한 매출기반의 VIP고객이 아니다. 이들은 제품의 구매뿐 아니라 신규고객 창출 및 신제품 개발 등에 적극적인 기여를 한다. 핵심고객은 자신이 관계를 맺고 있는 조직에 대해 매우 깊은 신뢰와 애정을 가지고 있어서 누가 시키지 않아도 항상 그 조직에 대해 걸어 다니는 홍보판 역할을 한다. 어느 조직에서나 전체 고객 중 핵심고객의 비중은 10%를 넘기기가 쉽지 않다.

요즘 많은 기업들이 식별고객을 관리하고 있지만 그 관리가 일회적이어서 핵심고객으로 연결시키지 못하는 경우가 많다. 핵심고객이 누구인지도 모르면서 1,500만 명 고객 데이터베이스가 무슨 소용일까? CRM 성공하고 싶다면 고객은 똑똑하다는 것을 기억하라. 기쁨을 주는 척만 하는 기업들은 안 된다. 아무리 비싼 CRM 소프트웨어를 도입하고 수천만 고객 데이터베이스를 구축한다고 해도 진정한 고객 기반 가치 창출은 요원하다. 핵심고객은 상상 이상 가치로 대하라. 일방적 구매 권유는 안 된다. 고객이 돈을 내고도 "이겼다"고 느끼게 하

라. 미국 온라인 서점에 로그인 했다. 내 구매정보를 알고 책을 추천해준다. 그러나 한국 사이트는 매번 똑같은 화면뿐이다(김영걸, 2008).

CRM이 성공하려면 먼저 핵심고객을 정의할 필요가 있다. 핵심고객에 대한 정의가 있고 이러한 정의에 따라 파악된 핵심고객들과 활발한 양방향 의사소통을 하는 기업이 성공한다. 그들의 니즈(needs)를 파악하라. 프랑스에서 시작한 화장품업체 록시땅(L'Occitane)은 획일적 이메일 마케팅에서 고객의 구매이력을 분석한 맞춤형 메일로 바꾸자 건당 매출이 25배가 늘었다. 고객의 관점에서 먼저 생각하고 행동한다. 그리고 니즈보다 큰 가치를 제공한다. 온라인과 오프라인 채널을 통합하고, 고객과 기업이 서로 주고받는 가치가 공정한지를 늘 확인한다. 고객에게 발생할 수 있는 문제를 예측하고 사전에 대처한다. 고객에 대해 알면 알수록 프라이버시를 침해하지 않도록 주의한다. 조직구성원들을 내부고객으로 섬긴다. 외부고객 만족에 앞서 내부고객의 만족을 위해 최선을 다한다. 공급업체, 대리점, 외주업체 등 비즈니스 관계자들을 갑과 을이 아닌 비즈니스 파트너로 대우하며 서로 필요한 지식과 정보를 원활하게 공유한다.

최첨단 CRM시스템 갖추고도 기업들이 고객관리에 실패하는 이유는 기쁨 주고 사랑 받는다는 기본원칙을 도외시하기 때문이다. 고객을 효율적 마케팅 수단으로만 간주해서는 안 된다. 마라톤처럼 CRM을 끊임없이 발전시켜야 한다. 100미터 달리기처럼 일과성 행사로 간주해서는 안 된다.

3) 인터넷과 군중의 힘

과거에는 기업이 제공하는 메시지가 프로모션의 전부였고 소비자들은 이를 받아들이는 수동적인 입장이었다. 그러나 지금은 인터넷 등을 통해 소비자들이 똑똑해지고 더 나아가 그들끼리 정보를 주고받는다. 따라서 기업은 소비자들의 상호작용에서 유리한 메시지가 자연스럽게 일어나게 하는 군중(swarm)의 힘을 이용해야 한다. 예를 들어 위키디피아의 콘텐츠 구성은 뚜렷한 리더 없이 군집세계의 간단한 규칙에 의한 결과로 나타난 것이다. 대중시장에 일방적으로 브랜드의 메시지를 전달하는 것이 아니라 소비자들 사이에서 자연스럽게 브랜드의 메시지를 확산시켜주는 사람이 중요한 것이다.

폴크스바겐은 독일에서 국민차라는 이미지를 다시 심으려고 독일의 일반시민인 호스트 쉬라머(Horst Schlamer)가 면허증을 따고 차를 사기 위해 시도하는 모습들을 담은 개인의 동영상 블로그를 이용했다. 이 블로그는 곧 독일에서 최고가 되었고, 블로그와 입소문을 타고 생겨난 군중의 힘에 의해 폴크스바겐은 어렵지 않게 목적을 이뤘다.

4) 공동체 지향적 소비

글로벌 경기침체와 신종플루 확산의 영향으로 독서와 게임 등 개인적 소비에 몰두했던 과거와 달리 앞으로는 공동체를 지향하는 소비트렌드가 예상된다. 구매와 결합된 작고 쉬운 기부가 보편화되고 재능을 기부하는 프로보노(pro bono) 운동에 대한 참여자가 늘어난다. 자연보호, 노동인권보호, 공정거래, 기업 투명성, 공동체 이익 등 다양한 공동체 가치를 고려해 구매하는 윤리적 소비도 늘어간다.

프로보노(pro vono)는 라틴어로 "공익을 위하여"라는 뜻을 가지고 있다. 프로보노를 외치며 자신이 가진 재능을 기부하는 개인과 단체들이 늘어가고 있다. 공익실천의지를 가진 사회적 기업을 위한 협의체도 결성되고 있다. 이러한 프로보노 운동이 활발해지는 것은 국가나 거대 공공기관의 손길이 개인에게까지 미치지 못하기 때문이다.

프로보노 단체 SCG(social consulting group) 설립자 고영은 최선을 다해 누군가를 돕고 성공시키기를 즐겨하는 이들을 나비형 인간이라 부른다. 나비형 인간에는 기업가들이 많다. 대표적으로 탐스슈즈(Toms Shoes) 대표 블레이크 마이코스키가 있다. 그는 남미나 아프리카나 아이들이 맨발로 다니는 것을 보고 신발 기부를 시작했다. 탐스슈즈는 2006년 아르헨티나에 신발 200켤레 기부를 시작으로, 2006년 말 1만 켤레를 아르헨티나에 보냈다. 2007년에는 남아프리카 공화국과 에티오피아의 아이들에게 11만 5,000켤레의 신발을 전달했다. 마이코스키는 자신을 CEO가 아닌 CSG(Chief Shoe Giver), 곧 최고신발기부자로 소개하며, 패션도 따뜻하고 감동적일 수 있다는 것을 보여주고 있다(고영, 2010).

개인이든 기업이든 누군가를 도우며 참 행복을 느끼는 나비형 인간들이 많아질수록 우리 사회는 정말 살만한 사회임을 깨닫게 될 것이다.

5) 콜래보레이션

콜래보레이션(collaboration)은 한 브랜드가 다른 브랜드와의 협력을 통해 고유의 산업경계를 넘어 새로운 시장을 개척하는 전략적 도구를 말한다. 과거 제휴나 네트워크와 같이 느슨한 관계가 아니라 고객이 추구하는 특정가치를 만족시켜주기 위해 브랜드 간 연합전선을 펼치는 것이다. 심지어 소비자와 생산자, 제공자와 피제공자 간의 경계가 없어지기도 한다. 이를 위해 이종산업 간 벤치마킹은 물론 끈끈한 협력을 통해 공동 타깃 전략을 펼친다. 이런 점에서 콜래보레이션은 소비자의 지각에서 새로운 시장을 발굴하는 접근방법이다.

하얏트 호텔은 50대 전용 웹 커뮤니티인 에온스(eons.com)와 강력한 스폰서십을 맺고 웹사이트를 통한 여행서비스를 독점적으로 제공하고 있다. 50대 연령층의 고객들에게 호텔, 리조트, 크루즈 여행 등을 묶은 고가여행상품을 판매하고 있다. 하얏트는 에온스와 협력관계를 통해 시너지를 도모하고 있는 것이다.

6) 솔루션 경제 확대

하나하나의 개별가치를 제공하기보다는 고객의 복합적 요구를 총체적으로 해결해줄 수 있는 상품이 확대될 전망이다. 상품은 고객의 요구를 해결해준다는 점에서 모두 솔루션이다. 소비자 지향적인 솔루션을 제공하려면 제조업과 서비스의 융합, 곧 서비타이제이션(servitization)이 필수적이다. 아이팟, 아이폰의 성공은 아이튠즈, 엠스토어라는 서비스와 결합해 음악, 게임 등 소비자가 원하는 솔루션을 제공했기 때문이다.

7) 고객행복을 지향하는 친절 마케팅

고객이 행복을 느낄 때까지 서비스를 최대화한다. 네덜란드 항공사 KLM은 '행복전파' 캠페인을 하고 있다. 비행기에 타기 전 승객의 페이스북과 트위터를 검색해 승객에게 깜짝 선물을 하는 것이다. KLM은 자신의 트위터에 "뉴욕에 출장 가야 해서 이번 시즌 중에 가장 중요한 축구경기를 놓치게 생겼다"고 불만을 털어놓은 남성을 비행 전 찾아가 여행 책자를 선물했다. 그 책자 안에서는 축구경기를 중계하는 뉴욕의 술집을 형광펜으로 표시해뒀다.

안동병원은 친절마케팅으로 유명하다. 연간 천여 명의 병원관계자가 안동병원의 특화된 진료체계를 견학하기 위해 몰려든다. MK택시의 경영기법을 1990년대 초반부터 병원에 도입해온 안동병원이 보건복지부가 발표한 2010년 전국 권역응급의료센터 평가에서 대형병원들을 제치고 1위를 차지했다. 안동병원은 17개 응급의료 평가지표 중 16개에서 만점을 받았다. 이 병원은 뇌혈관질환, 심장혈관질환, 소화기질환 등을 빠르게 진단, 치료하기 위한 통합센터를 갖췄다. 전국병원에서 유일하다. 경험 많은 의사와 간호사를 응급센터에 대거 투입하고, 대학교수급 의료진을 영입해 신속결정, 즉시 후속치료 체계를 운영하고 있다. 병실은 만원이고, 경북 일대는 물론 충북, 강원도 지역에서도 환자들이 몰려온다.

이 병원은 일본에서 친절 서비스로 유명한 MK택시 경영기법을 도입해 환자 맞이 시간을 갖고 있다. 매일 아침 병원 로비에 도열해 환자를 맞는 것이다. 직원은 일 년에 160시간 친절 서비스 등의 각종 교육을 받는다. 병원은 퇴원한 환자들에게도 일일이 전화를 걸어 입원

기간 중 불편한 점이 없는지를 조사한다. 병원에서 죽음을 맞은 환자들을 기리기 위해서 매년 유가족과 함께 합동추도제도 갖는다. 건강검진과 안동하회마을 관광, 골프 투어를 묶는 의료관광 사업을 위해 병원 17층에 20여 개의 특급호텔급 객실을 갖추었다.

<독일인 부부 마음을 녹인 공항 직원의 장미 10송이>

2009년 5월 10일 정오, 독일계 제약회사인 한국베링거인겔하임 사장 군터 라인케(Reinke, 58) 씨 부부가 인천공항 검역장에 30분째 우두커니 서 있었다. 부부는 독일 출장길에 프랑크푸르트 근교에 사는 아들(39)을 만나고 돌아오는 길이었다. 13시간 비행기를 탄 끝이라 곧장 집에 가고 싶었지만 검역대를 통과할 수 없었다. 라인케 씨 부인(65)이 들고 있는 장미 한 송이가 문제였다.
국내 식물검역 기준에 따라 살아 있는 식물은 국내에 반입할 수 없다. 외국산 식물에 세균이 묻어 있거나, 국내 생태계에 악영향을 미칠 가능성이 있어서다. 라인케 씨 부부는 "아무리 그래도 우리가 출국하는 날, 아들이 직장에서 1시간 떨어진 호텔까지 찾아와서 준 '어머니의 날(독일은 5월 10일)' 선물인데……" 하고 안타까워했다. 부인은 "남편이 12년째 한국에 근무해서 1년에 세 번밖에 아들을 못 보고 산다"며 "아들이 준 꽃을 버릴 수 없다"고 사정했다. 공항 검역 업무를 맡은 국립식물검역원 직원들은 난감했다. 고민하던 당일 현장팀장 조선형(51) 씨가 라인케 씨 부부에게 "이 꽃은 여기 두고 가시고, 제가 아드님 대신 두 분께 꽃을 사 드리겠다"고 제안했다. 그는 공항 꽃가게에서 자기 돈으로 장미 10송이를 사서 두 사람에게 선물했다.
라인케 씨는 "규정대로 처리하면 그만일 텐데, 공무원들이 우리 부부의 마음을 배려해줘서 한국인의 따뜻한 정을 느꼈다"고 했다. 조 씨는 "나도 아들 둘을 키우는 아버지라 부부의 마음에 공감했을 뿐"이라고 했다(이인묵, 2009).

03

마케팅의
신기법들

1) 신경마케팅

한스 게오르크 호이젤은 뇌 과학과 마케팅을 결합한 신경마케팅 (neuromarketing) 이론을 내놓았다. 그에 따르면 인간이 이성적이란 건 착각이다. 소비자의 구매결정은 언제나 뇌에서 무의식적으로, 감정적으로 내려진다. 강력한 브랜드를 보면 활성화되는 뇌 부위가 다르다 (Häusel, 2004). 소비자들의 막연한 예감, 직관에 따른 구매결정 등은 모두 뇌의 자동모드와 깊이 관련이 있다. 뇌에는 브랜드에 관한 두 개의 메커니즘이 존재한다. 첫째, 인지도 높은 브랜드를 대할 때는 따로 생각할 필요 없이 자동모드로 전환되는 메커니즘이다. 둘째, 브랜드에 대한 긍정적 감정에 관한 메커니즘이다.

2) 비본질적 마케팅

핵심기술의 보편화로 품질의 차별화가 어렵게 되었다. 이제는 제품특성이나 편의성과 같은 중심요소에서 벗어나 소비자의 심리를 만족시킬 수 있는 주변요소로 시장을 공략하는 것이 중요하다. 제품의 중심요소는 소비자의 필요(needs)를 충족시키는 것이고, 주변요소는 욕구(wants)를 충족시키는 것이다. 필요나 결핍의 관점이 아니라 소비자의 욕구와 욕망이라는 관점에서 보는 것이 중요하다. 마케팅은 더 이상 품질이나 기술의 게임이 아니다. 바로 상상력의 게임이다.

3) 마이크로 밸류 마케팅

마이크로 밸류 마케팅(micro value marketing)은 자사제품이나 서비스 가운데 평소 고객이 아쉬움을 느꼈을 만한 세밀한 부분까지 찾아내 소비자중심으로 제품설계를 바꾸거나 개선하는 것을 말한다. 예를 들어 소니는 연결 케이블을 내장한 캠코더를 내놓았다. 캠코더를 PC에 연결할 때마다 케이블을 찾아야 하는 불편을 없애기 위해 아예 연결선을 기기에 내장시킨 것이다. 이마트는 고객들이 쇼핑 중 휴대폰과 음료수를 들고 다니기 힘들다는 점에 착안해 카트에 전용 거치대를 만들었다. 대림산업은 주차에 어려움을 겪거나 큰 차량을 가진 운전자를 위해 신축 아파트의 차량당 주차 폭을 기존 업계 규격보다 10cm 더 넓혔다. 품질이나 가격처럼 제품의 본질적 요소는 아니지만 고객의 정서적 만족도를 높여주기 때문에 마케팅에서 중요한 가치로 여겨지고 있다.

4) 스토킹 마케팅

최근 전문가들을 매장에 상주시키는 스토킹(stoking) 마케팅이 유통업체 사이에 늘고 있다. 스토킹은 매장을 뜻하는 스토어(store)와 '이야기하다'는 뜻을 가진 '토킹(talking)'을 합한 것이다. 매장을 이야기할 수 있는 공간으로 만드는 마케팅 전략이다. 이런 매장의 특징은 브랜드와 제품에 대한 전문지식을 갖춘 판매원을 전면에 내세운다는 것이다. 해외에서 특별교육을 받거나 자격증을 이수하는 등 해당제품에 관한 지식을 보유하고 있다.

신세계백화점 강남점은 란제리 맞춤매장 '오버처'를 열면서 맞춤속옷 전문가를 상주시켰다. 이들은 일본 체형보정 란제리 전문회사인 마루코에서 교육을 받은 전문가들이다. 현대백화점 무역센터점 '코디바'는 '소비자의 외모 경쟁력을 높인다'는 취지로 무료 이미지, 스타일 상담과 동행쇼핑 서비스를 제공한다. 해당분야의 전문가인 스타일리스트가 매장에 상주한다. 전문가에 대한 신뢰도는 긍정적 브랜드 이미지는 물론 실질적인 제품구매까지 연결되는 경우가 많아 효율적인 마케팅 수단으로 각광을 받고 있다.

5) 임파워먼트 마케팅

임파워먼트 마케팅은 매장 직원에게 권한을 최대한 부여하여 고객을 감동시키고 마케팅 활동을 향상시키는 것을 말한다. 이를 통해 회사는 혁신을 가져올 수 있다.

미국 최대 온라인 신발판매 사이트 자포스(Zappos.com)의 경우를 보

자. 한 여성 고객이 오란 쇼핑몰에서 남편에게 줄 부츠를 주문했다. 그런데 신발이 도착하기도 전에 남편이 교통사고로 세상을 떠나고 말았다. 그 소식을 들은 온라인 쇼핑몰은 무료반품을 해주었을 뿐 아니라 부인을 위해 조화를 선사했다. 반송료와 조화값은 회사에서 부담했다. 드라마처럼 고객감동을 나은 이 회사는 신발을 판매하는 회사가 아니라 고객체험 서비스를 판매하는 기치 아래 자사 직원을 '자포니언(Zapponian)'이라 부르고, 고객만족을 위한 재량권을 최대한 부여하였다. CEO 토니 셰이(T. Hsieh)는 자신의 경영지침 1번은 권한 위임이라 말하고 권한 부여가 이 회사 성장의 기틀이자 혁신이 바탕이 되었다고 주장했다. 자포스의 임파워먼트 정책은 세계 최대 온라인 회사 아마존을 사로잡았다. 아마존은 자포스의 모든 직원은 물론 기업분위기까지 그대로 유지하는 조건으로 인수했다.

자포스는 이외에도 모든 사무실이나 중역실 문을 아예 없애는 '노 도어(No Door)'로 구성원 간의 단절을 최소화하고 있고, 고객 서비스를 위해서라면 고객들에게 경쟁사의 제품까지 안내해줄 수 있는 권한까지 부여하고 있다. 이런 회사 분위기에 따라 이 기업은 포천이 선정한 '일하기 좋은 기업' 순위에서 15위를 차지했다.

미국의 고급 백화점 노드스트롬도 권한 위임을 잘 실현하고 있다. 직원들은 스스로 판단해 무엇이든 교환이나 환불을 해줄 수 있고, 한 달 200달러 한도 내에서 고객에게 친절을 베풀기 위한 것이라면 뭐든지 할 수 있는 권한도 있다. CEO 블레이크 노스드트롬(B. W. Nodstrom)은 모든 상황에서 스스로 판단하라는 것을 첫 번째 원칙으로 하고, 모든 불리한 상황에 직면했을 때도 첫 번째 원칙으로 돌아가라 말한다. 이처럼 임파워먼트를 했을 때 직원들은 모두 사업가들처럼 일했다.

명품업계에서는 권한 부여 형식이 색다르다. 프랑스의 헤르메스의 경우 버킨, 켈리 가방을 제조하면서 장인들에게 자신만의 서명과 일련번호를 기재하게 해 자신의 작품이라는 의식을 고취시킨다. 제품에 문제가 있을 경우 담당 장인에게 수선을 의뢰한다. 권한을 부여한 만큼 무한 책임을 지라는 것이다. 장인은 바느질장이와 달리 직원 위의 직원으로서 최대의 권한을 누리고 있다. 랠프 로렌도 장인들을 내세운 블랙 라벨을 선보였다. 임파워먼트 마케팅은 결국 고품질 제품과 서비스로 고객의 만족도를 높인다.

임파워먼트 마케팅에서 경영자는 리더가 아니라 직원들의 아이디어를 키우고 발전시킬 수 있는 환경을 만들어주는 건축가여야 한다. 랠프 로렌의 경우 장인은 원단구매에서부터 바느질, 재봉부터 마케팅까지 직원들에게 최대한의 자율을 보장하고 있다.

아이오와 대학 스캇 시버트 교수팀은 임파워먼트가 효과적이기 위해서는 도전적인 과제, 만족할 만한 월급 제시, 영감을 주는 상사, 권한의 분권화, 직원 기여도에 대한 보상이 필요하다 하였다. 반면 경영 컨설턴트 수전 헤스필드는 말로만 권한 위임하기, 권한 위임에 대한 공감대 부족, 위임 업무에 대한 불명확한 범위 설정, 경영자의 극심한 간섭, 직원들의 의사결정을 번번이 퇴짜 놓기, 의사결정에 대한 교육 부재, 타 부서와의 불협화음, 보상이 부적절하고 격려가 없을 때 권한 이양은 실패한다고 보았다.

직원들에게 적절하게 권한을 위임하면 직원들의 만족도가 높아지고 이직률과 스트레스는 줄어든다. 권한 위임을 한다고 해서 모든 일이 잘 되는 것은 아니다. 권한 위임이 가능한 기업문화와 시스템을 갖춰야 한다(최보윤, 2011).

part 11

기업윤리와 기업의 사회적 책임

01. 경영자를 위한 히포크라테스 선서
02. 커지는 도덕경영의 필요성
03. 기업의 사회적 책임과 ISO 26000
04. 늘어가는 워킹푸어
05. 사회마케팅 솔루션과 사회적 기업
06. 사회책임 투자와 임팩트 투자
07. 공유가치 창출과 나눔
08. 녹색성장과 환경문제

01

경영자를 위한
히포크라테스 선서

하버드 경영대학원 교수 라케시 쿠라나(Khurana)와 리틴 노리아(Nohria)는 경영자의 윤리의식과 능력이 자주 도마에 오르는 것은 경영자에게 의사나 법조인 같은 프로정신이 없기 때문이라며 이제 경영을 진정한 전문직으로 만들 때가 왔고, 이를 위해 경영학계에도 의학이나 법학에 준하는 체계적 교육과 자격시험, 히포크라테스 선서처럼 보편타당하면서 강제력을 갖춘 행동규범, 경영자 교육을 총괄하고 행동규범을 어긴 경영인을 제재할 권위 있는 기구가 필요하다고 주장했다.

그들은 경영자의 자질을 높이기 위해서는 MBA와는 별도로 의사면허와 같은 공인전문경영인(CBP, Certified Business Professional) 자격시험을 도입해 경영학 교육도 이 시험합격에 초점을 맞춰야 한다고 주장했다. 그렇다고 대학을 중퇴한 빌 게이츠와 같은 천재 경영인의 출현을 막자는 것은 아니다. 공인자격을 갖추지 않아도 경영을 할 수는 있다. 나아가 경영자의 도덕성을 높이기 위해 경영자를 위한 히포크라테스 선서를 제시했다. 의사가 환자의 건강을, 법조인이 정의를 최우선 과제로 삼는다면 경영인에게는 사회의 이익이 그런 가치에 해당한다. 그들이 제시한 선언문은 다음과 같다.

<경영자를 위한 히포크라테스 선서>

경영의 목적: "나의 목적은 내가 맡은 회사가 사회를 위해 창출하는 가치를 높임으로써 공공의 이익을 위해 봉사하게 하는 것입니다."

이기심 자제: "나는 사적인 이익이 내가 경영을 위탁 받은 회사의 이익을 절대 해치지 않게 할 것을 서약합니다."

불편부당 추구: "나는 나의 인종과 성별, 성적 취향, 종교, 국적, 정치 성향, 사회적 지위 등이 내가 내리는 결정에 영향을 미치지 않도록 하겠습니다."

그들은 이 선언문이 경영인들 사이에 소속감과 직업적 의무감을 느끼게 하는 것은 물론 부정행위이 욕망을 자제시키는 역할도 할 것으로 보았다. 인간의 행동은 외부로부터 자신이 받는 기대 수준에 크게 영향을 받는데, 이 선서문이 그 기대감을 높일 수 있다는 것이다 (Khurana & Nohria, 2008).

이에 따라 하버드대 MBA에서는 다음과 같은 윤리서약을 한다.

"관리자로서 나의 목적은 더 큰 선(the greater good)에 봉사하는 것이다. 내 좁은 야망을 추구함으로써 기업과 사회를 해롭게 하는 행동을 하지 않겠다. 내 직업이 사회의 웰빙에 계속 기여할 수 있도록 나 자신과 내가 관리하는 다른 이들을 발전시켜나간다."

그리고 컬럼비아대 경영대학원에서는 다음과 같은 윤리규범에 서약한다.

"컬럼비아 경영대학원 공동체의 평생회원으로서, 나는 진실, 성실, 존중이라는 원칙들을 고수하겠다. 거짓말하거나 남을 속이거나 훔치지 않을 것이며 이런 짓을 하는 이들을 관용하지 않을 것이다."

02

커지는 도덕경영의
필요성

　도덕이 힘이다. 깨끗한 기업, 깨끗한 사원이 된다. 기업이나 조직의 신뢰는 도덕과 윤리의 정직한 실현에서 나온다. 거래를 공정하게 하고, 임용이나 승진, 그리고 보수에서 공정성이 지켜지면 기업은 그만큼 건전하다. 불공정 인식이 커지면 조직은 깨진다. 이것은 기업활동에서 도덕경영(moral management)의 필요성이 날로 커지고 있음을 보여준다.

　김쌍수 한국전력 사장이 이임을 하면서 청렴을 당부했다. 그는 특히 한전 주변에 깨진 유리창이 다시는 없도록 부탁했다. 깨진 유리창이란 일단 유리창이 깨지면 누구라도 유리창을 깨고 나쁜 일을 저질러도 된다는 일종의 부정행위 전염현상을 일컫는다.

　세계적 투자은행 리먼 브러더스는 왜 파산했을까? 실패학에는 '보고 싶지 않은 것은 보이지 않는다', '생산성 확대나 경제적 효율만 따지다 보면 시장변화를 읽지 못한다'는 이론이 있다. 리먼 브러더스는 여기에 해당된다. 금융공학적인 기술을 이용해 더 많은 부를 창출하는 데 치중한 나머지 큰 위험이 발생할 수 있다는 시장의 경고를 끊임없이 외면해왔다. 주위에서도 문제가 있다는 것을 알고 있으면서도 당장 득이 된다는 이유로 지적도 제대로 하지 않았다.

금융기관의 도덕적 해이(moral hazard)는 늘 지적이 되어왔다. 그럼에도 불구하고 미국을 비롯한 여러 나라의 금융회사들은 파산 직전에 정부의 구제금융을 받아 파산을 면하게 되었다. 납세자의 돈으로 구제를 해주는 것도 문제지만 파산 직전인 사기업을 정부가 나서 구제(bail out)해주게 되면 도덕적 해이 문제가 심화되기 때문에 더 문제가 된다. 그럼에도 불구하고 정부가 선별적으로 방식을 달리해가면서 구제해준 것은 경제 전체에 미치는 파급효과 때문이다. 하지만 금융회사들은 자신들의 책임, 곧 고객이 돈을 돌려달라고 할 때 제때 돈을 내줄 수 있는 능력을 키우는 노력을 소홀히 할 위험도 커진다.

기업이건 금융기관이건 사회적 엔티티(entity)로서 책임을 가지고 있다. 경영도 투명하고 공정하게 해야 할 뿐 아니라 사회에 짐을 지우기보다 사회를 위해 존재해야 한다.

03

기업의 사회적
책임과 ISO 26000

  미국 동부에 휘몰아친 폭설로 수도 워싱턴 근교 학교와 연방정부
가 며칠간 문을 닫았다. 하원도 휴회에 들어갔다. 오바마 대통령은 스
노마겟돈(Snowmageddon)이 왔다고 했다. 눈과 지구 종말의 대전쟁을
의미하는 아마겟돈을 합쳐 만든 말이다. 그런데 그 스노마겟돈이 스
노샬리즘(Snowcialism)을 맛보게 했다. 스노샬리즘이란 눈과 사회주의
를 합한 말이다. 눈보라로 변한 도시에서 펼쳐진 상부상조의 장면들
이 연출되었기 때문이다. 누군가 눈길에 발이 묶여 있으면 모두가 달
려가 차를 밀어 가던 길을 가게 한다. 그것을 보며 다들 기분이 좋다.
폭설 위기가 스노샬리즘을 꽃피게 한 것이다. 기업에도 상부상조의
길이 열리고 있다. 어려운 환경 속에서 기업의 사회적 책임이 강조되
고 있기 때문이다.

  기업의 사회적 책임을 다하라는 외부 압력이 점점 체계화되고 있
다. 2010년에 발효된 CRS에 대한 국제표준 ISO 26000이 신호탄이다.
인권, 노동, 환경, 소비자 이슈, 공정거래관행, 지역사회공헌, 지배구
조 등 7가지 분야의 기준을 제시하고, 이를 기업 등이 추구해야 할 잣

대로 규정한 것이다.

원래 ISO 26000은 인증제를 채택한 기존의 ISO 제도들과는 달리 사회책임경영의 가이드라인 구실만 하기로 했다. CSR을 다하라고 법과 제도를 들이대는 것보다는 기업이 자율적으로 추진하는 것이 바람직하다는 취지였다. 하지만 스웨덴 가구업체 이케아 등 글로벌 기업들이 앞다퉈 ISO 26000인증을 받으면서 ISO 26000은 착한 기업의 자격요건이 되는 추세다. 앞으로 후발 기업에 대한 진입장벽이나 국가 간 무역장벽으로 활용될 가능성이 크다.

기업회계 기준도 크게 변할 조짐이 보이고 있다. 유럽 등에서는 CSR에 대한 명확한 기준을 정해 이를 기존의 회계기준과 함께 보고하자는 움직임이 거세지고 있다. 매출, 영업이익, 순이익 등 재무적인 상황은 물론 해당 기업이 사회의 구성원으로서 얼마나 바람직한 역할을 했는지를 통합 보고하자는 것이다. 회계기준까지 손보는 이유는 우선 자원고갈과 기후변화 등의 이슈가 기업실적에 직접적인 영향을 미치기 때문이다. 예를 들어 오염물질을 많이 배출하는 기업은 앞으로 탄소배출권을 구매할 수밖에 없고, 이는 후에 고스란히 기업의 장기부채로 반영된다는 것이다. 더 큰 이유는 재무정보 안에 숨어 있는 환경, 지배구조, 인권 같은 비재무 정보 공개를 요구하는 이해관계자가 늘었기 때문이다(김정훈, 2011)

04

늘어가는
워킹푸어

워킹푸어(working poor)는 일을 해도 가난한 사람이라는 뜻이다. 열심히 일해도 소득이 최저생계비에 못 미치거나 간신히 웃도는 수준에 그치고, 저축을 못해 일자리를 잃거나 몸이 아프면 곧바로 절대빈곤으로 떨어지는 계층을 말한다. 미국에서 1990년대 중반 등장한 용어로, 2000년대 중반 이후 세계적으로 널리 쓰이고 있다. 한국보건사회연구원에 따르면 우리나라의 경우 열심히 일해도 한 달 벌이가 최저생계비에 못 미치는 사람이 2백만이 넘는다. 중산층과 빈곤층의 경계에 선 사람까지 합하면 300만 명에 육박할 것으로 추정하고 있다.

워킹푸어가 발생하는 원인은 다양하다. 기술 발전으로 전통적 일자리가 점점 줄어들고, 세계화로 저임금 저숙련 일자리를 중국이나 동남아 등에 내주고 있으며, 가족해체와 고령화, 복지혜택이 극빈층 구호에만 집중되어 중산층이 워킹푸어로 떨어지는 것을 막을 장치가 부족하다. 대책으로 근로 자활의지를 북돋우는 복지시스템을 마련하고, 근로소득에 대해 세금을 돌려주는 근로장려세제(EITC, Earned Income Tax Credit) 지급제도를 확대한다. 근로장려세제는 저소득층 근로소득에 대한 세금을 환급해주는 제도다. 극빈층에게 나눠주는 기능 중심으로 설계된 기본 사회복지제도들과 달리 열심히 일할수록 복지 혜택을 많이 받을 수 있게 만든 제도다. 1975년 미국에서 고안된 제도로 우리나라에서는 2009년 도입되었다.

일용직이나 영세자영업자 등 고용보험에서 소외층을 위한 사회안 전망을 마련해야 한다. 전직훈련도 활성화하고, 사회적 일자리를 마련한다. 사회적 일자리란 사회 전체적으로는 꼭 필요하지만 민간기업이 뛰어들지 않는 각종 복지 서비스를 정부나 민간단체가 일정한 예산을 보태 민간에 위탁하는 것을 말한다. 방과 후 교실 보조교사, 간병 도우미, 장애인 방문 도우미 등이 대표적이다. 실직자들은 일자리가 생겨서 좋고 국민들은 저렴한 사용료를 내고 일상생활의 불편을 덜 수 있어 좋다. 그리고 가난의 대물림을 끊은 교육정책도 마련해야한다. 교육을 못 받아서 빈곤이 대물림되는 현상을 막아야 한다.

05

사회마케팅 솔루션과
사회적 기업

필립 코틀러는 『가난으로부터의 탈출』이라는 책을 썼다. 그 부제는 사회적 마케팅 솔루션이다. 마케팅에서 사용하는 기법을 활용해 가난한 사람들이 빈곤에서 탈출하도록 돕는 방법을 소개하고 있다. 즉, 그들이 마약을 하지 않고 말라리아에 걸리지 않게 하는 캠페인에 마케팅 기법을 응용하는 것이다.

자본주의가 깨어나면서 사회적 기업도 늘어가고 있다. 2009년 UN 글로벌 콤팩트(Global Compact)에서 거론된 '깨어 있는 자본주의(conscious capitalism)'는 기업이 고유의 역량을 가지고 사회적 서비스를 만들어 내는 것이다. 2008년 다보스포럼에서 발표된 창조적 자본주의(creative capitalism)도 이와 맥락을 같이한다.

전통적으로 기업은 이윤극대화를 추구한다. 그러나 사회적 기업(social enterprise)은 사회 서비스 창출을 목표로 사회적, 공익적 목적을 가진 제3의 경제주체이다. 미국은 1970년대 후반 경기침체로 복지 축소정책이 단행되었을 때 사회적 기업에 관심을 갖기 시작했다. 서유럽국가들도 1970년대 후반부터 1990년대까지 경기침체와 실업률 증가가

겹치면서 취약계층에 대한 복지와 고용문제 해결을 위해 사회적 기업을 만들었다. 우리나라는 2007년 7월부터 사회적 기업 육성법을 시행했다. 전체 일자리의 30% 이상을 취약계층에 배정하는 등의 요건을 갖추면 사회적 기업으로 인정을 받는다. 노동부는 현재 300여 개에서 1,000여 개로 늘릴 계획이지만 정부만으로 되지 않는다. 기업이 적극 나서야 할 차례다.

공공성과 이윤추구의 두 가지 목적을 이루며 사회를 변화시키는 착한 기업이 뜨고 있다. 이른바 사회적 기업이다. 사회적 기업은 취약계층을 위한 공공 서비스를 제공하지만 영리를 목적으로 한다는 점에서 사회복지법인과는 다르고, 벌어들인 이익을 다시 사회적 목적을 위해 재투자한다는 점에서는 민간기업과 다른 제3의 섹터로 불린다. 사회적 취약계층에 서비스를 제공하고 그들에게 일자리를 준다는 면에서 따뜻한 자본주의 또는 자본주의의 미래라고 불린다. 이것은 빌 게이츠가 제안한 창조적 자본주의와도 맥을 같이 한다.

영국은 사회적 기업이 전체 회사 수의 5%를 차지하고, 매출액은 GDP(국민총생산)의 1%를 차지한다. 미국의 사회적 기업은 150만 개에 이른다. 일본도 3만 6,300개의 사회적 기업이 활동하고 있다. 이에 비해 우리나라는 2009년 현재 노동부가 인정한 사회적 기업으로 252개가 활동하고 있어 사회적 기업에 관한 한 우리나라는 걸음마단계라 할 수 있다.

1844년 영국 랭커셔 지방 로치데일의 방직공장 주인은 노동자들에게 임금 대신 자기가 운영하는 식료품가게 물건을 살 수 있는 쿠폰을 줬다. 가게 밀가루에선 석회가 섞여 나왔고 그나마 형편없이 비쌌다. 참다못한 노동자 28명이 돈을 모아 가게를 차리고 식료품을 공동 구매해 싸게 팔았다. 회원 1만 명을 넘긴 가게는 방직공장까지 인수했다. 이것이 사회적 기업의 효시이다.

(1) 몬드라곤과 사회적 기업

몬드라곤은 바스크족의 삶과 연결되어 있다. 이들은 게르나카가 공격을 받을 때 어려움을 당했다. 피카소의 그림이 이 참상을 그려내고 있다. 호세 신부는 함께 이 아픔을 이겨내기 위해 축구팀을 만들고, 기술학교를 설립해 변화를 유도했다. 이것은 노동금고, 협동조합, 조합형태로 운영되는 기업, 그리고 은행 등으로 확장되었다. 이것은 일종의 사회적 기업으로 순이익을 배분하며 창업을 지원한다. 몬드라곤은 상생과 협동을 중심 가치로 여긴다. 이것을 잘 보여주는 것이 몬드라곤의 바르셀로나 팀이다. 이 팀은 팀워크의 중요성을 잘 보여준다. 이 팀은 열정은 물론 인간적이다. "함께 일한다"는 것이 바로 몬드라곤의 비밀이다.

(2) 유누스와 그라민은행

1976년 방글라데시 치타공대 경제학과 교수 무하마드 유누스는 한 농촌에서 대나무 의자를 만들어 생계를 꾸리는 여성 노동자 42명이 굶고 있는 것을 보았다. 27달러밖에 안 되는 재료비를 융통하지 못해 손을 놓고 있던 그들에게 유누스는 주머니를 털어 돈을 대줬다.

"길바닥에서 사람들이 굶어 죽고 있는데 경제학 이론이 무슨 소용인가!"

강단을 뛰쳐나온 그는 빈민을 위한 은행을 차렸다. 그라민은행이다. 옷 수선용 중고 재봉틀, 물건을 나를 손수레, 농사지을 송아지를 살 수 있는 창업자금을 50달러에서 150달러씩 빌려줬다. 대출 조건은 간단했다. 가난과 일하려는 의지였다. 놀랍게도 원금 회수율이 99%에 이르렀다. 이 은행은 2007년까지 710만 명에게 61억 4,000만 달러를 대출했다. 무담보 소액대출로 빈민을 구제하려 한 실험은 성공했다. 그라민은행은 착한 자본주의를 실현했다. 유누스와 그라민은행은 2006년 노벨 평화상을 받았다.

(3) 드레이튼과 아쇼카

미국의 빌 드레이튼은 1978년 아쇼카라는 단체를 만들고 사회적 기업가를 찾아내 후원하고 있다. 2006년까지 68개국 1,820명에게 6,500만 달러를 지원했다. 브라질 농촌에 값싼 전기를 공급한 호사, 헝가리에 장애인 공동체 네트워크를 만든 세케레시, 에이즈와 맞선 남아공 간호사 코사, 저소득층 대학 보내기 운동을 벌인 미국인 슈람 등이 지원을 받았다(김홍진, 2009).

(4) 한국의 사회적 기업

우리나라의 경우 2007년 사회적 기업 육성법이 제정되었다. 이 법에 따르면 취약계층의 일자리를 제공하고 불우이웃을 위한 사회봉사에 이익의 일정 비율(30%) 이상을 지출하는 기업을 사회적 기업으로 규정하고 있다. 노동부가 사회적 기업을 인증하고 있다. 사회적 기업으로 인증을 받으면 법인세 · 소득세 4년 감면, 부지구입비 · 시설비 융자 등의 지원을 받을 수 있다.

아름다운 가게는 기증받은 물품을 재가공 판매하여 그 수익금으로 불우이웃을 돕고 있다. 이장은 서울대 출신들이 운영하는 벤처기업으로, 농어촌 지역발전을 위해 컨설팅을 수행하고 있다. 행복도시락은 SK그룹이 지원하는 도시락 배달기업이다. 무료급식 등 봉사활동을 하고 있다. 안심생활은 현대기아차그룹이 후원하고 있다. 노인과 장애인에게 방문간호서비스 등을 제공하고 있다. 위캔은 정신지체 장애인을 고용해 국산밀로 만든 쿠키를 판매하고 있다. 다솜이재단은 저소득층 간병서비스를 한다.

행복도시락의 경우 하루 500개 정도의 도시락을 배달한다. 이 중 200개는 유료로 팔고, 300개 정도는 쪽방촌이나 불우이웃에게 무료로 제공한다. 무료급식에 따른 적자는 노동부가 지원하는 인건비, SK그룹의 지원으로 충당하고 있다. 영리법인이지만 수익의 대부분은 무료 도시락사업 등 비영리적 목적을 위해 사용하고 있다. 이곳에서 일하는 직원도 몇 명을 제외하곤 저소득층, 고령자 등 취약계층이다(최현묵, 2009).

사회적 기업의 생존은 결국 시장의 힘이 좌우한다. 정부 지원 중 가장 큰 부분인 인건비 지원은 일정 기간이 되면 종료되기 때문이다. 따라서 그 이후를 대비한 상품개발과 마케팅전략을 세워나가야 한다. 선진국에선 정부와 대기업의 지원으로 사회적 기업이 큰 활약을 하고 있다. 미 보잉사는 장애인과 약물중독 경력자 등을 뽑아 사회적 기업을 만든 뒤 이를 하청업체로 운영하고 있다. 사회적 기업이 계속 기업이 될 수 있어야 자본주의 4.0도 성공할 수 있다.

06

사회책임 투자와
임팩트 투자

투자에서도 변화가 일어나고 있다. 기업의 사회적 책임과 환경, 윤리 등을 생각하는 지속가능경영이 우리가 함께 만들어갈 미래사회의 새로운 경영패러다임으로 정립되면서 금융과 투자 역시 사회책임 투자 활성화라는 거대한 흐름을 만들어내고 있다. 사회책임 투자(SRI: Socially Responsible Investment)는 환경, 인권, 노동, 반부패, 투명한 지배구조 같은 요소를 중시해 지속가능경영을 실천하는 기업에 투자하는 것을 말한다. 이런 기업일수록 성장가능성이 높기 때문에 고수익을 낼 수 있는 인식이 확산되면서 새로운 투자 기준으로 자리 잡고 있다. 좋은 기업에 투자하는 사회책임 투자규모는 매년 급증하고 있다. 지속가능경영 컨설팅회사인 에코프론티에 따르면 전 세계의 사회책임 투자규모는 2005년에 3천조 원에서 2006년에는 4천조 원으로 늘었다. 미국의 경우 230여 개의 사회책임 투자펀드가 2,200조 원대의 액수를 좋은 기업에 투자하고 있다.

도이치뱅크, ING, 크레딧스위스 등 유수 금융회사들도 자금을 조성해서 사회책임 투자에 투자했다. 은행들도 기업에 대출해줄 때 환경, 사회 책임에 대한 평가를 강화하고, 신재생에너지와 같은 환경사업에 대한 투자와 신상품개발을 강화해나가고 있다.

사회책임 투자에 가장 적극적인 곳은 세계적인 연기금들이다. 영국은 2000년 법으로 연금펀드를 운용하는 모든 주체에 투자 포트폴리오를 구성할 때 사회, 환경, 윤리를 고려하라고 규정했다. ABN암로는 저탄소 에너지, 수자원 기반시설, 지속가능한 임업 및 농업에 대한 투자를 하고 있다. 일본의 미즈호도 환경, 에너지 사업에 적극 투자하고 있다.

사회책임 투자가 급증하는 것은 환경문제의 대두와 기업경쟁의 심화, 시민사회의 성장, 글로벌 스탠더드의 확산으로 인해 이익창출과 함께 사회적 책임을 다하는 기업만이 살아남을 수 있는 쪽으로 경영환경이 변했기 때문이다. 유엔을 비롯한 국제기구도 범 인류차원에서 이런 변화를 이끌고 있다. 유엔글로벌콤팩트, 유엔환경계획금융부문, UNPRI 등이 그것이다. 120여 개국의 5천 개가 넘은 기업, 공공기관, 시민단체가 가입해 있는 유엔글로벌콤팩트는 기업활동에 있어서 친인권, 친환경, 노동차별반대, 반부패의 10대 원칙준수를 규정하고 있다. 사회책임 투자와 관련된 투자금액이 매년 세계적으로 늘어나고 있다. 우리 기업과 금융회사도 경영방식을 지속가능경영과 사회책임 쪽으로 변화시킬 필요가 있다.

펀드도 사회책임 투자펀드에 관심도 높아지고 있다. 기업의 수익만 고려하는 것이 아니라 그 기업이 인권, 환경, 노동 등 다양한 분야에서 사회적 책임을 하고 있는지를 함께 따져 투자하는 펀드를 말한다. 사회적으로 좋을 일을 하는 기업에 투자하면 결과적으로 수익률도 시장 평균보다 좋다는 투자철학에 기반을 두고 있다.

요즘 임팩트 투자(impact investment)가 뜨고 있다. 수익을 넘어 사회와 환경에 긍정적인 영향을 미치는 사업이나 기업에 돈을 투자하는 착한 투자다. 이전까지의 착한 투자는 사회적으로 지탄받거나 환경에 해로운 기업을 투자자들이 자신들의 투자 리스트에서 빼는 방식이었다. 하지만 임팩트 투자자들은 사회문제나 환경문제에 긍정적인 영향력을 발휘할 수 있는 사업이나 기업을 적극적으로 찾아 이에 장기적으로 투자한다. 마이클 포터는 공유가치라는 개념을 통해 기업의 이익과 사회발전이 동시에 이뤄질 수 있고, 이것이 기업의 새로운 경쟁력이라 했다. 기업들은 임팩트 투자를 바탕으로 사회문제를 해결하고 새로운 사업기회를 찾는 임팩트 비즈니스를 만들어낸다.

빈곤층을 달리 부르는 피라미드 저변(BoP, Base of Pyramid)은 임팩트 비즈니스가 가장 주목하는 고객이다. 이 계층은 세계인구의 72%인 40억 명에 이르고, 시장규모도 5조 달러에 달하는 거대시장이다. 중간소득 계층으로 성장할 가능성도 커 넥스트 마켓(next market)이라 불린다.

그라민은행의 자회사인 그라민샥티는 방글라데시 시골가정에 소형태양광 발전기를 설치하는 프로젝트를 주도하고 있다. 많은 가내수공업자들에게 전기를 공급해 이들의 근무시간을 늘릴 수 있고, 전기를 팔아 수익을 남기며, 시설설치와 유지에 필요한 엔지니어 일자리를 만들었다는 평가를 받고 있다.

공유가치
창출과 나눔

　최근 기업의 사회적 활동 분야에서 공유가치 창출(CSV, Creating Shared Value)에 대한 관심이 높아지고 있다. 마이클 포터를 비롯한 여러 학자들은 기업의 사회적 활동이 CSR을 넘어 CSV로 진화해야 한다고 주장한다. 기업의 사회공헌은 이익의 사회환원과 같은 개념이었다. 그러나 사회를 위한 일이 기업에도 이익으로 돌아갈 것이라는 예측이 높아지고 있고, 기업들이 이런 실험을 하고 있다. 단순하게는 기업의 제품에 사회공헌의 요소가 도입되는 것부터 시작될 수도 있다. 나눔이나 봉사활동 등 일방적으로 베푸는 사회공헌이 아니라 기업과 사회공헌의 이해관계자들이 서로 소통하며 그 폭을 넓힌다. 과거에는 기업의 사회공헌이 소외계층의 의식주 문제해결에 중점을 두었지만 문화예술, 스포츠, 여행 등 사회공헌의 프로그램이 다양해지고 있다. 사회복지부분은 국가나 행정당국이 어느 정도 역할을 해줄 수 있고 기업이 해야 할 몫은 따로 있다는 인식 때문이다. 기업 임직원의 봉사활동도 노력봉사 같은 틀에서 벗어나 재능 나눔이나 프로보노(pro bono) 활동이 늘어가고 있다. 임직원이 가진 우수한 능력을 최대한 활용하자는 것이다. 이런 요구가 기업내부나 외부에서 커지고 있다. CSV 활동을 한다고 해서 CSR을 그만둬서는 안 된다. 지속가능한 CSR 을 위해 CSV에 관심을 높여야 한다.

소비활동을 통해서도 나눔을 실천할 수 있다. 최근 식음료 업계에 서 판매 수익금 일부를 사회공헌활동 기금으로 적립하는 기업이 늘 고 있다. 이런 상품을 구매하면 사회공헌에 참여하게 된다. 이른바 '착한 소비'를 하게 되는 것이다.

스무디킹은 지난 4월부터 연중 캠페인으로 매월 '이달의 스무디'를 선정해 해당제품 판매 수익금 일부를 한국심장재단에 기부하고 있다. 올해 가정형편이 어려운 두 명의 심장병 어린이의 수술비용을 지원 했다.

스타벅스는 11월 한 달 동안 크리스마스 전통 음료인 '토피 넛 라 떼'와 '페퍼민트 모카'를 한 잔 판매할 때마다 100원의 '셰어(Share) 기 금'을 적립한다. '산타 바리스타와 함께하는 100원의 행복' 캠페인의 예상 모금액은 4,000여만 원. 결연을 맺은 전국 35개 도시지역 사회단 체에 필요한 물품으로 직접 전달할 예정이다.

피자헛은 2007년부터 특별 메뉴를 판매한 수익금을 세계기아돕기 에 기부하고 있다. 올해는 지난달 15일부터 17일간 진행한 세계기아 해방(WHR) 캠페인에서 기아돕기 특별 메뉴인 'WHR 샘플러' 약 5만 2,000개를 판매, 메뉴당 1,000원을 적립해 기아돕기 기금 5,200여만 원을 기부했다.

금양인터내셔널은 올해 말까지 심장병 어린이 수술비 지원을 위한 '1865' 와인 '빨간 띠 자선 캠페인'을 진행한다. 1865 와인 시리즈를 구입한 후 '빨간 띠 캠페인'에 참여하면 자동으로 1,865원이 기부 적립되며, 금양도 동참해 1,865원을 추가로 적립한다. 금양인터내셔널은 적립기금을 심장병 어린이 수술비로 한국심장재단에 전달할 예정이다.

칠레의 몬테스는 2005년 몬테스 수출시장에서 한국이 3위를 기록하자 감사의 뜻으로 판매수익금 일부를 한국 근육병 환자들에게 기부했다. 지금도 국내 몬테스 판매 수익금의 1%를 한국근육병재단에 기부하고 있다.

사회적 약자를 위한 기업의 활동은 한정될 수밖에 없다. 따라서 기업인들이 자발적으로 기부를 하는 행위도 늘어가고 있다. 사회적 기부행위는 미국에서 활발하다. 철강 왕 카네기를 비롯해 록펠러, 포드에 이어 지금은 빌 게이츠, 워런 버핏 등 여러 인물들이 적극적으로 기부를 하고 있다.

기부활동은 미국만의 전유물은 아니다. 여러 학자들에 의하면 한국의 첫 고액기부자는 경주 최 부자 집안의 마지막 최 부자로 기록된 최준(崔浚, 1884~1970)이다. 조선시대 최고의 부자로 불렸던 경주 최 부잣집은 300년간 만석꾼을 지내면서 어려운 이웃을 돕고 독립운동을 후원해 큰 존경을 받았다. '사방 100리 안에 굶어죽는 사람이 없게 하라'는 가문의 지침과, 어려운 사람들이 손을 집어넣어 잡히는 만큼 쌀을 가져가도록 구멍을 뚫어놓은 구멍 뒤주는 최 부잣집의 노블레스 오블리주 정신을 말해준다. 광복 후 최준은 남은 재산을 처분해 대구대학교와 계림학숙을 세웠고, 이 두 학교가 합쳐져 현재의 영남대학교가 되었다.

유한양행을 설립한 유일한(1985~1971)은 1970년 개인주식 8만 3천여 주(시가 311억 원 상당) 등을 사회에 환원했다. 이것은 손녀딸의 유학자금 일부를 제외한 전 재산을 내놓은 것이다. 이 기금으로 유한재단이 설립되었고, 지금까지 교육장학 사업을 이끌었다. 아버지의 정신을 이어 그의 외동딸 유재라도 전 재산(시가 200억 원)을 유한재단에 기증했다.

<모범 기업가, 유일한>

평양에 사는 유기현은 맏아들을 미국으로 보내기로 결심한다. 아들은 1904년 아홉 살의 나이에 대한제국 순회공사 박장현을 따라 미국에 들어갔고, 선교사의 소개로 침례교 목사에게 인도되어 같은 교회의 독실한 두 자매에 의해 양육되었다. 고등학교에 들어가면서 자립을 결심하고 여러 일을 했다. 신문배달원을 하는데 보급소에서 '일형'이라는 이름을 잘못 알아듣고 '일한'으로 기록한 뒤부터 그의 이름도 일형에서 일한으로 바뀌었다.

대학에서 경영학을 공부한 유일한은 졸업 후 제너럴 일렉트릭에서 회계업무를 보다 사업을 했다. 그것이 숙주나물 회사 '라 초이(La Choy)'였다. 무역회사도 차려 서재필을 사장으로 모시기도 했다. 세브란스병원 에비슨의 초청을 받아 그는 연희전문학교의 교수가 되었고, 부인은 소아과 과장으로 일했다. 하지만 그는 한국의 의료시설이 너무 열악한 것을 보고 제약회사 유한양행을 세웠다. 한국으로 올 때 서재필이 버들표 목각표를 정표로 선물했는데, 그는 이것을 잘 간직하고 있다 유한양행의 상징으로 삼았다.

그는 교회에 열심히 나가는 사람은 아니었다. 하지만 그의 딸 유재라는 부친으로부터 애국심과 기독교 신앙을 버리면 남을 것이 없을 것이라 했다. 유일한은 빌리 그래햄의 설교를 듣거나 성경을 읽는 것이 일과였다. 그는 청교도적인 정직, 성실의 삶을 살았고 그것이 기업이념이 되도록 했다. 기독교의 발전을 위해 연세대학과 YWCA를 후원했다.

그의 정신을 보여주는 일화가 있다. 언젠가 유한양행 간부들이 드링크류의 제조를 건조한 일이 있었다. 수요가 폭발적이었기 때문이다. 하지만 일한은 "한강물에 설탕을 넣어서 팔자는 말이요?" 하며 단호히 거절했다. 의학적으로 약효가 보증되는 약품이 아니면 절대로 만들지 않겠다는 것이다. 주식회사로 전환할 때 그는 주식을 종업원들에게 나눠줌으로써 우리나라 최초 종업원지주제를 도입했다. 주식을 공개할 때도 물 타기 증자를 하자는 일부 간부들의 주장에 동조하지 않고 액면가격 그대로 상장했다. 정직한 납세를 회사의 원칙으로 삼았으며, 사재를 털어 학교를 세웠다. 이 땅에 본받을 만한 기업가가 있는가? 있다. 그가 바로 유일한이다.

박애적인 기부는 과연 아무런 보상도 바라지 않고 이뤄지는 것일까? 그럴 수도 있다. 그러나 리비트 등은 다른 견해를 가지고 있다. 실제 바라는 것이 없이 기부행위가 이뤄진다면 인간은 이익을 위해 움직이는 경제적인 동물인 호모 에코노미쿠스(homo economicus)라는 경제학의 기본명제가 뒤집히게 된다. 그렇다면 인간은 무조건적으로 베풀 수 있는 호모 알트루이스티쿠스(homo altruisticus)일까? 대답은 '아니오'이다.

이타심을 측정하기 위해 실시된 독재자 게임(dictator game)에서 돈의 배분에 전권을 가진 독재자로 지명된 사람에게 20달러를 절반으로 나누어 갖거나 자신이 18달러를 갖고 상대편에게 2달러를 줄 수 있는 경우 중 선택하도록 한 결과 실험자 중 75%가 절반으로 나눠 가지기를 선택했다. 이타적 인간상을 보여준 것이다. 그러나 리스트(J. List) 교수가 게임의 조건을 약간씩 변경해 실험한 결과 상황에 따라 베풀기도 하고 뺏기도 했다. 실험 결론은 대부분의 이타심은 기부자 자신의 마음이 편하기 위해서, 자신이 좋은 사람으로 보이기 위해서 발휘된다는 것이다.

인간이 무조건 이타심을 실천한다고 가정하면 정부가 장기기증과 빈민구호 등에 대한 대책을 내놓을 필요가 없다. 그러나 인간은 실제 그렇지 못하다. 따라서 현실성이 떨어지는 순수한 이타심을 기대하는 것은 경계해야 한다. 사람은 좋거나 나쁜 것이 아니라, 그저 사람일 뿐이다. 유인책에 의해 좌지우지될 수 있기 때문에 건전한 유인책으로 전체적인 이익을 이끌어내야 한다는 것이 리비트 등의 주장이다(Levitt & Dubner, 2009). 물론 순수성이 높은 기부일수록 빛이 날 것이다.

08

녹색성장과
환경문제

1) 미래를 위한 5가지 마인드

하워드 가드너는 미래를 위해 다섯 가지 마인드가 필요하다고 주장한다(Gardner, 2009).

첫째는 훈련마인드(disciplined mind)이다. 전문성을 익히기 위해 훈련마인드가 필요하다. 세상이 빠르게 변하기 때문에 누구도 어렸을 때 배운 것만으로는 충분하지 않다. 훈련되지 않은 사람은 결국 일자리가 없거나, 훈련된 사람 밑에서 일하게 된다.

둘째는 통합마인드(synthesizing mind)이다. 어떤 일을 하고 있든 우리는 정보의 홍수 속에 산다. 이럴 때일수록 통합마인드를 통해 중요한 것과 무시할 것, 관심을 가져야 할 것과 흘려보내야 할 것을 판단하는 기준을 가져야 한다.

셋째는 창의적 마인드(creating mind)이다. 새로운 질문을 던지고, 새로운 물건을 만들어내며, 새로운 해결책을 제시한다. 이른바 '박스 밖에서 생각하기'다. 박스 밖에서 생각하려면 먼저 박스가 필요하다. 이

때 박스는 훈련마인드와 통합마인드를 의미한다. 이 기본조건이 있어야 박스 밖에서 생각할 수 있다.

넷째는 존중하는 마인드(respectful mind)이다. 인간의 다양성을 받아들이고, 외모와 배경, 신년 등이 다른 사람들과 함께 일하려고 노력하는 것이다.

끝으로, 윤리적 마인드(ethical mind)이다. 직업인으로서 또 시민으로서 책임감 있게 일하는 것과 관련이 있다. 500년 전과 달리 세계는 긴밀하게 연결되어 있어서 누군가의 탄소배출이 지구의 다른 사람에게 즉각 영향을 미치고 있다.

윤리적 마인드에서 그가 환경을 단적으로 지적하고 있다는 것은 환경이 그만큼 심각한 상태에 있음을 보여준다. 그는 우리 미래가 이 마인드의 성취에 달려 있다고 보았다.

2) 저탄소 녹색성장

기업의 사회적 책임은 단지 가지지 못한 자에 대한 나눔에 그치지 않는다. 환경에 대한 책임 부분도 크다. 기업이 환경에서도 리더십을 발휘해야 할 이유가 있고, 이 문제는 한 지역의 문제가 아니기 때문에 지구적 차원의 협조가 필요하다.

저탄소 녹색성장에 대한 관심이 높아지고 있다. 녹색성장을 위해서는 환경에서 성장동력을 찾아야 한다. 신, 재생 에너지는 일자리 창출 효과도 크다. 경제가 성장해도 에너지 소비를 줄일 수 있는 방법도 찾아야 한다. 녹색환경을 위해 탄소세를 도입하는 등 녹색개혁을 해야 한다. 조지프 스티글리츠(J. Stiglitz)는 국가별로 탄소 배출세를 도입하고 그 수입으로 개도국에 보상하며 탄소세를 부과하지 않는 나라에는 해당국 수출품에 국경세를 부과하는 방안을 제시하였다. 물을 사서 먹어야 하는 시대가 오더니 이젠 이산화탄소를 배출할 수 있는 권리도 돈을 주고 사야 하는 시대가 왔다. 환경의 중요성은 누구나 알고 있다. 그렇기 때문에 비즈니스가 된다. 저탄소 녹색성장이 새로운 패러다임이 되고, 환경이 돈이 되고 있는 것이다.

가정이나 직장에서도 절전형 조명기구 사용, 대기전력차단용 멀티탭 사용 등으로 온실가스를 줄일 수 있다. 트렌드 예측기관인 트렌드워칭닷컴에서 에콘시어지(Econcierge)를 우리가 주목해야 할 트렌드로 꼽았다. 에콘시어지는 환경(ecology)과 전문관리인(concierge)을 합성한 신조어다. 어떤 방식으로든 가족들이 그린에 동참(go green)할 수 있도록 돕는 서비스나 기업을 말한다. 가정에서 낭비되고 있는 에너지를 줄일 수 있는 각종 충고를 해주고 절약과 저축을 권장한다. 런던의 그린 홈 콘시어지(Green Home Concierge)는 가정을 방문해 열 방지 카메라 같은 장치들을 통해 에너지 누출, 단열, 가전제품의 에너지 효율을 점검해준다. 검사자들은 집주인에게 이산화탄소 배출량을 줄일 수 있는 방법을 추천해주고, 집주인은 에너지 관련 세금을 절약할 수 있다. 검사자들은 고효율 에너지 조명기나 환경 친화제품을 구할 수 있는 방법을 가르쳐주기도 한다. 이런 상황에서 기업은 안일하게 대처해서는 안 된다. 먼저 회사의 이산화탄소 배출량을 측정하는 것이 첫 출발이다. 구체적인 목표, 전담조직을 갖추고 최고경영자가 이 문제에 대해 관심을 가져야 한다. 외부전문가를 영입하거나 NGO와 협력하는 것이 유리하다. 이와 관련해 기업이 파악하고 있어야 할 중요한 개념들이 있다. 대표적으로 탄소발자국, 탄소인벤토리, 적도원칙 등이다.

탄소발자국(carbon footprint)은 생산부터 폐기까지 한 제품이 발생시키는 이산화탄소 배출 총량을 말한다. 휴대폰을 예로 들면 부품생산과 조립 등 생산과정, 소비자에게 전해지는 유통과정, 그리고 마지막 폐기과정에 이르기까지 휴대폰이 일생 동안 발생시키는 이산화탄소의 총량이다. 소비자는 제품에 표기된 탄소발자국 정보를 보고 친환경제품을 선택할 수 있다.

탄소인벤토리(carbon inventory)는 기업이나 국가 차원에서 연료와 전력 사용량 등을 근거로 일정 기간 동안 온실가스가 어느 곳에서 얼마나 배출되었는지를 파악해 만든 일람표다. 일반적으로 한 국가가 1년에 배출하거나 흡수한 온실 가스량을 나타내는 국가 온실가스 인벤토리를 말하는 경우가 많으며, 기후변화 대응전략 수립의 기초자료로 활용된다.

적도원칙(equator principles)은 금융기관들이 개발도상국에서 실시하는 천만 달러 이상 대형 개발 프로젝트 가운데 온실가스 배출과 같은 환경파괴나 인권침해 우려가 있을 경우 대출을 제한한다는 자발적 행동원칙이다. 2003년 씨티그룹과 ABN암로 등의 금융기관들에 의해 제정되었다. 국제금융공사(IFC)의 기준에 의해 평가를 진행하며 현재 여러 기관이 참여하고 있다. 선진국이 집중된 북반구와 저개발국이 많은 남반구 사이의 균형점을 찾는다는 의미에서 적도라는 용어를 사용했다.

3) 탄소포인트제도

에너지를 절약한 만큼 상품권 등 인센티브를 받을 수 있는 탄소포인트제도를 실시하는 기관들이 늘어가고 있다. 탄소포인트제나 탄소마일리지제도 참여는 기후변화에 대응하고, 에너지 비용을 절약하면서 인센티브까지 받는 1석 3조의 효과가 있다.

전라남도는 가정의 에너지 절약을 통해 온실가스를 줄이는 탄소포인트제를 모든 시군으로 확대했다. 경기도도 예외가 아니다. 전라남도의 탄소포인트제는 전기, 가스, 수도 등의 과거 2년간 평균 사용량을 기준으로 현재 사용량을 줄일 경우 그 실적을 온실가스 감축량으로 환산해 포인트를 발급하고 1포인트에 3원 이내의 인센티브를 제공하는 온실가스 감축 실천 프로그램이다. 어떤 가정이 4인 가구 월 평균 사용량의 10%를 절약할 경우 연간 인센티브로 최대 5만 원, 전기료 12만 원 등 모두 17만 원을 절약할 수 있다. 인센티브 지급방법으로는 캐시백 카드에 적립하거나 현금, 교통카드, 주차권, 쓰레기봉투 지급 등 다양하게 선택하도록 하고 있다. 탄소마일리지제도도 이와 유사한 제도이다.

<"탄소배출량 줄이고 휴가 명 받았습니다!">

"상병 김OO, 이번 달 탄소배출량 줄이기에서 얻은 점수로 포상 외박을 신청합니다." 육군 55사단 170연대 기동중대에서 요즘 벌어지는 풍경이다. 이 부대에서는 육군이 올 들어 중점 추진 중인 '저탄소 녹색야전부대' 운영을 위해 탄소마일리지제도를 시범 운영 중이다. 일상생활 속에서 탄소배출량을 줄일 수 있는 32개 항목에 대한 실천 정도에 따라 가감점수를 받는다. 예를 들면 빈 생활관(내무반)에 선풍기나 형광등, TV를 켜놓은 채 외출하면 -0.3에서 -0.1점, 월 쓰레기 배출량이 가장 적은 소대는 +2점, 금연 약속을 지킨 병사는 +1점, 매점 이용 시 비닐봉지 대신 장바구니를 쓰면 +0.1점이 적용된다. 중대원 73명은 이렇게 모은 점수를 합쳐 일정 수준에 이르면 보상을 받을 수 있다. PC방이나 게임방, 그리고 노래방

이용권(0.5점), 근무 1회 면제(5점), 성과 1일 외박(10점) 등을 당근으로 제시했다. 30점을 모아 2박 3일 휴가로도 쓸 수 있다.

상・벌점 현황을 부대 복도 게시판에 붙여 수시로 확인할 수 있도록 했다. 제도를 시범 도입한 지 한 달이 돼가면서 병사들이 서서히 자발적으로 에너지 절약과 친환경 생활태도 등을 익혀가고 있다는 게 부대 간부들의 자평이다(이위재, 2009).

4) 에코지능과 마케팅 3.0

기후변화가 글로벌 이슈인 가운데 기업들은 그린 마케팅(green marketing)을 동원해 소비자에게 다가간다. 그러나 감성지능의 창시자인 대니얼 골먼(D. Goleman)은 에코지능(eco quotient)이라는 키워드로 그린은 겉으로 보이는 것과는 다르다며 에코지능이 높아야 한다고 주장한다. 예를 들어 종이봉투와 비닐봉투 중 어느 것이 더 친환경적일까? 컵을 종이로 만드는 것이 친환경적일까 합성수지로 만드는 것이 친환경적일까? 대부분 종이봉투와 종이컵을 택할 것이다. 그러나 에코지능에 따르면 이 답은 낮은 수준이다. 조사에 따르면 종이컵 하나 만드는 데 나무 33g 필요하고, 폴리스티렌 컵 하나를 만드는 데는 약 4g의 석유연료 또는 천연가스가 소비된다. 양쪽 다 생산과정에서 다량의 화학물질이 필요하다. 하지만 종이컵 생산에 드는 전력은 폴리스티렌 컵의 36배가 된다. 배출되는 폐수도 폴리스티렌 컵의 580배에 이른다. 이쯤에서는 폴리스티렌 컵이 더 친환경적인 것처럼 보인다. 하지만 문제는 여기서 끝나는 것이 아니다. 폴리스티렌 컵의 생산과정에서는 온실가스를 증가시키는 펜탄이 발생한다. 그리고 종이컵이 땅속에서 분해될 때는 환경에 해로운 메탄가스가 발생한다. 결국 환경을 해치는 마찬가지다.

종이봉투와 비닐봉투 중 어느 것을 사용할 것인가? 친환경주의자는 이것들보다 집에서 가져온 천으로 된 장바구니를 사용하겠다고 할 것이다. 100% 친환경 유기농 면으로 만들었다면서. 이것은 정답일까? 면화재배에 사용되는 살충제는 전 세계 살충제의 10%가 된다. 면화가 수확되기 직전에는 제초제도 뿌린다. 살충제와 제초제를 사용하지 않는 유기농 면화는 분명 친환경적인 듯하다. 하지만 이것도 반드시 그렇지 않다. 티셔츠 한 장, 장바구니 하나를 만드는 면화를 재배하는 데 약 2,700L의 물이 필요하다. 심지어 면섬유를 염색하는 과정에서 크롬, 염소, 포름알데히드 등이 포함된 화학물질로 마무리 공정을 한다. 우리가 아는 그린은 그린이 아닌 것이다. 기업이 그린이란 수식어를 붙여 내놓은 상당수 제품들은 제품의 일부 공정만 강조한 과대선전이거나 마케팅 속임수에 불과하다. 사이비 그린이라는 말이다.

이에 대한 책임과 해법은 무엇일까? 전적으로 기업 책임인가? 그렇지 않다. 골먼은 소비자 개개인에게 책임도 묻고, 해결책도 이들의 에코지능에 호소한다. 왜냐하면 오늘날 기후변화를 지구의 가장 심각한 도전으로 만든 주범이 바로 우리들이기 때문이다. 전기스위치를 켜거나 화력발전소에서 생산된 전기로 작동하는 전지레인지를 켤 때마다 아주 작은 양의 온실가스가 증가한다. 수억 명의 사람들이 매일 그런 행동을 수십 년간 하면서 지구온난화가 초래되었다. 우리 모두가 가해자인 동시에 피해자가 된 것은 무지했던 시대, 곧 환경을 고려하지 않고 해왔던 습관과 기술 때문이다(골먼, 2010). 따라서 에코지능을 높여 보다 효과적인 해결책을 마련할 필요가 있다.

기업이 소비자의 마음을 움직이는 데도 차원 높은 철학이 필요하다. 필립 코틀러는 마케팅 1.0, 마케팅 2.0을 넘어 마케팅 3.0을 주장한다. 마케팅 1.0은 초창기 마케팅으로 소비자의 마인드(mind)에 일방적으로 호소하는 방식이다. 우리 회사 세제의 세탁력이 가장 뛰어나다고 강조하는 식이다. 고객이 합리적이라면 품질이 좋은 제품을 산다고 생각하는 것이다. 이것이 바로 마케팅 1.0이다. 마케팅 2.0은 감성(heart)을 자극하는 것이다. 이 브랜드의 옷을 입으면 당신도 세련된 패션리더가 될 수 있다는 메시지를 던지는 것이다. 마케팅 3.0은 사람들의 영혼(spirit)에 호소하는 궁극적인 마케팅 방식이다. 환경에 신경을 쓰고, 사회에 대해 동정심을 보여주는 기업이라면 내게 특별한 혜택을 주지 않더라도 그냥 좋다고 생각하는 것이다. 이렇게 생각하는 것이 요즘의 소비자들이며, 현명한 기업들은 그런 소비자들에게 다가선다. 이런 기업이 되려면 간디나 테레사 수녀처럼 훌륭한 품성(character)과 진정성(authenticity), 그리고 배려하는 마음(caring)을 조직의 DNA에 심어야 한다.

part 12

기업문화

01. 변화를 추구하는 기업문화
02. 창의성을 높이는 기업문화
03. 열린 기업문화
04. 협동과 배려의 균형 있는 기업문화
05. 소통하는 기업문화
06. 즐겁게 일하는 기업문화
07. 이웃을 생각하는 기업문화

01

변화를 추구하는
기업문화

인텔의 그로브 회장은 '경쟁기업보다 먼저 변화를 파악하지 않으면 망한다'고 주장한다. 신용평가사 S&P에 따르면 세계기업들의 평균수명은 15년이라 한다. 쇠퇴해 단명한 기업도 있고, 이와 반대로 잘 나가는 기업도 있다. 영속되는 기업들은 특징이 있다. 현재의 성공에 안주하지 않고 시장의 변화에 민첩하게 움직이는 것이다. 단순히 오래된 기업이 아니라 지속적인 변화로 젊음을 유지하는 기업이다.

듀폰(DuPont)은 1802년 화약제조업체로 시작했다. 최초의 합성섬유 나일론을 개발해 엄청난 성공을 거두었다. 하지만 지금 이 회사는 자신을 '종합 과학회사'라 한다. 매출의 25%를 차지하던 섬유사업은 2004년에 매각했다. 전 지구적 기후변화에 주목해, 종자회사인 파이오니어를 사들여 식량산업 개발에 나섰다(김남인, 2011).

미래를 바라보며 변신하는 기업이 미래의 시대를 선도할 수 있다. 기업이 스스로의 핵심역량을 시대의 요구에 맞춰 바꿔나가는 것이다. 기업이 기꺼이 과거와 결별하고 앞으로 커나갈 미래를 준비할 때 영속성이 있다. 변신을 하다 보면 기업의 정체성을 바꾸고 기업문화를 바꾸지만 생존력은 높아진다. 변화는 쉽지 않다. 늘 조직저항이 따르기 때문이다. 하지만 회사가 변화의지를 가지고 꾸준히 노력해나간다면 저항보다는 변혁으로 자리를 옮기게 된다. 이때 변화를 향한 기업문화가 자연스럽게 이루어진다.

기업의 변신은 단순한 구조적 변화보다 정신적 변화까지 이끌어내야 더 좋은 결과를 가져올 수 있다. 이른바 '변혁적 경영(transforming management)'이다. 이것은 단순한 현상 유지적 경영이 아니라 지속 가능한 경영을 창출함으로써 기업의 영속성을 높인다. 정신적 변혁이 물질적 변화에 영향을 줄 수 있어야 한다.

창의성을 높이는 기업문화

톰 피터스에 따르면 기업의 성패를 좌우하는 것은 전략, 조직구조, 시스템이 아니라 바로 사람이며, 특히 창조성과 상상력이다. 재화나 서비스를 단순히 생산하는 것이 문제가 아니라, 상상력과 창의성을 바탕으로 얼마나 새로운 경험을 제공하느냐가 중요하다는 것이다. 창의성을 높이는 것은 여력이 뒷받침될 때 비로소 가능하다.

하워드 가드너는 "경영자가 반드시 창의적일 필요는 없다. 창의적인 사람들이 일할 수 있게 하면 된다"고 했다. 기업의 힘이 노동과 자본에서 지식과 창의성으로 빠르게 이동하고 있다. 근로자들이 재충전할 시스템 구축이 새 패러다임으로 떠오르고 있다. 삼성전자, 현대카드 등은 직장을 휴식, 친목의 장으로 꾸몄다. 창의성을 촉진하는 조직이 되기 위해서는 일하는 방식뿐 아니라 조직문화나 근무 인프라도 바꿀 필요가 있다. 창의성을 높이기 위해서는 단순히 일하는 방식의 변화만으로는 안 되며, 생활의 리듬을 바꿔 생활의 혁신이 일어날 때 가능하다. 또한 직원의 만족이 결국 기업의 성과와 생존에 직결되기 때문이다.

열린
기업문화

앤드류 로버츠는 히틀러의 카리스마적 리더십에 비교해 처칠의 리더십을 영감을 주는 리더십이라 규정했다. 이를 위해서 그는 네 가지를 강조한다. '사람들을 감동시켜라', '균형 잡힌 시각을 가져라', '열린 마음을 지녀라', '실수에서 배워라'이다. 이 속에 열린 마음이 있다. 기업도 마찬가지다.

구글의 문화는 개방적이다. 구글은 단 2명의 직원으로 출발해서 2만 명 이상으로 늘어나고, 미국 전체 검색량의 70% 이상을 처리하며, 매년 160억 달러의 광고매출을 올리는 사이트이다. 직원들은 근무시간의 20%를 자신이 흥미를 지닌 프로젝트에 사용할 수 있고, 위계질서 대신 자유롭고 개방적인 분위기로 다른 직장인들의 부러움을 산다.

구글의 공동창업자인 세르게이 브린과 래리 페이지는 1995년 스탠퍼드대학원의 신입생 오리엔테이션에서 논쟁을 벌이면서 처음 만났다. 그때만 해도 이들이 세계 12위의 부호가 되리라고는 누구도 예측하지 못했다. 하지만 둘은 학교에서 개발한 검색 엔진을 바탕으로 박사학위를 포기한 채 창업에 나섰다. 투자자들은 신생기업의 80%는 망한다고 겁을 주었지만 둘은 그 대부분은 식당이라며 맞받았다. 실용적이고 빠르고, 단순하면서도 매력적이고, 혁신적이면서도 보편적이고, 유익하면서도 아름답고, 신뢰할 수 있으며 품위 있는 디자인이라는 10가지 원칙은 네티즌들의 마음을 단숨에 사로잡았다(제니 로우, 2010).

협동과 배려의
균형 있는 기업문화

안철수연구소는 협동이라는 기업문화를 가지고 있다. 그렇다고 개인에 대한 배려도 철저하다. 개인에 대한 배려와 협동이 조화롭게 공존하고 있는 것이다. 개인에 대해 배려에 있어서 연구소는 개개인의 공간을 확보해주고, 출퇴근의 자율화를 허용한다. 개발자들은 여유롭게 조직생활을 하며 창조적으로 일처리를 하고, 자유로운 분위기를 만끽한다. 코어 타임제를 도입하여 집중근무시간에는 무조건 근무를 해야 하지만 이는 전체 회의시간 확보를 위한 장치일 뿐 자유로운 분위기는 변함이 없다.

안철수연구소는 직원이 46명일 때부터 인재의 중요성을 깨닫고 유능한 인사전문가를 채용한다. 이 연구소는 A자형 인재상을 가지고 있다. A는 안철수연구소의 이니셜인 A를 형상화한 것이다. 연구소가 요구하는 A자형 인재는 여러 분야의 전문가가 서로 조화를 이뤄나가는 것이 무엇보다 중요하다는 개념에서 출발한다. 하나의 큰일을 하기 위해 각 개인이 맡은 일을 열심히 하는 것에 앞서 조화를 더 중시한다. A는 사람인(人)자와 그 사이의 선(-)으로 구성되어 있다. 여기에는 한 분야의 전문지식뿐 아니라 다른 분야에 대한 상식과 포용력이 있는 각 개인이 서로 가교를 이뤄 하나의 팀으로 협의한다는 의미가 담겨 있다.

도요타의 T형 인재가 갖춰야 할 요소에 하나의 팀으로 일하는 능력(팀워크 능력)까지 갖춰야 함을 역설하고 있다. 그리고 A자를 삼각형으로 보고 바람직한 인재가 되기 위해서는 전문성, 인성, 팀워크 등 3가지 요소를 갖춰야 한다는 의미를 담고 있다. 여기에서도 협동의 가치가 강조된다.

05

소통하는
기업문화

시대마다 새로운 리더가 필요하다. 현재 제시되는 리더상으로 다음과 같은 것이 있다.

- 가치를 높여주는 리더다. 의식개혁, 인간변화, 팀워크, 부하의 역할인식, 명령의 비인격화 등이 키워드다.
- 활력을 만들어내는 리더다. 여기에는 발상전환, 혁신, 발상의 질 향상, 부하의 상상력 등이 중시된다.
- 인재를 육성하는 리더다. 강한 부하를 만든다. 사색하고 창조성 있는 교육이 중요하다.
- 신뢰감을 구축하는 리더다. 부하의 장점을 발견하고 선입관을 제거한다.
- 부하를 행동하게 하는 커뮤니케이션이다. 교류형 커뮤니케이션을 선호한다. 불만불평도 긍정적인 말로 표현한다.

여러 리더상 중 주목을 끄는 부분이 바로 커뮤니케이션, 곧 소통이다. 소통을 잘해야 부하를 행동하는 존재로 만들 수 있다. 소통에서 중요한 것은 정확한 정보를 신속하게 전달하고, 실행에 따른 피드백을 잘하는 것이다.

개미는 소통하는 존재다. 개미는 상황에 따라 신체의 각각 다른 부위에서 일종의 혼합물질을 방출하며, 동료 개미는 방출하는 물질의 냄새를 식별한 후 이에 따라 후속조치를 취한다. 한 정보의 발신에서 수신까지의 과정이 인간과 달리 여러 단계의 여과와 선별을 거치지 않기 때문에 신속하고 효과적이다. 관료주의 성향이 강한 조직은 지나치게 많은 단계와 종횡으로 나뉘어 있어 조직 내부의 정보교류와 소통에 장애가 생긴다. 명령관철과 임무실행은 여러 단계의 제재, 여과, 선별을 거치면서 점점 약화되고 결국 오차가 생겨 실행하고자 하는 궤도로부터 멀어지게 된다. 이런 상황이 지속되면 구성원들은 타성에 젖어 전체 조직이나 기업의 활력을 저하시키게 되고 결국 조직을 와해시킬 수 있다. 원활한 소통을 위해 정보를 정확히 전달하고, 주의 깊게 들으며, 그에 따른 피드백을 하는 것이 중요하다.

바람직한 소통을 위해서는 시켜야만 따르는 풍토에서 벗어나야 한다. 의견이 적극적으로 교환되고, 실패도 두려워하지 않는 기업문화를 이뤄야 한다. 변화의 의지를 한데 모아 네트워크를 구축하고 용기와 실천의 힘으로 난관을 극복해야 한다.

06

즐겁게 일하는
기업문화

조직의 여력(slack)이 경쟁력이다. 여력은 시간, 비용, 자원 등의 효율적인 활용을 통해 근무시간 중에 집중력과 성과를 높이고, 자기계발을 위한 기회를 확보하게 하는 것이다. 여력은 낭비와 비효율이 아니라 업무에 대한 몰입과 열정을 유도하는 일종의 재충전을 의미한다. 여력은 현명하면서도 유연하게 일하는 새로운 방식의 근무 패러다임이다. 현명한 근로란 일에 타성적으로 매몰되지 않고 오히려 일을 즐기면서 주어진 시간 내에 가장 효과적으로 일을 수행하는 것이다.

톰 피터스는 '엄숙한 경영자가 기업을 이끌어갈 수 없는 시대가 도래했다'고 말한다. 최고경영자는 더 이상 최고경영자(Chief Executive Officer)에 머물러서는 안 된다. 최고 엔터테인먼트 책임자(Chief Entertainment Officer)가 되어야 한다. 리더가 예전의 권위에 머물러 있으면 변화는 일어나지 않는다.

"재미있고 즐겁게" 이 말은 전 세계 호리바제작소 직원들을 위한 사훈이다. 이 회사는 곳곳에서 재미를 강조한다. 연수원 이름은 펀 하우스(Fun House), 재미있고 즐겁게 일하는 자신을 가리켜 '호리비언

(Horibian)'이라 한다. 혁신과 창의에 바탕을 둔 개념이지만 '회사에 오면 정말 즐겁다', '호리바에서 일해서 좋다', '내일 또 재미있는 일을 하자' 종업원이 이런 생각이 들도록 만들어주는 것이 경영자의 책임이라 생각한다. 이 기업은 호리바 자체뿐 아니라 호리바에 관계된 모든 기업이나 사람까지 포함해서 모두를 행복하게 해주도록 노력한다.

구글은 사소한 개인생활에 대한 서비스까지도 회사가 제공하는 등 구성원들이 진심으로 일을 즐겁게 하도록 배려해 조직의 성과를 높이고 동시에 일과 생활의 균형을 도모하고 있다. 사우스웨스트항공은 기업이 직원들을 보살피면 직원들은 고객을 보살피고 직원이 행복할 때 고객도 행복할 수 있다는 직원 우선주의 정책을 펴고 있다. 그 항공사 켈러허는 "사람이 회사의 가장 큰 자산이고, 이들이 긍정적이고 신나게 일할 수 있는 조직문화를 만드는 것이 핵심이다. 신나는 조직 만들기다"라고 말한다. 페덱스는 직원(People)이 일에 대한 자긍심과 만족감을 느낄 때 고객에 대한 서비스(Service)도 향상되고, 이를 통해 회사의 이익(Profit)을 창출한다는 PSP철학을 실천하고 있다.

안철수연구소는 전체적으로 신바람 나는 일터를 만들기 위해 노력한다. 온라인 사보 『보안세상』을 통해 매달 칭찬하고 싶은 동료를 선정하고 그 이유와 사연을 밝히는 제도이다. 사내 이벤트로 기념일이나 생일을 맞은 직원들의 책상에 풍선을 매달아 서로 자연스럽게 축하해주는 축하풍선제도를 실시하고 있다. 회사의 규모가 커지고 직원 수가 늘어나면서 전체적으로 서로의 기념일을 축하하기 어렵다. 하지만 이렇게 자연스러운 분위기를 통해 서로를 칭찬하고 축하하는 분위기는 회사 전체를 하나로 묶어주는 강력한 힘이 된다.

펀 경영을 외친 김정태 하나은행장은 본인의 이니셜인 JT를 Joy

Together로 활용하면서 웨이터, 머슴, 마빡이 등으로 스스로 망가지는 것을 주저하지 않는다. 새해 첫 출근 날 직원들과 여성 댄스그룹의 '시건방 춤'을 같이 추었다.

07

이웃을 생각하는
기업문화

　이웃을 위해 봉사하고 배려하는 기업문화가 주목을 받고 있다. 기업이 사랑을 나누며 모두가 함께 좋은 사회를 만드는 데 기여할 때 기적을 만들어낼 수 있기 때문이다. 이웃을 생각하는 이른바 '이웃경영(thinking-others management)'은 기업으로 하여금 사회적 약자를 돌보고, 그들에게 용기를 준다는 점에서 중요한 기업문화이다. 고용할 때도 약자를 배려해 고용한다. 모든 분야가 최고 유능자만 필요로 하는 것이 아니다. 이웃을 배려하는 경영을 하면 사회를 보다 건전하게 만드는 데 기여한다.

- 현대제철: 어린이 환경교실, 미래를 위한 친환경 교육
- 포스코 청암재단: 포스코 아시아 펠로십, 한국으로 오는 유학생 선발, 학비, 생활비 지원
- 삼성물산 건설부문: 224개 봉사팀 전국 곳곳에서 활동, 저소득층 가정 무료로 집 지어줌
- 현대산업개발: 아이파크 사회봉사단, 소외계층에 나눔의 정신 실천

- LG디스플레이: 70여 개 사회공헌 동아리 활동, 직원·이웃사회 한 가족, 국내 관심 낮은 저시력 재활 및 예방 앞장
- LG텔레콤: 직원 자치기구 운영, 농촌 돕기 운동
- 한화그룹: 지방아동 위한 찾아가는 음악회, 부담 없는 가격 한화 교향악 축제
- 롯데그룹: 공익중시 봉사그룹, 조선족 고려인에 한국어 교육사업
- 효성그룹: 농가와 자매결연, 우리 농산물 구매운동

인간이 영혼을 가지고 있는 것처럼 기업도 영혼을 가지고 있어야 한다. 그것은 기업이 어떤 문화를 만들어내느냐에 달려 있다. 사람이 서로 다른 것처럼 기업의 문화나 정신도 다를 수 있다. 그러나 그것은 기업을 살리는 것 못지않게 사회를 살리는 것이다. 이것의 성패는 기업이 얼마만큼 이 정신적인 일에 투자를 하고 있느냐에 달려 있다.

기업문화는 단지 거론하고 끝나는 것이 아니라 그 모든 것을 자기의 것으로 만드는 것이 중요하다. 회사 전체 임직원 모두 그 가치를 공유하고 체화하는 것이다. 기업이 추구하는 가치들은 대부분 크다. 그 큼직한 가치들은 혼자서 담당할 수 없다. 모두 힘을 합쳐서 해야 가능하다. 기업이 협동을 강조하는 이유는 여기에 있다. 기업마다 나름대로 강한 기업문화와 제도를 통해 개개인의 다양성을 인정하고, 협동의 가치를 실현해나갈 때 우리 사회도 바람직하게 성장할 수 있다. 기업과 함께 사회가 자라가는 것이다. 그러므로 미래는 오늘 기업이 어떻게 하느냐에 달려 있다 해도 과언이 아니다.

참고문헌

한글문헌

고영, 나비형 인간, 아리샘, 2010.

군터 파울리, 블루이코노미: 저탄소 녹색성장의 미래, 이은주 · 최무길 옮김, 가교, 2010.

김상수 외, 창조경영의 원리와 추진전략, 경문사, 2008.

김익수, 우리는 지금 감성회사로 간다, 영진닷컴, 2004.

김형수 · 김영걸 · 박찬욱, CRM 고객관계관리 전략 원리와 응용, 사이텍미디어, 2009.

노나카 이쿠지로 · 도쿠오카 고이치로, 세계의 지로 창조하라, 박선영 옮김, 비즈니스맵, 2010.

나카노 아키라, 클레이튼 크리스텐슨의 파괴적 혁신, 비즈니스맵, 2010.

니컬러스 크리스태키스 · 제임스 파울러, 행복은 전염된다, 이충호 옮김, 김영사, 2010.

닉 래곤, 대통령의 결단, 함규진 옮김, 미래의창, 2012.

닐스 플레깅, 언리더십, 박규호 옮김, 흐름출판, 2011.

대니얼 골먼, 에코지능, 이수경 옮김, 웅진지식, 2010.

바버라 켈러먼, 팔로어십: 세상을 바꾸고 리더를 움직이는 보이지 않는 힘, 이동욱 · 김충선 · 이상호 옮김, 더난출판, 2011.

라젠드라 시소디어 · 데이비드 울프 · 잭디시 세스, 위대한 기업을 넘어 사랑받는 기업으로, 권영설 옮김, 럭스미디어, 2008.

랍 거피 · 가레스 존스, 팔로어의 마음을 훔치는 리더들, 김정은 옮김, 세종서적, 2011.

로베르토 베르간티, 디자이노베이션, 김보영 옮김, 한스미디어, 2010.

리즈민, 모든 기업은 개미에게 배워라, 박진영 옮김, 일송북, 2006.

리처드 던킨, 퓨처 오브 워크: 일과 직장에 대한 미래예측 보고서, 구건서 옮김, 한울아카데미, 2010.

리카르도 세믈러, 셈코스토리: 세상에서 가장 별난 기업, 최동석 옮김, 한스컨텐츠, 2006.

마쓰자키 순도, 나를 바꾸고 내 꿈을 이루는 시간경영기술, 안소현 옮김, 조선일보사, 2010.

문승권 · 문형남 · 신정길, 감성경영 감성리더십, 넥스비즈, 2004.

신인철, Followership: 리더를 만드는 힘, 한스미디어, 2007.

아나톨 칼레츠키, 자본주의 4.0, 위선주 옮김, 컬처앤스토리, 2011.

니퍼 아커 · 앤디 스미스, 드래곤플라이 이펙트, 김재연 옮김, 랜덤하우스, 2011.

알 리스 · 로라 리스, 경영자 VS 마케터: 화성에서 온 경영자 금성에서 온 마케터 그 시각차와 해법, 최기철 · 이장우 옮김, 흐름출판, 2010.

에릭 마이클 · 앤 마이클, 뇌 내 폭풍, 한상연 옮김, 예문, 2010.

왕중추, 작지만 강력한 디테일의 힘, 허유영 옮김, 올림, 2011.

유병선, 보노보혁명, 부키, 2007.

유영만, 상상하여 창조하라, 위즈덤하우스, 2008.

이노우에 히사오, 도요타 우직한 인재 만들기, 하연수 옮김, 경영정신, 2008.

이어령, 젊음의 탄생, 생각의 나무, 2008.

이언 맥닐리 & 리사 울버턴, 지식의 재탄생, 채세진 옮김, 살림, 2009.

이인식, 이인식의 멋진 과학 1, 2, 고즈윈, 2011.

이지훈, 혼 창 통: 당신은 이 셋을 가졌는가, 샘앤파커스, 2010.

이철희, 1인자를 만든 2인자들, 페이퍼로드, 2009.

이홍, 자기창조조직: 항상 새로워지는 조직의 비밀, 삼성경제연구소, 2008.

장호준 · 정영훈, 점핑: 문제에서 해결책으로 뛰어오르는 힘, 살림Biz, 2007.

재닛 로우, 구글 파워, 배현 옮김, 애플트리태일즈, 2010.

잭디시 세스, 배드 해빗(Bad Habit): 성공한 기업의 7가지 자기파괴 습관, 김중식 · 전우영 옮김, 럭스미디어, 2008.

제러미 리프킨, 공감의 시대, 이경남 옮김, 민음사, 2010.

제임스 헌터, 서번트 리더십, 김광수 옮김, 시대의창, 2002.

존 트렌트, 2도 변화, 주지현 옮김, 스텝스톤, 2007.

질 볼트 테일러, 긍정의 뇌, 월북, 2010.

최인철, 혁신바보: 천지인한글 발명자의 혁신 이야기, 가산출판사, 2008.

츠카코시 히로시, 나이테 경영, 오래 가려면 천천히 가라, 양영철 옮김, 서돌, 2010.

칼 프랭클린, 세상을 바꾼 혁신 vs 실패한 혁신, 고원용 옮김, 시그마북스, 2008.

피터 드러커, 피터 드러커의 위대한 혁신, 권영설 · 전미옥 옮김, 한국경제신문사, 2006.

_____, 프로페셔널의 조건, 이재규 옮김, 청림출판, 2001.

타라 헌트, 김지영 · 이경희 옮김, 21세기북스, 2010.

HR 인스티튜트 · 노구치 요시아키, 사람을 포기하지 않는 기업: 인재부족기업에서 인재양성기업으로, 나지윤 옮김, 말글빛냄, 2008.

영문문헌

Anderson, Max & Peter Escher, The MBA Oath: Setting a Higher Standard for Business Leaders, Portfolio Hardcover, 2010.

Bartels, Robert, The Development of Marketing Thought, IL: Richard D. Irwin, 1962.

Carroll, Lewis, Through the Looking-Glass, Cosimo Classics, 2010.

Champy, James, Outsmart!: How to Do What Your Competitors Can't, FT Press, 2008, 아웃스마트: 숨겨진 시장을 찾아내는 8가지 비즈니스 전략, 김대훈 옮김, 21세기북스, 2009.

Collins, Jim, How the Mighty Fall: And Why Some Companies Never Give In, Jim Collins, 2009.

_____, Level 5 Leadership: The Triumph of Humility and Fierce Resolve(Digital PDF), Harvard Business Review, 2009.

_____, Good to Great: Why Some Companies Make the Leap and Others Don't, Harper Business, 2001, 좋은 기업을 넘어 위대한 기업으로, 이무열 옮김, 김영사, 2002.

DiChristina, Mariette, "How to Unleash Your Creativity", Scientific American Mind June-July, 2008.

Drucker, Peter F, The Essential Drucker: The Best of Sixty Years of Peter Drucker's Essential Writings on Management, Harper Paperbacks, 2008.

Farber, Barry J. Diamond Power: Gems of Wisdom from America's Greatest Marketer, Career Press, 2003, 다이아몬드 파워, 윤영삼 옮김, 성우, 2003.

Gardner, Howard, Frames of Mind: The Theory of Multiple Intelligences, Basic Books, 2011.

_____, Five Minds for the Future, Harvard Business School Press, 2009.

_____, Multiple Intelligences: The Theory in Practice, Basic Books, 1993.

Goleman, Daniel, Ecological Intelligence: How Knowing the Hidden Impacts of What We Buy Can Change Everything, Broadway Books, 2009.

_____, Social Intelligence: The New Science of Human Relationships, Bantam, 2007.

_____, Working with Emotional Intelligence, Bantam, 2000.

Greenleaf, Robert K, Servant Leadership: A Journey into the Nature of Legitimate Power and Greatness, Paulist Press, 2002.

Grove, Andrew S, Only the Paranoid Survive: How to Exploit the Crisis Points That Challenge Every Company, Doubleday Business, 1996.

Hamel, Gary, Leading the Revolution, Plume, 2002, 꿀벌과 게릴라, 세종서적, 2007.

_____, The Future of Management, Harvard Business School Press, 2007.

Häusel, Hans G, Brain View: Warum Kunden kaufen, Planegg 2008, 뇌 욕망의 비밀을 풀다, 이인식 옮김, 흐름출판, 2008.

Heath, Cheap & Dan Heath, Made to Stick: Why Some Ideas Survive and Others Die, Random House, 2007.

Hunt, Tara, The Whuffie Factor: Using the Power of Social Networks to Build Your Business, Crown Business, 2009.

Khurana, R. & N. Nohria, "It's Time to Make Management a True Profession", Harvard Business Review, Oct, 2008.

Lam, James, Enterprise Risk Management, John Wiley & Sons, 2003.

Kaplan, Robert S. & David P. Norton, The Balanced Scorecard: Translating Strategy into Action, Harvard Business Press, 1996.

Kellerman, Barbara, Followership: How Followers Are Creating Change and Changing Leaders, Harvard Business School Press, 2008.

Kelley, Robert E, The Power of Followership, Doubleday Business, 1992.

Kelling, George L. & Catherine M. Coles, Fixing Broken Windows: Restoring Order And Reducing Crime In Our Communities, Free Press, 1998.

Kotler, Philip, Marketing 3.0: From Products to Customers to the Human Spirit, Wiley, 2010.

Kotler, Philip & Nancy R. Lee, Up and Out of Poverty: Social Marketing Solution, Pearson Prentice Hall, 2009.

Lafley, A. G. & Ram Charan, Game Changer: How You Can Drive Revenue and Profit Growth with Innovation, Crown Business, 2008.

Levitt, Steven & Stephen J. Dubner, Super Freakonomics: Global Cooling, Patriotic Prostitutes, and Why Suicide Bombers Should Buy Life Insuran Harper Perennial, 2011.

Marcum, Dave, Steve Smith, and Mahan Khalsa, Business Think: 8 Rules for Getting It Right-Now and No Matter What! Wiley, 2003.

Martin, Roger, "The Age of Customer Capitalism", Harvard Business Review, January - February 2010.

Mund, Vernon A., Open Markets, NY: Harper, 1948.

Pink, Daniel H. A Whole New Mind: Why Right-Brainers Will Rule the Future, Riverhead Trade, 2006.

Prahalad, C. K., The Fortune at the Bottom of the Pyramid: Eradicating Poverty Through Profits, Pearson Prentice Hall, 2009.

Renvoise, Patrick & Christophe Morin, Neuromarketing: Understanding the Buy Buttons in Your Customer's Brain, Thomas Nelson, 2007.

Rumelt, Robert P, Good Strategy Bad Strategy: The Difference and Why It Matters, Crown Business, 2011.

Stanovich, Keith E., What Intelligence Tests Miss: The Psychology of Rational Thought, Yale University Press, 2010.

Vise, David A. & Mark Malseed, Google Story, Delacorte Press, 2005.

Womack James P. & Daniel T. Jones, Lean Thinking: Banish Waste and Create Wealth in Your Corporation, Free Press, 2003.

기타문헌

"State Capitalism: Mixed Bag", The Economist, Jan. 21, 2012, 13쪽.

김난도, "분초를 다투는 팝업경제시대", 조선일보, 3월 27~28일.

김남인, "장수기업의 비결 – 듀폰, 두산 – 주력사업도 단호히 바꿔 우뚝", 조선일보, 2011년 2월 26~27일.

김영걸, "고객관계관리", 조선일보, 2008년 11월 1~2일.

김영수, "소니, 삼성전자, 그리고 애플", 조선일보, 2009년 7월 25일.

김용학, "다윈과 복잡계이론", 조선일보, 2009년 3월 2일.

김재훈, "금융기관의 도덕적 해이를 막을 방법은 없나요?", 조선일보, 2008년 9월 26일.

김정훈, "두뇌전쟁 – 브레인웨어 공작소, 미 MIT", 조선일보, 2009년 1월 6일.

김정훈, "사회적 책임여부가 무역장벽으로 활용될 수도", 조선일보, 2011년 11월 3일.

김지유, "장기적 성장 꿈꾸는 리더라면 꼭 알아야 할 인재 관리 기술", 조선일보, 2010년 7월 17일.

김진성, "천장을 30cm 높일 때마다 창의성이 2배로 좋아져요", 조선일보, 2010년 4월 24~25일.

김필규, "콜래보노믹스, 이익이 된다면 누구나 내 친구", 중앙일보, 2009년 3월 3일.

김현수, "인텔의 문화인류학자 제네비브 벨 박사가 말하는 지루함의 미학", 동아일보, 2011년 10월 18일.

김홍진, "사회적 기업", 조선일보, 2009년 8월 26일.

김희섭, "실패했다고? 그래 잘했어. 이런 기업이 성공한다", 조선일보, 2008년 7월 12~13일.

_____, "사장님들이 꼭 읽어야 할 혁신의 9원칙", 조선일보, 2008년 11월 22~23일.

서상목, "한국자본주의 4.0의 실천전략", 조선일보, 2011년 8월 4일.

선우정, "경영은 지력이다", 조선일보, 2008년 7월 5~6일.

신동엽, "머리로만 하는 경영은 가라!", 조선일보, 2010년 3월 20~21일.

_____, "재력가는 富만 늘린 뿐…… 기업가는 새로운 가치를 창조한다", 조선일보, 2011년 8월 13~14일.

양석훈, "딜로이트가 제시하는 조직전략 에즈원(4)", 조선일보, 2011년 10월 1~2일.

우종민, "고양이와 냉장고의 공통점을 찾는 소프트 싱킹의 힘", 조선일보, 2011년 11월 12~13일.

윤윤수, "난 꿈이 있어 쉴 수가 없다", 조선일보, 2008년 12월 27일.

윤희영, "행운의 실수들", 조선일보, 2012년 3월 1일.

이경원, "신공항 갈등에 '트리즈 해법'을 적용하면", 조선일보, 2011년 4월 6일.

이성훈, "유럽 최고의 경영석학 인시아드 이브 도즈 교수", 조선일보, 2009년 5월 16~17일.

이용수, "잘 나가다 순식간에 몰락한 기업들은 무엇이 문제였나?", 조선일보, 2011년 2월 26~27일.

이위재. "탄소배출량 줄이고 휴가 명 받았습니다!", 조선일보, 2009년 8월 3일.

이인묵, "독일인 부부 마음을 녹인 공항 직원의 장미 10송이", 조선일보, 2009년 5월 22일.

정동일, "리더여, 마음을 열어라", 조선일보, 2008년 6월 21~22일.

_____, "성공에 목마른 CEO여 학습하라! 실천하라!", 조선일보, 2008년 12월 27~28일.

정창권, "경영생태계", 조선일보, 2011년 9월 29일.

조의준, "창조혁명 – 국가개조공장 영 NESTA", 조선일보, 2009년 1월 5일.

조형래, "노키아 몰락의 교훈", 조선일보, 2011년 2월 15일.

최보윤, "매장 직원에 권한 주니 고객은 감동, 회사는 혁신", 조선일보, 2011년
        9월 19일.
최종연, "세그먼트 HR", 조선일보, 2010년 8월 14~15일.
최지영, "스토리는 돈이다 …… 브랜드 역사도 훌륭한 이야깃거리", 중앙일보,
        2009년 5월 1일.
최현묵, "사회적 기업은 자본주의의 미래", 조선일보, 2009년 8월 25일.

양창삼 ──

　서울대학교 정치학과 학사 및 석사
　서울대학교 대학원 경영학 석사
　웨스턴일리노이대학원(MBA)
　펜실베니아주립대학교
　연세대학교 대학원 경영학 박사
　총신대학교 대학원 목회학석사 및 신학 석사
　한국사회이론학회 회장
　한국인문사회과학회 회장
　연변과기대 상경대학 학장
　한양대학교 경상대학 학장
　한양대학교 산업경영대학원 원장
　현) 한양대학교 경상대학 경영학부 명예교수/목사

『스마트경영을 위한 핫 트렌드 83』(2011)
『경영환경의 변화와 조직의 혁신전략』(2008)
『조직행동』(2007)
『조직혁신과 경영혁신』(2005)
『디지털조직과 디지털경영』(2003)
『열린 사회를 위한 성찰과 조직담론』(2003)
『공맹사상에서 문명충돌까지』(2002)
『리더십과 기업경영』(2002)
『창의성과 기업경영』(2002)
『e조직이론』(2001)
그 외 다수

기업환경의
변화와
경영혁신

초판인쇄 | 2012년 7월 12일
초판발행 | 2012년 7월 12일

지 은 이 | 양창삼
펴 낸 이 | 채종준
펴 낸 곳 | 한국학술정보㈜
주   소 | 경기도 파주시 문발동 파주출판문화정보산업단지 513-5
전   화 | 031) 908-3181(대표)
팩   스 | 031) 908-3189
홈페이지 | http://ebook.kstudy.com
E-mail | 출판사업부 publish@kstudy.com
등   록 | 제일산-115호(2000. 6. 19)

ISBN   978-89-268-3494-7 93320 (Paper Book)
            978-89-268-3495-4 98320 (e-Book)